大健康引领 大数据驱动 大旅游助推
——开辟乌当融合发展、产业升级新路径

郝 建 编著

西南交通大学出版社
·成都·

图书在版编目（CIP）数据

大健康引领　大数据驱动　大旅游助推：开辟乌当融合发展、产业升级新路径/郝建编著. —成都：西南交通大学出版社，2018.7
ISBN 978-7-5643-6167-9

Ⅰ.①大… Ⅱ.①郝… Ⅲ.①产业发展–研究–贵阳 Ⅳ.①F269.276.71

中国版本图书馆 CIP 数据核字（2018）第 091117 号

大健康引领　大数据驱动　大旅游助推
——开辟乌当融合发展、产业升级新路径

郝建　编著

责任编辑	罗爱林
特邀编辑	宋一鸣　顾　飞
封面设计	墨创文化
出版发行	西南交通大学出版社 （四川省成都市二环路北一段 111 号 西南交通大学创新大厦 21 楼）
发行部电话	028-87600564　028-87600533
邮政编码	610031
网　　址	http://www.xnjdcbs.com
印　　刷	四川煤田地质制图印刷厂
成品尺寸	170 mm × 230 mm
印　　张	13.75
字　　数	225 千
版　　次	2018 年 7 月第 1 版
印　　次	2018 年 7 月第 1 次
书　　号	ISBN 978-7-5643-6167-9
定　　价	68.00 元

图书如有印装质量问题　本社负责退换
版权所有　盗版必究　举报电话：028-87600562

编审委员会

黄　飞　（中共乌当区委常委、组织部部长、党校校长）
车　冰　（中共乌当区委党校常务副校长）
郝　建　（中共贵州省委党校科社部副主任、教授）
彭世洪　（中共乌当区委党校副校长）
王彦人　（中共乌当区委党校副校长 ）
邓　涛　（中共乌当区委党校教科办主任）

撰稿人

吴桂华　（中共贵阳市委党校经济学部主任、教授）
杨　爽　（中共乌当区红十字会专职副会长、原中共乌当区委党校副校长）
何　蓉　（中共乌当区委党校教科办副主任）
任利亚　（中共乌当区委党校高级讲师）
辛　玲　（中共乌当区委党校高级讲师）
李　鹏　（中共乌当区委党校讲师）
陈　龙　（中共乌当区委党校讲师）
金俊彦　（中共乌当区委党校讲师）
陈园园　（中共乌当区委党校助理讲师）

课题策划、指导

郝　建　（中共贵州省委党校科社部副主任、教授）
吴桂华　（中共贵阳市委党校经济学部主任、教授）
尹静珏　（中共贵州省委党校公共管理教研部副教授、博士）

序 言

产业发展序列是大至一个国家小至某县域发展的重要问题。明确产业发展序列，及时制定适宜国家或地区发展的产业政策，明确国民经济各个领域中支持和限制的重点，是调整产业结构、进行宏观调控的重要依据。

县域是经济社会发展的基本单元。贵阳市第十次党代会对全市各区（市、县）的发展进行精准定位，要推动县域错位、协同、差异化、特色化发展，明确将乌当区建设成为全省大健康产业发展引领示范区。对乌当区而言，贯彻落实市第十次党代会精神，就是要坚持主基调主战略，按照全省、全市对乌当发展的总体要求，结合区情实际，坚定不移地坚持以大数据为引领，推进绿色发展，强化城乡统筹，高标准建设、高效率推进，奋力建设全省大健康产业发展引领示范区。

"十三五"时期，是生态乌当全力建设公平共享的贵阳创新型中心城市腹地的关键时期，也是建成全省大健康产业发展引领示范区的重要机遇期。"大健康引领大数据驱动大旅游助推"明确了乌当区的产业发展序列，在区（市）域的产业发展布局上，以"大健康引领大数据驱动大旅游助推——开辟乌当融合发展、产业升级新路径"研究之产业导向符合中央、省、市区系列会议精神，契合乌当区情，是乌当区贯彻落实中央、省、市区重大经济战略部署的政治需要；是主动适应经济发展新常态，顺应新科技革命和产业革命创新大潮之重大举措；是满足人民群众对健康医药，提升生存生活质量，建设健康贵州的内在要求；是促进本区产业结构提质升级打造新的经济增长点的理论与现实需要。对于规划引导产业发展、优化升级，全面增强乌当区的整体实力和竞争力意义十分重大。

2015年年初，贵阳市乌当区委九届六次全会确立了"推进产城良性互动，打造生态健康之区"的总体目标，主导产业定位为贵州省大健康医药产业引领示范区、贵阳市大数据电子信息产业基地和特色食品、航空航天、装备制造、新材料新能源产业聚集地。2015年召开的首届贵州大健康医药产业发展大会上，乌当区被命名为全省大健康医药产业发展示范区，成为全省10个大健康医药产业示范区县之一。同时，乌当区争取到贵阳市委、市政府出台《关于支持乌当区建设贵州省大健康医药产业引领示范区若干政策的意见》的专项支持政策。2016年8月，乌当区委九届八次全会审议通过《中共贵阳市乌当区委以大数据驱动创新型中心城市腹地建设打造生态健康示范创新区的实施意见》，将大数据作为驱动经济社会发展的战略引擎，以大数据驱动创新型中心城市腹地建设，加快打造以生态健康产业为特色、生态经济功能充分发挥的示范创新区，努力在全省发挥引领示范作用。乌当区谋定快动，把全面深化改革作为推进发展的动力源泉，推进关键领域改革，为快速发展不断注入生机与活力，着力推进大数据、大健康、大旅游三大领域产业集聚发展、融合发展，经济社会发展实现换挡提速，做强存量与做大增量并举，推动三次产业融合迈入更高水平，区域经济进入提速增效快车道。

大健康产业风生水起。乌当区是贵州省大健康医药产业示范县（区、市）。大健康产业是围绕人的生理、心理健康，立足于不断创造优化健康生活的条件和保障，建设健康环境，全方位地为人们提供健康服务，提升人民健康水平的目标，大力发展医药医疗产业、保健养生产业、运动康体产业和健康管理服务产业的总称，是21世纪经济的核心产业之一。健康是促进人的全面发展的必然要求，是经济社会发展的基础条件。党和国家历来高度重视人民健康。实现国民健康长寿，是国家富强、民族振兴的重要标志，也是全国各族人民的共同愿望。全球医药和健康养生正在形成蓬勃的产业浪潮和新的产业模式。面临重大机遇，拥有生态环境、气候条件、生物资源、民族医药、药品品种等多重优势的乌当，将以健康医药和高端医疗集聚发展为龙头，推进产业融合发展升级、推动医养健管融合、康养健游联动、种养加销一体、政产学研结合，加快打造以全产业链、示范园区、创新平台、龙头企业、千亿规模为特征的大健康产业。正所谓抢占大健康医药产业发展制高点，正当其时。

大数据之于乌当，是机遇，是助推器，亦是生产力。当今世界，新一轮科技革命和产业变革席卷全球，以大数据、云计算、物联网、人工智能、区块链等为代表的新技术不断涌现，科学技术在广泛交叉和深度融合中不断创新，群体跃进，特别是以信息、生命、纳米材料等科技为基础的系统集成创新，以前所未有的变革突破的力量驱动着社会经济发展，王深刻地改变着人类的生产和生活方式。乌当区目前王处于产业结构升级转型的关键时期，贵州、贵阳大数据产业的蓬勃发展对乌当区产业结构产生了十分巨大的影响。乌当区正紧紧抓住贵阳市大数据产业发展带来的契机，在传统产业中积极地推广先进的大数据技术，使传统产业在提升科技水平的基础上形成更加强大的活力，对经济的增效升级和社会发展进步产生更大的推动作用。

大旅游产业蓬勃发展，彰显乌当生态特色。随着人们收入水平的提高，旅游成为民众的重要生活方式，是现代经济和社会发展良好的重要标志。国家主席习近平向联合国世界旅游组织大会致贺词时指出，旅游是不同国家、不同文化交流互鉴的重要渠道，是发展经济、增加就业的有效手段，也是提高人民生活水平的重要产业。贺词深刻地阐述了发展旅游业的重要性。中国高度重视发展旅游业，旅游业对中国经济和就业的综合贡献率已超过 10%。未来 5 年，中国将有 7 亿人次出境旅游。旅游业已逐渐成为国民经济的重要支柱产业，已成为超过石油工业和汽车工业的世界第一大产业。乌当区牢牢坚守发展和生态"两条底线"，围绕"泉中秘境生态乌当"的天然禀赋，坚持"五位一体"融合发展，坚持全域生态、全域景区、全域旅游理念，全面加快农业、文化、旅游融合发展与现代城区、特色小镇、富美乡村一体发展进程，全域推进重点景区景点建设和"城乡一体、产业互动、城景融合"山地特色城镇化新形态塑造。乌当区正在精心谋划并扎实推进贵阳旅游环线（乌当段）、南明河（乌当段）生态长廊、城区二环林带绿色生态走廊、富美乡村示范带沿线旅游业态等项目的布局和建设，抓好2021年中国花博会等重大活动申办，加快香纸沟5A级景区等重大旅游项目建设。

高扬创新风帆，驶向发展春天。值乌当区积极抢抓大健康、大数据、大交通等机遇，打造大健康与大数据、山地旅游与山地农业、先进制造业与现代服务业"三个姊妹篇"之际，本课题以开辟乌当融合发展、产业升级新路径为主线，以国家、省、市、区"十三五"时期一系列重大战略部署、重大战略举措为背景，以国家、省、市、区深化供给侧结构性改革为着力点，坚持把绿色发展作为发挥比较优势、推进转型升级的战略选择，以构建大健康、大数据、大旅游为支撑的绿色经济体系为立足点，从理论创新、实践创新、规则创新和大数据产业创新应用等不同角度，描述了乌当区"大健康引领、大数据驱动、大旅游助推"的现状、问题及对策,以丰富生动的实践案例呈现了乌当区全链条布局撑起千亿级大健康产业集群,大健康引领大数据驱动大旅游助推等方面的积极实践,既有理论的阐述,又有接地气的鲜活案例,是反映乌当区大健康引领、大数据驱动、大旅游助推实践的鲜活样本教材,深刻把握乌当区大健康引领、大数据驱动、大旅游助推发展理念的学习培训用书。

郝 建

中共贵州省委党校

目 录

第一章 大健康引领、大数据驱动、大旅游助推乌当融合发展产业升级对策研究概述 ············ 1
  一、研究背景 ············ 1
  二、研究意义 ············ 28
  三、研究的总体思路 ············ 33
  四、研究的主要内容 ············ 35
  五、研究方法 ············ 37

第二章 国内外以大健康、大数据、大旅游助推产业融合发展理论研究与发展现状综述 ············ 39
  一、国内外产业融合理论研究综述 ············ 39
  二、国内外以大健康助推产业融合发展现状综述 ············ 46
  三、国内外以大数据助推产业融合发展现状综述 ············ 56
  四、国内外以大旅游助推产业融合发展现状综述 ············ 63

第三章 国内外产业升级理论综述 ············ 69
  一、产业及其起源 ············ 69
  二、产业分类与产业结构 ············ 72
  三、产业升级与产业结构优化的含义 ············ 73
  四、产业升级的影响因素 ············ 79
  五、国外产业升级理论综述 ············ 85
  六、国内产业升级理论综述 ············ 88
  七、乌当区三次产业结构现状及特点 ············ 90
  八、国内外产业升级理论对乌当区产业升级的指导意义 ············ 95

第四章 大健康引领乌当区产业升级对策分析 ············ 103
  一、乌当区大健康产业发展总体规划有关情况 ············ 103

二、乌当区大健康产业发展现状……………………………………107
　　三、乌当区大健康产业发展的比较优势……………………………109
　　四、乌当区大健康产业发展的影响因素及原因分析………………114
　　五、乌当区大健康产业发展升级对策探析…………………………116

第五章　大数据驱动乌当区产业升级路径分析………………………122
　　一、大数据的含义、特征及战略价值………………………………122
　　二、大数据产业的含义及特征………………………………………125
　　三、大数据驱动产业升级的机理分析………………………………128
　　四、大数据驱动乌当区产业升级的概况……………………………138
　　五、乌当区发展大数据产业的顶层设计……………………………149
　　六、大数据驱动乌当区大健康产业、大旅游产业升级的路径分析…152

第六章　大旅游助推乌当区产业升级对策分析………………………160
　　一、乌当区大旅游战略定位…………………………………………160
　　二、乌当区大旅游发展目标…………………………………………161
　　三、乌当区大旅游产业布局的特征…………………………………162
　　四、乌当区大旅游产业升级的比较优势……………………………168
　　五、乌当区大旅游产业布局的影响因素及原因分析………………171
　　六、乌当区大旅游产业的升级对策探析……………………………174

第七章　乌当区大健康、大数据、大旅游融合发展的优劣势与对策分析…184
　　一、乌当区大健康、大数据、大旅游融合发展的区位优势………184
　　二、乌当区大健康、大数据、大旅游融合发展的资源优势………185
　　三、乌当区大健康、大数据、大旅游融合发展的政策优势………191
　　四、乌当区大健康、大数据、大旅游融合发展的经验优势………193
　　五、乌当区大健康、大数据、大旅游融合发展的劣势分析………197
　　六、乌当区大数据驱动大健康产业融合发展对策探析……………198
　　七、乌当大健康引领大数据驱动推进大旅游产业融合发展对策探析·200
　　八、乌当区大健康引领大旅游助推大数据产业融合发展对策探析…201

参考文献……………………………………………………………………205
后　　记……………………………………………………………………210

第一章

大健康引领、大数据驱动、大旅游助推乌当融合发展产业升级对策研究概述

中共贵阳市委九届五次全会提出：到2020年，实现"一个目标、三个建成"。"一个目标"，即打造创新型中心城市；"三个建成"，即建成大数据综合创新试验区、建成全国生态文明示范城市、建成更高水平的全面小康社会。"一个目标、三个建成"是贵阳市"十三五"时期乃至今后更长时期做好各项工作的总方向、总遵循、总指导、总要求。为贯彻"一个目标、三个建成"的总要求，2016年8月，乌当区委九届八次全会审议通过《中共贵阳市乌当区委以大数据驱动创新型中心城市腹地建设打造生态健康示范创新区的实施意见》，将大数据作为驱动经济社会发展的战略引擎，以大数据驱动创新型中心城市腹地建设，加快打造以生态健康产业为特色、生态经济功能充分发挥的示范创新区，努力在全省发挥引领示范作用。

产业融合是"十三五"经济社会发展的大趋势。乌当区把三个产业聚合在一起，在区（市）域的产业发展上布局。"大健康引领大数据驱动大旅游助推——开辟乌当融合发展、产业升级新路径"，既是乌当区贯彻落实省委省政府、市委市政府重大经济战略部署的政治需要，也是主动适应经济发展新常态，实现产业结构调整、转型升级，打造新的经济增长点的发展需要，更是满足人民群众对健康医药，提升生存生活质量的现实需要。

一、研究背景

当今世界，随着互联网技术的发展，实现了全球的信息共享与交互，也形成了全球经济、社会、文化更加交融发展的大格局。自改革开放以来，我国经济经过三十多年的高速增长，已经进入增长速度换挡期、结构调整阵痛期、前期政策消化期的新常态，经济发展已经从高速增长转为中高速增长。

要适应经济新常态，因势利导，驾驭、引领经济新常态，促进经济新常态健康发展，关键是转变发展方式，调整经济结构，着力创新驱动。随着我国人民健康需求的与日俱增，国家"互联网＋"行动计划的实施以及旅游业在城乡协调发展中的作用日益突出，大健康医药产业、大数据产业、旅游产业兴起的新业态培育出了中国经济发展的新"发动机"。

乌当区立足于生态环境和产业基础，"十二五"期间重点围绕建设"新型工业化先行区、高品位休闲度假区、都市型现代农业示范区、城乡一体化试验区"的发展思路，大力发展高端产业，全力推进产业结构升级，引导产业合理布局，狠抓节能减排，提升自主创新能力，初步实现了速度、结构、效益和质量的协调统一。"十三五"开局之年，乌当区围绕精准谋划乌当发展的高远定位和升级目标，运用创新和发展的战略思维，进一步提升乌当"四区"建设的内涵，形成了定位更精准、方向更明确、路径更清晰，更加科学、独特的引领经济社会可持续健康发展的发展目标。明确以"推进产城良性互动，打造生态健康之区"为抓手，全力推动信息化和工业化深度融合、工业化和城镇化良性互动、城镇化和农业现代化相互协调，促进工业化、信息化、城镇化和农业现代化同步发展。2016年，立足贵州发展的总趋势，紧跟贵阳的总体规划，乌当区第十次党代会对今后五年提出了"坚持以大数据为引领，推进绿色发展，强化城乡统筹，奋力建设全省大健康产业发展引领示范区"的总体目标。至此大健康、大数据、大旅游三大产业成为今后乌当经济发展的"三架马车"。而如何实现乌当经济融合发展产业升级之路，必须要从大健康、大数据、大旅游三大产业的发展理论、综合现状、优劣对比、对策分析等方面来思考。深入研究大健康引领乌当区融合发展、产业升级，大数据产业驱动乌当区融合发展、产业升级以及大旅游助推乌当区融合发展、产业升级的方式方法及路径，最终才能得到实现大健康大数据大旅游产业的融合发展的方式、方法及路径。

（一）概念解读

1. 大健康产业

大健康是围绕人的衣食住行、生老病死，对生命实施全程、全面、全要素呵护，既追求个体生理、身体健康，也追求心理、精神以及社会、环境、家庭、人群等各方面健康。桂林电子科技大学商学院段晓梅认为大健康产业是相对于狭义健康产业而言的，狭义的健康包括躯体健康、智力健康、心理健康、行为健康、道德健康、社会健康和环境健康等内容在内的，旨在维持健康、修复健康、促进健康的一系列有规模的产品生产、服务提供及信息传播等活动。大健康产业不仅关注人体的健康，更关注环境健康以及环境对人体健康的影响，即环境健康可能带来人体健康，环境不健康则人体一定不健康，所以，环境健康是人体健康的基础。总体上看，大健康产业分为两个层次，一是人体健康，二是环境健康。它绝非一个特定的产业，而是一个与健康直接或间接相关的产业链和产业体系。天津工业大学经济学院李江、刘文蕾、梁钮认为健康产业是与人的整体健康相关的产业统称，大健康产业是经济系统中提供预防、诊断、治疗、康复和缓和性医疗商品和服务的部门的总称。本课题组认为，大健康产业是围绕人的生理、心理健康，立足于不断创造优化健康生活的条件和保障，建设健康环境，全方位地为人们提供健康服务，提升人民健康水平的目标，大力发展医药医疗产业、保健养生产业、运动康体产业和健康管理服务产业的总称。

2. 大数据产业

大数据的概念早在 1980 年美国著名未来学家阿尔文·托夫勒的《第三次浪潮》一书中就已经提出。研究机构 Gartner 的定义是：大数据是指需要新处理模式才能具有更强的决策力、洞察发现力和流程优化能力的海量、高增长率和多样化的信息资产。维基百科的定义是：大数据指的是所涉及的资料量规模巨大到无法通过目前主流软件工具，在合理时间内达到撷取、管理、处理并整理成为帮助企业经营决策目的的资讯。麦肯锡的定义是：大数据是指无法在一定时间内用传统数据库软件工具对其内容进行采集、存储、管理和分析的数据集合。吕爱国、赵晓冬、郄少健在《河北沿海地区数据产业发展可行性分析》中认为，大数据产业的概念从国际视角来看有狭义和广义之分。广义的大数据产业即信息产业，其主要是与数据相关的服务的硬件制造、软件研发、软硬件相结合的网络工程建设、数据采集加工和相关数据服务，即包括从数据相关软硬件的制造到数据服务的总过程所涉及的一切业务。狭义的大数据产业指数据采集、加工与相关服务业，即对大量数据进行采集加工处理转化为顾客需要的数据产品的产业。一般情况下的大数据产业指狭义的数据产业。本课题组认为，大数据产业是指通过对数据的存储、采集、过滤、分析、挖掘、展示、传播等手段，实施数据资源合理开发、管理、服务等产业的总称。

3. 大旅游产业

传统旅游产业主要依靠自然风光、人文景观等为消费者提供吃、住、行、游、购、娱等的产业体系。然而旅游业不仅涉及吃、住、行、游、购、娱等旅游内部的核心行业，还与信息服务、金融、会展等多个行业相互依存，可以说旅游行业的发展需要其他产业或行业的支撑和协调，反过来旅游产业对其他产业或行业也有很强的关联带动性。罗明义博士认为，旅游产业分为核心产业、辅助产业、相关产业三个主要部分。张凌云教授认为，旅游产业是指为消费者提供旅游过程中涉及的食、住、行、游、购、娱等方面的产品和服务的部门，而大旅游是为满足游客不断增长的多样化、多层次的旅游需求，旅游产业链不断延伸和扩展而形成的具有高度产业关联性、多重综合效益和功能的旅游业发展模式，具有大产业、大格局、大功能和大市场的特征。本课题组认为，大旅游产业是为了满足消费者对市场的需求，围绕"商、养、学、闲、情、奇"六大要素供给而形成主导产业以及与其有直接关系的辅助产业形成的综合性产业体系。

（二）政策背景

1. 大健康产业发展的政策支持

随着我国人口老龄化的发展，慢性病的患病率大幅攀升，亚健康成为常态，医疗健康已成为每个人的潜在需求。2012年8月，中华人民共和国国家卫生和计划生育委员会公布了《"健康中国2020"战略研究报告》。报告提出到2020年，国民主要健康及其相关指标基本达到中等发达国家水平。2015年，中国政府工作报告强调要大力发展健康产业，并首次提出了"健康中国"的概念。2015年9月，国家卫生计生委全面启动和部署《健康中国建设规划（2016—2020年）》，从大健康、大卫生、大医学的高度出发，突出强调以人的健康为中心，实施"健康中国"战略并融入经济社会发展政策之中，通过综合性的政策举措，实现健康发展目标。党的十八届五中全会提出推进健康中国建设，以提高人民群众健康为目标制定"健康中国2020"战略。随后，大健康产业在北京、浙江等地取得显著成效，大健康产业成为促进经济转型升级、强化产业创新能力，提高国际竞争力的新引擎。

贵州是全国非常重要的动植物种源地和四大中药材主产地之一，全省共有中药材4852种。贵州自然资源和地热资源存量丰富，具有大力发展大健康产业得天独厚的条件。2014年8月，贵州省政府印发《关于加快推进新医药产业发展的指导意见》和《贵州省新医药产业发展规划（2014—2017年）》，提出2017年医药产值800亿元的目标，该政策的出台明确了贵州大健康医药产业发展目标、时间表和路线图，吹响了贵州加快推进产业转型升级、抢占新医药产业发展制高点的冲锋号。2015年贵州省委、省政府立足于生态环境的优势，在医药产业发展的基础上，又陆续出台了《关于加快推进新医药产业发展的指导意见》《贵州省健康养生产业发展规划（2015—2020年）》《关于支持健康养生产业发展若干政策措施的意见》《贵州省大健康医药产业发展六项实施计划》等文件，进一步明确贵州将从"医、养、健、管、游、食"六方面着力抓实抓强大健康产业。这六个方面包含健康养生、健康医药、健康养老、健康医疗、健康运动和健康药食材等类型，同时还涉及医养结合、康旅结合、大数据医疗服务、大数据健康管理类项目，这些项目的实施，大力推动了贵州大健康与大数据、大旅游的深度融合，促进了大健康产业的转型升级。

贵阳地处中国西南内陆腹地，不仅具有独特的区位优势，同时还具备生态环境与气候资源的优势。在人口红利逆转时代带来的契机面前，贵阳规划健康产业的蓝图，在近几年成功引进了博奥生物集团、国药集团、修正药业等一批医药行业领军企业落户，打牢了产业基础，同时还编制了《贵阳市"十三五"大健康医药产业发展专项规划（2016—2020年）》，制定了《贵阳市大健康医药产业发展六项实施计划（2015—2017年）》，建立大健康医药产业项目库。陆续出台了《贵阳市"十三五"养老服务专项规划》和《贵阳市支持社会力量参与养老服务业的土地优惠政策》，多方位构建"大数据+健康医药""大数据+健康服务""大数据+健康管理""互联网+医院""互联网+医药"等产业业态，加速形成了以避暑度假养生、生态文化体验、休闲观光度假、特色医疗温泉养生保健等为主体的"黔中综合健康养生圈"，以乌当、修文、清镇等医药产业园为支撑的"贵阳新医药产业圈",以"智慧医疗""健康云"为平台的"互联网+医疗"的创新发展模式。计划到 2020 年,贵阳市大健康医药产业增加值达到 1133.4 亿元,力争目标达到 1293.4 亿元,将贵阳市打造成在全国有影响力的医药产业示范区。

作为贵阳市大健康医药产业发展的主战场,乌当区多年来大力发展医疗服务、特色食品、温泉旅游、乡村旅游以及特色中药材种植等产业,初步形成了集医药研发、制造、包装、物流、医疗服务、健康养生、医药种植养殖等为一体的大健康医药产业体系。2015 年召开的首届贵州大健康医药产业发展大会上,乌当区被授予全省大健康医药产业发展示范区称号,成为全省 10 个大健康医药产业示范区县之一。2016 年,省政府下发了《省政府办公厅关于支持贵阳市大健康医药产业加快发展的意见》(黔府办发〔2016〕45 号),在此政策支持下,乌当区成功争取到了市委、市政府的专项支持政策——《关于支持乌当区建设贵州省大健康医药产业引领示范区若干政策的意见》,贵阳市将把乌当区打造成"中国药谷"。乌当区把建设生态健康之区作为大健康产业发展的战略定位,立足建设"西南健康医药中心、中国健康医药之都"的整体定位,力争建成全省医药产业发展最集聚、创新创业体系最完善、生态环保最凸显、平台建设最健全的大健康医药产业发展引领示范区。

2. 大数据产业发展的政策支持

当前,全球已经进入到大数据时代,IBM 执行总裁罗睿兰认为"数据将成为一切行业当中决定胜负的根本因素,最终数据将成为人类至关重要的自然资源"。2014 年 3 月,大数据概念首次在我国政府工作报告中出现。2014 年 7 月 23 日,国务院常务会议审议通过《企业信息公示暂行条例(草案)》,草案要求建立部门间互联共享信息平台,运用大数据等手段提升监管水平。随后,国家又陆续要求加大服务小微企业的信息系统建设,加快健康医疗、企业监管等大数据应用以及在疾病防治、灾害预防、社会保障、电子政务等领域开展大数据应用示范。2015 年 1 月 14 日,国家提出了要创新模式,利用大数据、物联网等新技术打造服务贸易新型网络平台。随后,国家出台了《促进大数据发展行动纲要》《"宽带中国"战略及实施方案》《关于促进信息消费扩大内需的若干意见》《信息化和工业化深度融合专项行动计划(2013—2018 年)》《促进智慧城市健康发展的指导意见》《中国制造 2025》《促进大数据发展行动纲要》《"互联网＋"行动计划》等一系列战略规划，特别是在党的十八届五中全会上，党中央进一步提出要在"十三五"期间实施国家大数据战略，促使大数据成为中国经济社会发展新的驱动力。前瞻产业研究院提供的《2015—2020年中国大数据产业发展前景与投资战略规划分析报告》显示，目前，我国涉及大数据技术的企业已超过200家，包括阿里巴巴、腾讯与百度等知名互联网公司。2014年，我国大数据产业市场规模达到了767亿元。

  贵州是国家"十二五"重点建设的西部五大新区之一，伴随着贵州省委省政府"科学发展、后发赶超、同步小康"主要目标的提出，贵州立足于生态环境良好、地质结构稳定、信息网络设备安全系数高、水电资源丰富等优势，特别是贵安新区、贵阳综合保税新区设立后，在金融，政策等要素日益完善的情况下，夯实了贵州大数据产业发展的基础。2012年11月，《贵州省委省政府关于加快信息产业跨越发展的意见》出台，2013年年初，《贵州"云计算"战略规划》发布，紧跟着贵安电子信息产业园一揽子投资优惠政策和招商规划出台，为贵州发展信息产业注入了新的活力，营造了优良的发展环境。特别是2013年9月，中关村科技园正式落户贵阳，为贵州与北京架起了共同发展大数据产业的桥梁。2014年2月25日，省人民政府印发《关于加快大数据产业发展应用若干政策的意见》和《贵州省大数据产业发展应用规划纲要（2014—2020年）》为贵州各地发展大数据产业提供政策支持。同年，贵州省创建了国家级大数据产业发展集聚区，大力发展数据中心，远期目标为200万台服务器。还成立了大数据交易所，建设全域公共免费Wi-Fi城市。2014年，贵州省大数据信息产业总量同比增长62.2%。2017年年初，贵州省出台《贵州省数字经济规划（2017—2020年）》，其中提出2017年，贵州电子信息制造业规模以上工业总产值将突破600亿元，软件和信息技术服务业收入达260亿元，全省信息化发展指数将达到72。

  作为工信部授予的第一个国家大数据产业发展集聚区和科技部授予的第一个国家大数据技术创新示范区，贵阳在发展大数据产业方面具备了得天独厚的优势。贵阳将大数据产业作为战略性新兴产业进行发展，专门制定出台一系列大数据产业落地政策及支持大数据产业发展的相关政策措施。2014年5月，印发了《贵阳发展大数据产业行动计划（2014—2016年）》，通过组织实施强基工程、筑云工程、智端工程和掘金工程等大数据产业工程，大力推进大数据产业项目招商引资和大数据产业基地建设。2014年，贵阳在大数据产业的带动下实现地区生产总值 2497.27 亿元，同比增长 13.9%。2014 年"两会"期间，习近平总书记在参加全国两会贵州代表团审议时指出："贵州搞大数据产业招商，发展电子信息产业，是很好的选择。"2015 年 6 月 17 日，习近平总书记来到贵阳市大数据广场，走进大数据应用展示中心，听取贵州大数据产业发展、规划和实际应用情况介绍。贵州省以发展大数据作为突破口推动经济社会发展的探索，给习近平总书记留下深刻印象，他对当地干部说："我听懂了，贵州发展大数据确实有道理。"随后，贵阳市委、市政府相继出台了《关于加快发展大数据产业的实施意见》《关于加快大数据产业人才队伍建设的实施意见》，为发展大数据产业做好顶层设计。目前，贵阳已建立了第一个大数据战略重点实验室；建设了中国第一个全域公共免费 Wi-Fi；提出了块数据的大数据产业发展理论，并且推动建设了中国第一个块上集聚的大数据公共平台；推动建设了中国第一个政府数据开放示范城市；挂牌开放了中国第一个大数据交易所；建设中国第一个大数据产业发展集聚区。2015 年 7 月 23 日，经济学人智库在北京发布《2015 年中国新兴城市报告》，贵阳市位居榜首，在综合排名、经济增长以及外商直接投资三个方面稳居第一。截至 2016 年 9 月 1 日，贵阳大数据交易所交易额累积突破 1 亿元，交易框架协议接近 3 亿元，已发展华为、阿里巴巴、京东等企业会员 500 多家，可交易数据产品接近 4 000 个。

乌当区依托国家高新技术产业开发区发展基础，继续加大了对现代制药、电子信息等高新技术产业发展的支撑力度。2013 年，乌当区申报成为首批住建部创建国家智慧城市试点城区，也是贵州省首批唯一申报创建智慧城市试点成功的县级城市。乌当区先后出台了《乌当区关于进一步强化创建国家智慧城市试点工作的推进意见》《乌当区关于推进大数据产业发展的若干政策》《乌当区促进电子商务产业发展扶持办法（暂行）》《中共贵阳市乌当区委关于以大数据驱动创新型中心城市腹地建设打造生态健康示范创新区的实施意见》，并结合新形势发展要求，编制乌当区"十三五"大数据发展规划，同时制定"一企一策"推进大数据应用，全要素、全方位地为乌当区大数据发展提供政策支撑。

3. 大旅游产业发展的政策支持

旅游业是现代服务业的重要组成部分，加快旅游业的发展，对于扩大就业、拉动内需消费、加速经济发展等具有很大的作用。为充分挖掘旅游投资和旅游消费增长潜力，国家出台了多项政策法规，通过逐步落实带薪休假制度、加快基础设施建设、多方资金支持等，全力推动旅游产业发展。2009年，《国务院关于加快发展旅游业的意见》中首次明确了旅游业"国民经济的战略性支柱产业和人民群众更加满意的现代服务业"的定位。2012年2月，国家陆续出台了《关于金融支持旅游业加快发展的若干意见》《关于鼓励和引导民间资本投资旅游业的实施意见》《国民旅游休闲纲要（2013—2020年）》《关于促进旅游业改革发展的若干意见》《2015年全国旅游工作会议报告》《关于进一步促进旅游投资和消费的若干意见》等文件。特别是在国务院出台的《关于促进旅游业改革发展的若干意见》中指出："要增强旅游发展动力，扩张旅游发展空间……转变发展方式、深化旅游改革……到2020年，旅游业增加值占国内生产总值的比重超过5%，旅游业成为国家战略性支柱产业。"

地处中国西南部的贵州，有"山地公园省""天然氧吧"的美誉。凭借良好的资源禀赋，贵州省深度挖掘生态和文化资源，把旅游业培育成贵州省新的支柱产业，推动基础设施、生态环境、接待服务和旅游产业发展等方面实现提速发展。同时，贵州省陆续出台了《贵州生态文化旅游创新区产业发展规划（2012—2020）》《关于深化改革开放加快旅游业转型发展的若干意见》《关于推进供给侧结构性改革提高经济发展质量和效益的意见》《关于支持贵阳市加快旅游业发展的意见》《关于降低企业物流成本的若干措施》《关于落实推进供给侧结构性改革若干税收政策措施》等一系列政策，为促进全省旅游业实现大突破、大跨越、大发展，为全省经济社会发展实现历史性跨越提供重要政策支撑。

贵阳，贵州省省会，是西南地区重要的中心城市。贵阳以温度适宜、湿度适中、风速有利、紫外线辐射低、空气清洁、水质优良、海拔适宜、夏季低耗能等气候优势，荣登"中国十大避暑旅游城市"榜首，被中国气象学会授予"中国避暑之都"称号。为推进贵阳市旅游业发展，推动贵阳市文化旅游转型升级，将贵阳打造成以避暑休闲度假和都市旅游为重点的国际旅游目的地，努力把旅游业发展成为贵阳市重要的战略性支柱产业，带动全省旅游业跨越发展，贵阳市立足区域旅游优势，以规划为统领，相继出台了《贵阳市城市总体规划（2009—2020年）》《爽爽贵阳旅游休闲度假胜地总体规划》《贵阳市生态文明城市总体规划（2007—2020）》。特别是市政府出台的《加快旅游产业发展的若干政策措施》，从实施税费优惠、加大金融支持等方面提出了一套改革措施。2015年11月，孙志刚代省长在贵阳市调研时提出贵阳要打造世界旅游名城的目标。贵阳市出台了《关于打造世界旅游名城实施意见》，意见按照"提高水平、服务全省、带动产业"的总体要求，从体制机制政策、财政支持政策等11个方面着力，推进全市旅游基础设施建设，完善旅游要素体系，全力打造贵阳旅游发展"升级版"，加快把贵阳建成国内一流、世界知名的度假旅游城市、生态文化旅游城市。

在2010年中国贵阳避暑季暨贵阳市第四届旅游产业发展大会上，乌当区推出的"泉城五韵"大放异彩。贵阳市委、市政府陆续出台了进一步支持乌当区加快旅游业发展的多项措施，并力争通过几年的时间，把乌当打造成为贵州省贵阳市以"温泉、体育、民俗、生态"为特色的旅游目的地。随后，乌当区通过承办2016贵阳国际马拉松赛、第二届贵阳农业嘉年华，开展第二届贵州大健康医疗产业发展大会主要观摩，开展羊昌·花画小镇、香纸沟欢乐园景区建设等一系列活动，进一步挖掘温泉资源和乡村旅游，逐步形成了春赏花、夏避暑、秋摘果、冬泡泉的旅游产业链，展示出周末花园的独特魅力。以实现旅游"井喷式发展"为目标，加快推动"周末花园"升级发展，乌当区编制完成了《贵阳市乌当区全域健康旅游规划》《乌当区"十三五"文化和旅游业发展思路与对策》《羊昌花画小镇建设规划》等规划和研究课题，收集、汇总了"十三五"期间储备项目30个。乌当旅游蓄势待发。

（三）国内外产业融合发展情况

1. 国内外专家关于产业融合的相关概念解读

产业创新研究的权威弗里曼（Freeman，1997）认为产业融合的主要方式有三种：一是高新技术的渗透融合，即高新技术及其相关产业向其他产业渗透融合，并形成新的产业。二是产业间的延伸融合，即通过产业间的互补和延伸，实现产业间的融合，往往发生在高科技产业的产业链自然延伸的部分。三是产业内部的重组融合，重组融合主要发生在具有紧密联系的产业或同一产业内部不同行业之间，是指原本各自独立的产品或服务在同一标准元件束或集合下通过重组完全结为一体的整合过程。

萨哈尔（Sahal，1985）和多西（Dosi，1988）继罗森伯格的研究之后，指出某些技术在一系列产业中的广泛应用和扩散,并导致创新活动发生的过程,可被视为技术融合。尤弗亚(Yoffie,1997)认为,融合是指"采用数字技术后原本各自独立产品的整合",并且可以分析替代性融合和互补性融合。格林斯腾和汉纳(Greenstein,Khanna,1997)从产业变动的角度研究认为,产业融合作为一种经济现象,是指为了适应产业增长而发生的产业边界的收缩或消失,并把产业融合分为替代性融合和互补性融合。

日本学者植草益(2001)认为,产业融合是通过技术革新和放宽限制来降低行业间的壁垒,加强行业企业间的竞争合作关系。马健(2002)认为,产业融合是由于技术进步和放松管制,发生在产业边界和交叉处的技术融合,改变了原有产业产品的特征和市场需求,导致产业的企业之间竞争合作关系发生改变,从而导致产业界限的模糊化甚至重划产业界限。

周振华(2002)提出,产业融合并不是原先就已存在,也不是与产业分立同时产生并列存在的,而是从产业分立中演变过来的,是产业边界固化走向边界模糊化的过程。随着信息化技术特别是互联网的发展及运用,首先在电信、广播、电视和出版等行业出现产业边界的模糊与消失的融合现象。

厉无畏等(2003)提出,产业融合是指不同产业或同一产业内的不同行业之间相互交叉、相互渗透,最终逐步形成新产业的动态发展过程。产业融合的结果是出现了新的产业或新的增长点,这一现象如不同学科的交叉融合会产生新的学科一样。

林德(Lind,2005)指出,"融合无处不在,融合是分离的市场间的一种汇合和合并,跨市场和产业边界进入壁垒的消除",产业融合是指由技术变革引发的产业边界重新界定。

2. 国内外产业融合发展案例

由于技术创新、竞争合作的压力和对范围经济的追求以及国家对产业融合发展的政策倾斜,在不同的产业领域内,产业融合以不同的方式演进,最终促成整个产业结构的高度化、合理化,并构架出融合型的产业新体系。

(1)日本农业的"六次产业化"。

农业产业化是现代农业发展的重要趋势,而日本的农业在受到政府的高度扶持后,通过农林水产省实施的农业六次产业化,有效促进了农业的发展。进入21世纪后,日本农户收入大幅度减少。2008年农户收入的绝对值(294

万日元）不到20世纪90年代最高时（1995年689万日元）的一半。研究表明，日本农户收入下降的最重要原因是农业产业的增值收益没有能够留在农业生产者手中。因此日本提出了发展"六次产业"，目的是为了将更多的增值收益保留在农业，促进农户收入提高。1994年，日本今村奈良臣提出了农业的"六次产业"概念。"六次产业"是将第一产业的农林渔业，与第二产业的制造业、第三产业的零售业等综合整体推进，灵活运用地区资源，创造出新的附加价值。2008年12月，日本民主党在内阁会议提出其农林水产大纲——《农山渔村第六产业发展目标》，这是日本政府首次在政策大纲中提及"第六产业"。2008年日本制定了《农工商促进法》，支持农工商开展合作。2010年3月，日本内阁会议通过新的《食品、农业和农村基本计划》，提出要通过发展"六次产业"增加农民收入，创造新商业模式，还将六次产业化与环境和低碳经济结合在一起，在农村创造新产业。同年，日本农林省还相继颁布了《六次产业化：地产地消法》和相关纲要文件，提出了多项推进"六次产业"发展的政策措施，建立推进委员会，实施融资优惠政策，设立投资基金，完备农业农村基础设施，支持中小企业与农业生产者合作，支持农民自己开发新产品、新产业、新市场，支持农业技术创新。日本推行六次产业化之后，农业活力得到增强，农民收入也得到明显增加。

（2）美国页岩气产业融合发展。

20世纪70年代的石油危机促使美国政府先后投入60多亿美元支持大学、企业进行页岩气的地质研究、资源普查、开发工程技术攻关及人员培训，促进了政府、企业与科研院所的融合，不仅成立了能源研究与发展署、矿务局、摩根能源研究中心和桑迪亚国家实验室，实现了政产融合，同时形成了一批技术创新驱动特征鲜明的新兴装备制造产业。在页岩气与传统油气的有效融合下，形成油气公司、油田服务类公司与设备供应商的产业链，使单井产量进一步提高，开发利润大幅提升。此外，在页岩气技术提升、开发成本下降、产量提高、利润增加的同时，金融机构投资、贷款页岩气开发，形成了页岩气产业与现代金融业的融合。2014年，美国页岩气总产量已达到3400亿立方米，首次超过俄罗斯，成为世界第一大天然气生产国。

（3）我国台湾兰花产业。

台湾兰花产业发展20多年，目前台湾出口的兰花总值在全球市场占有率第一，平均每两株兰花就有一株是来自台湾，台湾兰花每年的外销金额高达近亿美元，外销额居世界第二。处于亚热带的特殊气候让台湾兰花拥有得天独厚的发展环境，同时也依靠着台湾长期以来精良的农业技术以及众多兰农及专家持续不断的投入，才成就了台湾兰花产业。台湾兰花产业不仅仅是停留在第一产业的农业生产，产业已经向第二、三产业延伸发展。台湾运用生物技术研发生产兰花沐浴乳、兰花面膜、兰花香水等产品，提升产业价值，并导入文化创意元素，推出兰花耳环、项链、服饰、精品等。同时，发展兰花体验式观光休闲活动，塑造兰花城市形象。兰花产业带动了台湾其他农业产业的发展，给农村带来了活力，发展了经济，创造了不少就业机会，让农村许多基层农民可以通过栽培兰花种苗、培育兰花等工作来获取收入。兰花产业已成为台湾农村产业融合发展的典范。

（4）江西省婺源县篁岭农村产业融合发展。

梯云村落·晒秋人家——篁岭民俗文化村，位于中国最美乡村婺源县江湾镇。该项目以重岭古村为核心、周边千亩梯田为依托，利用优美环境背景和古村民俗风情，揉进丰富多彩的参与体验活动，创造四季花海景观，打造成具有地方特色的集农业观光、民俗体验与休闲度假于一体的综合性民俗文化村、中国最具特色的民俗文化影视村、世界风情小镇。"篁岭模式"围绕乡村文化元素的主线，遵循地域民俗文化的特色，在保护的基础上充分利用遗留闲置的生产、生活资料、旧屋舍等资源，创新经营模式，精心打造产品，努力营造氛围，带动当地村民共同参与开发、建设旅游、文化产业。

综上所述，产业融合在信息化和全球化的发展浪潮中，将极大地推进产业结构升级和经济发展，对我国经济发展具有极其深远的意义。因此，政府应当立足于产业的健康发展，从优化产业和企业融合的内外部环境入手，制定和实施新的政策、措施来保障和促进产业融合这一新型产业创新的顺利发展。

（四）乌当区产业基础条件

1. 区情概述

乌当区位于贵州省中部，贵阳市区东北部，是贵阳市下辖的六个市辖区之一，是贵州省首批经济强区（县），下辖5个社区、6个镇和2个民族乡，总人口28.1万，境内居住汉、布依、苗等33个民族。区位交通条件优越，作为贵阳市东北城市组团，东临南明区、南融云岩区、西接观山湖和白云区、北连开阳县，与贵阳航空港经济区、贵阳综合保税区联袂成带，与贵阳龙洞堡国际机场和贵阳火车北站毗邻,贵阳火车东站坐落境内,高速公路、高速铁路与城市干道纵横交错,"快旅慢游"现代交通体系基本形成,全区行政区域总面积为686平方千米。乌当区抢抓贵州大健康风起云涌、大数据风生水起、大旅游井喷爆发的重大机遇,立足区位、生态、山水、田园、地热、文化、产业优势,推动基础设施完善、城乡面貌提升、产业业态丰富,促进经济社会持续健康发展。2016年地区生产总值160.69亿元、财政收入35.76亿元、固定资产投资187.38亿元、规模以上工业增加值65亿元、社会消费品零售总额38.7亿元,城乡居民人均可支配收入分别达到28 673元、14 567元。在全省18个城区县域经济发展综合测评中位列第四,为实现全省大健康产业发展引领示范区建设目标奠定了坚实基础。

2. "十二五"规划完成情况

"十二五"期末乌当区生产总值达到145.08亿元,年均增速17%,高出"十二五"规划目标2个百分点;财政总收入增至31.92亿元,年均增速25%;全社会固定资产投资累计完成900亿元,年均增速25.3%;城乡居民人均可支配收入年均增速分别为9.8%和13.8%。"大健康引领大数据融合大旅游助推"的产业格局初步凸显,医药制造、特色食品、装备制造、新材料新能源等产业集聚发展。乌当区大健康产业优势突出,是贵州省大健康医药产业发展示范区;大数据产业快速集聚,是国家智慧城市试点和省电子商务进农村综合示范区;大旅游产业方兴未艾,完成贵州贵阳国家农业科技园区北移调迁,"泉城五韵"入选贵州30个最具魅力民族村寨,新堡王岗、偏坡下院获"中国最美村镇"称号,羊昌花卉、新堡休闲观光等5个省级山地高效农业示范园区通过市级验收,"黔中秘境·生态乌当"城市品牌声誉大幅提升。乌当区主要发展指标如表1-1所示。

表1-1 乌当区"十二五"规划主要发展指标实施情况

分类	指标(单位)	属性	规划目标	2015年 绝对值	2015年 增速	"十二五"期间均值	与规划相比
经济增长	地区生产总值年均增长速度/%	预期性	15以上	145.08亿元	16.00	17.00	好于规划要求
	人均地区生产总值年均增长速度/%	预期性	14	62 128元	11.00	13.69	基本达到要求

续表

分类	指标（单位）	属性	规划目标	2015年		"十二五"期间均值	与规划相比
经济增长	财政总收入年均增长速度/%	预期性	15	31.92亿元	19.06	25.00	好于规划要求
	其中公共财政预算收入年均增长速度/%	预期性	15	18.44亿元	20.56	25.01	好于规划要求
	全社会固定资产投资年均增长速度/%	预期性	20	192.19亿元	24.10	25.30	好于规划要求
	规模工业总产值年均增长速度/%	预期性	20	199.96亿元	11.00	23.20	好于规划要求
	社会消费品零售总额年均增长速度/%	预期性	18	34.09亿元	12.40	16.20	未达规划要求
结构调整	三次产业结构/%	预期性	6:49:45	9.6:47.5:42.9		7.76:48.14:44.10	未达规划要求
	城镇化率/%	预期性	65	67.84		累计提高12.3%	好于规划要求
	非公有制经济占GDP比重/%	预期性	55	55.00		累计提高14.2%	基本达到要求
	服务业从业人员占全区从业人员比重/%	预期性	35	53.30		≥42.75	好于规划要求
资源环境	森林覆盖率/%	约束性	50	49.93		累计提高5.35%	基本达到要求
	城市建成区绿化覆盖率/%	约束性	45	44.26		累计提高6.66%	基本达到要求
	单位生产总值综合能耗/(吨标煤/万元)	约束性	0.65	市标内		累计降低18.4%	达到规划要求
	单位生产总值二氧化碳排放量/(吨/万元)	约束性	市标内	市标内		市标内	达到规划要求
	主要污染物排放量：二氧化硫排放总量/万吨	约束性	市标内	0.00362		0.0075876	好于规划要求
	主要污染物排放量：化学需氧量排放总量/万吨	约束性	市标内	0.0318		0.01527	好于规划要求

续表

分类	指标（单位）	属性	规划目标	2015年	"十二五"期间均值	与规划相比
资源环境	工业固体废弃物综合利用率/%	约束性	95	99.33	累计提高0.33%	好于规划要求
	空气质量优良率/%	约束性	95	92.80	92.10	基本达到要求
	城市生活污水处理率/%	约束性	90	98.50	96.20	好于规划要求
人民生活	城镇居民人均可支配收入年均增速/%	预期性	14	8.1	9.8	未达规划要求
	农村居民人均纯收入年均增长速度/%	预期性	15	9.5	13.8	未达规划要求
	全区人均住房面积/平方米	预期性	30	34.44	累计增加17.89 m²	好于规划要求
	城镇新增就业人数/人/年	预期性	6000	6198	9 908	好于规划要求
	人均预期寿命/岁	预期性	74	-	74.86	达到规划要求
	农村安全饮水普及率/%	预期性	98以上	100	累计提高5%	好于规划要求
	城镇登记失业率/%	约束性	4以内	2.95	≤3.05%	好于规划要求
社会建设	年末常住人口/万人	预期性	25	26.09	—	好于规划要求
	人口自然增长率/‰	约束性	6以内	4.46	≤5.2‰	好于规划要求
	每千人拥有病床数/（张/千人）	预期性	6	6.10	累计增加2.7张/千人	达到规划要求
	R&D经费占财政支出比重/%	预期性	2.5	3.41	3.48	好于规划要求
	高中阶段入学率/%	预期性	90	97.50	累计提高31.4%	好于规划要求
	平均受教育年限/年	预期性	11	11.01	累计提高1.07年	达到规划要求
	亿元GDP生产安全事故死亡率/人	约束性	0.24	0.082	≤0.143人	好于规划要求
	新型农村合作医疗参合率/%	约束性	98	99.84	≥98.87%	好于规划要求
	基本养老保险覆盖率/%	约束性	基本覆盖	99.70	≥87%	好于规划要求

3. 产业发展现状

（1）大健康产业发展现状。

乌当区作为全省第一批十个大健康医药产业示范区（县、市、特区）之一，积极探索"全区域规划、全业态布局、全方位着力、全产业链发展"的"四全"大健康发展模式，坚持"七个一"工作抓手，狠抓项目建设，全区产业规模不断壮大、产业集聚加速、产业链正在逐步完善，新兴业态开始不断涌现，初步形成了集健康医药医疗、健康养生养老、健康运动管理和健康药食材为一体的大健康产业体系。

乌当区大健康产业发展主要体现在以下几个方面：

一是医药产业发展迅速。2016年，全区规上医药产业实现总产值90.18亿元，占全市现代医药业总产值的1/3，占全省规上医药业总产值的1/5。12家规模以上医药制造企业中，3家为全省领军型龙头企业、5家为全省医药骨干企业，医药流通企业中有5家线上药品经营企业，康心药业已发展成为全省最大的药品批发流通企业。全区持有国家批准文号的药品140个，投入生产112个，单品销售上亿元10余个，进入国家医保目录44个、基药目录15个，拥有专利93个。全区有国家级博士后工作站和企业技术中心各1个，省级重点实验室和院士工作站各1个，省级企业技术中心25个，省、市工程技术研究中心26个，23条新版GMP生产线。

二是医疗服务能力增强。贵州医科大学附属乌当医院（一期）、贵州福万康康复医院已建成并投入使用；贵州数字医学转化中心、贵州微医互联网医院、贵黔国际总医院、贵州温新民中医院、贵阳市公共卫生救治中心、贵州阜安心血管病医院等医疗机构正在落地建设，建成运营后将与我区现有公立医院等医疗机构形成互补，逐步提高我区医疗服务能力，进一步缓解群众"看病难"问题。投资2500万元，建成全省第一家县级智慧医疗健康云平台，发放居民健身卡8万余张，建立居民健康档案19万余份，实现了大健康与大数据的融合发展。

三是养生养老不断壮大。以4A级旅游景区贵御温泉、保利国际温泉为标志的温泉疗养蓬勃发展，全区已探明温泉点14处，开发温泉点5处共8口井，振华万象温泉项目已建成并运营。拥有养生保健专业机构3家，养老机构37家、床位1335张，以医养结合为特色的曜阳养老服务中心（一期）已建成并投入使用，曜阳养老服务中心二期和乐湾国际老年养护院项目已开工建设。各乡（镇）、社区养生、养老机构已纳入全区大健康医药产业发展五年行动计划，2020年将实现全覆盖。

四是健康药食材初具规模。全区建有头花蓼、铁皮石斛等名贵中药材种植基地2.5万余亩（1亩≈666.67平方米），有3个药材规范化种植基地。普渡半岛大健康生态产业园古风禅韵项目开工建设，天麻、樱桃、红米、黄金梨、树莓等特色健康食品种植业快速发展，五阿哥、贵州龙、黔五福、苦荞茶等特色食品加工不断壮大。

五是园区建设日新月异。现有1个国家级农业科技园区——贵州贵阳国家农业科技园区（羊昌）和8个省级现代高效农业示范园区。洛湾云锦医药食品新型工业园建设步伐加快，已有11家企业入驻。贵州大健康医药产业智汇云锦孵化基地如期推进5家企业入驻，修正（乌当）健康产业园、景峰医药产业园建设加快推进，贵阳（乌当）医疗健康城正在规划建设中。

六是招大引强成效显著。先后成功引进北京阜康仁、黔龙医学检验中心、北京微卓致远、修正（乌当）健康产业园、天鹿华腾、贵州温新民中医骨科医院、韩国3UP Plus、黔晟国资公司、贵州海峡健康产业园、贵阳精康脑科医院等一批重点企业及项目。2015年8月以来，全区共引进大健康产业项目28个，引进资金116亿元，重点实施大健康产业项目58个，总投资约219亿元，截止到目前累计完成投资68.51亿元。2016年12月，圆满完成全省第二届大健康产业发展大会观摩任务。

（2）大数据产业发展现状。

乌当区根据省、市大数据发展整体规划布局，紧紧围绕大数据"核心、关联、衍生"三大业态，以政府数据"聚通用"为抓手，以大数据应用为重点，不断挖掘大数据"政用、商用、民用"价值，积极推动大数据和实体经济、政府治理、社会管理方面深度融合，加快大数据政用、商用、民用发展。资金方面，区级财政每年安排1000万专项资金用于支持大数据产业发展，并通过"母基金+子基金"形式，建立贵州易华录数字经济产业发展基金，目标规模10亿元，母基金规模为2亿元。

大数据发展其他目标完成情况如下：一是大数据及其关联产业规模总量。2017年1—9月，乌当区大数据产业总产值预计完成70.47亿元。其中，电子信息制造业总产值预计28.96亿元，软件和信息服务业营业收入预计完成6.20

亿元，电子商务交易额预计完成29.45亿元，大数据产业投资额预计完成5.86亿元。二是大数据企业上规上限方面已完成1户大数据企业上限，上限企业为贵州同仁同德科技有限公司，2017年9月份完成贵州智源创泰科技有限公司上限资料整理并报市统计局待审定。正在培育贵州智源信息产业孵化基地有限公司产、贵州孚益德电子科技有限公司、贵阳贵在华奕大健康产业有限公司等大数据企业，预计年底完成上规上限任务目标。三是服务外包及呼叫中心产业方面。2017年1—9月全区建成呼叫中心坐席9147席，投运8742席。贵州（乌当）大数据智慧产业基地建成呼叫坐席3535席，康心药业、广奕物流、天安药业、威门药业等区内医药、食品企业自建呼叫中心坐席5612席。目前，乌当区正在加快推进贵州智源大数据创新创业基地、智汇云锦孵化基地等项目建设，同步推进招商引资工作，确保2017年年底完成12 000席建设任务。通过社会招聘和校园招聘，完成5387人呼叫中心人才输送。引进贵州同仁同德科技有限公司自建呼叫中心1535席。通过贵州富盛电子商务有限公司、贵阳贵在华奕大健康产业有限公司、贵州思迈网络科技有限公司等区内呼叫中心企业共计承接了11家国内知名企业呼叫业务，超额完成2017年全年目标任务。

政府数据"聚通用"工作推进情况如下：一是建成覆盖全区的光纤网和新天主城区无线Wi-Fi网，形成了数据源采集、应用和自主可控的"天地双网"。搭建了覆盖主城区5个社区的人口、房屋、法人、公共部件等城市公共数据库，并初步将民政、人社、教育、卫计、市场监管、统计等相关部门数据接入数据库，截止到目前共录入人口基础信息77 002条、房屋信息51 379条、法人数据1216条，部件信息43 635条，城区15平方千米的基础地图数据已入库。二是建成智慧城市综合指挥管理平台，完成12345、公安110视频信息、电子政务监察、社区网格化管理等6个系统接入并运行，后续全区各部门单位陆续汇集数据到平台，为区委区政府各项重大决策提供数据支撑，同时为今后省、市、区三级数据互联互通预留接口，为大数据应用创造条件。

乌当区积极推动大数据+产业融合。一是大数据与农业融合，其中包括大数据推动农业转型，打造一个本地电子商务创业平台——"乡筹网"，大数据+大扶贫。二是大数据与工业深度融合，包括培育智能制造典型示范项目，实施传统企业改造提升项目，建设一批重点支撑平台。三是依托大数据建设现代服务业，其中包括加快大数据与旅游深度融合，加快大数据与商务深度融合，加快大数据与物流深度融合以及加快大数据与其他服务业融合。

（3）大旅游产业发展现状。

乌当区认真落实五大发展理念，以打造"生态健康之区"为发展定位，构建"大健康引领大数据驱动大旅游助推"的三次产业融合发展体系，按照农文旅融合、全域旅游发展思路，借助大数据手段，促进旅游资源整合，构建"快旅慢游"体系，实现旅游业井喷式增长，为乌当区大数据产业、各特色产业发展融合助推。依托良好生态、文化、山水、田园、温泉等资源，发展山地旅游、康体运动、温泉养生、农业观光、养生养老等新兴业态，打响"周末花园"品牌，打造面向西南、中南乃至泛珠三角的全域健康旅游度假区和养生养老目的地。三次产业结构比为 8.7∶47.52∶43.78，服务业占比较去年同期提升 1.43 个百分点，结构日趋优化。乌当区以旅游大数据资源建设为核心，旅游云平台建设为基础，打造贵御温泉、保利国际温泉、香纸沟欢乐园和羊昌花画小镇，乌当"温泉之城"整体形象荣获"贵州十大魅力旅游景区"称号，成功创建 4A 级温泉旅游景区 2 家，"泉城五韵"入选贵州 30 个最具魅力民族村寨。第三产业增加值达 62.21 亿元，年均增长 18%，旅游总收入累计达 150 亿元，年均增长 20%。各景区均有旅游商品通过电子商务平台进行产品线上销售，乌当区旅游景区和酒店线上销售额达 583.69 万元，平均每月销售额达 83.38 万元，2016 年 1—9 月乌当区旅游景区和部分酒店线上销售额达 1 302.33 万元，平均每月销售额达 144.7 万元。"黔五福""贵州龙"等旅游商品企业携手淘宝网电子商务平台销售产品，乌当区已有 47 家宾馆酒店加入了线上销售，占全区宾馆酒店 71.2%。

4."十三五"规划中大健康大数据大旅游产业发展定位

"十三五"规划乌当发展目标：到 2020 年实现"一个目标，三大任务"。"一个目标"，即打造生态健康之区；"三大任务"，即建设全省大健康医药产业发展示范区、建设贵阳创新型中心城市腹地、建设更高水平全面小康社会。

打造生态健康之区——实现经济发展、社会进步、文化繁荣、生态提升协调推进，产业健康、环境健康、人群健康、社会健康和谐统一，低碳乌当、山水乌当、人文乌当共建共享。

建设全省大健康医药产业发展示范区——以大健康产业为主导引领的现代产业体系更加完善、新型业态不断涌现、集聚效应明显提升、产业规模持续扩大、示范地位更加凸显。

建设贵阳创新型中心城市腹地——实现区域空间结构更加优化、综合承载能力显著提升、城乡建设形态特色鲜明、健康生活品质大幅提升、创新创业氛围更加浓厚、腹地功能作用充分发挥。

建设更高水平全面小康社会——经济快速高效发展、社会和谐更加进步、生态环境更加优美、城乡配套更加完善、公共服务更加均衡、民主法治更加健全、幸福指数再上台阶。

主要预期指标：到2020年，地区生产总值年均增长12%，突破260亿元；人均GDP年均增长11%；公共财政预算收入年均增长12%；城乡居民人均可支配收入年均分别增长10%和12%，农村低收入困难群体人均可支配收入整体越过6 500元（1 000美元）；森林覆盖率达到55%以上，集中式饮用水源地水质达标率稳定在100%，空气质量稳定排在全市前列（如表1-2所示）。

表1-2 "十三五"时期乌当区经济社会发展主要指标

类别	序号	指标	2015年	"十三五"规划目标	属性
经济发展	1	地区生产总值年均增长速度/%	16.00	12	预期性
	2	公共财政预算收入年均增长速度/%	20.56	12	预期性
	3	规模以上工业增加值年均增长速度/%	11.00	12	预期性
	4	全社会固定资产投资年均增长速度/%	24.10	18	预期性
	5	社会消费品零售总额年均增长速度/%	12.40	11	预期性
	6	大健康相关产业增加值年均增长速度/%		35以上	预期性
	7	旅游总收入年均增长速度/%	20	18	预期性
	8	服务业增加值占GDP比重/%	43.80	50左右	预期性
	9	年末常住人口/万人	26.09	30	预期性
	10	常住人口城镇化率/%	67.84	72	预期性
科技创新	11	综合科技进步水平指数/%	85.80	88	预期性
	12	R&D经费占财政支出比重/%	3.41	3.5左右	预期性
	13	每万人发明专利拥有量/件	3.3	3左右	预期性
	14	高新技术制造业增加值占工业增加值比重/%		40以上	预期性

续表

类别	序号	指标	2015年	"十三五"规划目标	属性
生态环境	15	空气质量优良率/%	92.80	90以上	约束性
	16	森林覆盖率/%	49.93	55	约束性
	17	城市建成区绿化覆盖率/%	44.26	47	约束性
	18	单位地区生产总值综合能耗降低率/%		达到市要求	约束性
	19	单位GDP用水量降低/%		达到市要求	约束性
	20	主要污染物排放量减少率/%		达到市要求	约束性
	21	城镇污水处理率/%	98.50	100	约束性
	22	城乡生活垃圾无害化处理率/%	85.00	95	约束性
	23	集中式饮用水源地水质达标率/%	100	100	约束性
扩大开放	24	引进省外实际到位资金年均增长速度/%	20.9	15	预期性
	25	实际利用外资总额/亿美元	0.8415	1.5	预期性
	26	年新登记注册市场主体数/家		200	预期性
民生保障	27	城镇居民人均可支配收入年均增速/%	8.1	10	预期性
	28	农村居民人均可支配收入年均增速/%	9.5	12	预期性
	29	农村低收入困难群体人均可支配收入/元		6 500以上	预期性
	30	人均预期寿命/岁	74.86	75	预期性
	31	城镇登记失业率/%	2.95	4以内	约束性
	32	每千人拥有卫生机构病床数/(张/千人)	6.1	8左右	预期性
	33	平均受教育年限/年	11.01	12	预期性
	34	基本社会保险覆盖率/%		95以上	预期性
	35	亿元GDP生产安全事故死亡率/(人/亿元)	0.082	0.08以下	约束性
	36	经济发展人民满意度	71.70	80左右	预期性

（1）大健康产业。

借力"健康中国"战略行动，围绕"医、养、健、管、游、食"领域，全区域规划、全业态布局、全产业链发力，着力打造医药医疗和健康养生两大产业集群，乌当将重点培育发展医药医疗、保健品、健康服务、医药物流、休闲康体养生、滋补健康养生、温泉理疗养生等七大产业链，推进大健康产业融合化、高新化、集群化发展，高标准建设全省大健康医药产业发展示范区。到2020年，力争实现千亿元级产业发展目标，在"创新驱动、标志项目、产业规模、产业体系、生态环境、城乡统筹、改革开放"等方面的发展水平处于全省领先地位。

一是健康医药产业。着力于增量扩规，大力发展中医药、民族药、新型疫苗和诊断试剂，加快化学药、生物药的研发、培育和推广，实施大品种药培育战略。积极发展医疗器械、保健穿戴设备、养生康复器械、智慧移动医疗设备等高端产品，做大做强先进医疗设备、高质药用耗材等先进制造业。积极发展医药物流业。加快引进新医药制造标志性领军企业，大力支持存量药企技改扩能、创新发展，积极培育科技创新型小微企业，形成产业集群、扩大产业规模。加快推进洛湾云锦工业园区、智汇云锦大健康产业孵化基地建设，创建全省大健康医药产业标志性园区和创新驱动示范平台，推进医药产业由支柱产业向主导产业跨越。力争到2020年，引进医药优强企业10家以上，现代制药业实现产值400亿元以上，占全省医药制造产业总产值的比重达到40%以上。

二是健康医疗产业。着力于纵横拓展，加快推进"医疗健康城"项目落地建设，打造集医疗服务、预防保健、养生康复、医疗旅游、教育研发和商务配套为一体，面向国际国内市场，专业化、国际化和多元化的健康产业服务平台。加快与中国医学科学院合作进程，推进贵州西南心血管病专科医院等项目建设，努力形成高端诊疗集聚优势。加大力度引进国内外优质资源，规划建设高端医学疗养综合体，面向高端消费人群提供DNA检测、分子级PET/CT诊断、私密健康咨询、个性化医疗、抗衰老、医学美容、保健等定制服务，引领高档医疗个性化服务新潮流。积极引进、培育优质特色医疗服务机构，与公立医疗机构实现优势互补、错位经营、融合发展，建设完善结构合理、布局均衡、特色鲜明、能力适应的医疗体系，着力在中医调理、健康咨询、专科康复等领域打造具有技术特色优势的医疗服务品牌。

三是养生保健产业。着力于整合提升，推动大健康与文化旅游深度融合，着力培育温泉养生、休闲养生、康体养生、滋补养生四大业态，融合观光体验、休闲度假、文化创意、中药养生等元素，打造一批健康养生产品、建设一批健康养生基地。深度挖掘中医药和民族医药温泉健康养生文化，重点推进温泉热浴按摩、中医针灸、热泉蒸箱浴、中草药浴等特色医疗温泉养生保健服务发展。加快推进一批健康养老项目，把医疗、气候、生态、康复、休闲等多种元素融入养老产业，培育发展养老、康复、老年产品等一体化的特色产品，推进乌当养老产业示范园区建设。支持社会力量创办养老机构，建设全省示范性智能化生态养老综合体。依托"黔中综合健康养生圈"核心区域平台，以人体健康维护和促进为重点，打造集健康养生保健、休闲旅游度假、生态文化创意为一体的"国内知名的健康养生胜地"。

四是运动休闲产业。着力于配套设施，推进健康运动与休闲旅游的融合发展，借助泉城五韵、盘龙山森林公园、相思河、香纸沟、情人谷、新堡休闲农业观光园区、百宜果蔬茶高效示范园区等景区，大力发展徒步、漂流、林地探险、露营、溯溪、骑马、攀岩、山地越野、山地摩托、山地自行车等山地户外康体健身运动，加快推进竹林运动休闲综合体、安多云雾山户外运动公园、百宜汽车露营基地等项目的规划建设。建设新天健康步道，完善城镇运动场地与建设，引导市民积极参与大众健康运动，带动市民健康事业发展。积极发展健身运动器械、户外用品、运动服饰和体质检测设备等产品，支持各类机构提供健康运动场馆服务、培训服务及管理咨询服务等，提升市民"周末花园"品牌。依托乐湾国际、保利·公园2010、中天假日方舟等旅游综合体，加强与专业机构的交流合作，积极引进国际精品赛事，推广亚高原高端户外休闲运动。

五是健康管理产业。着力于体系构建，充分发挥大数据对健康管理产业的支撑和促进作用，加强公共卫生、医疗卫生、健康管理等信息化建设，搭建健康信息服务基础平台。依托大数据智慧产业基地等平台建设，加快大数据、云计算、物联网、移动互联等信息技术在医药医疗、健康管理、养生养老等健康服务领域的创新应用，加快医疗健康大数据开发，不断培育健康管理新业态。大力发展多样化健康管理服务，鼓励和支持社会资本发展健康体检、专业护理、康复、心理健康等专业健康服务机构，积极引进国内外知名的专业性健康体检机构和品牌，健康管理团队（协会）和品牌，大力推广个人健康管理行动，提升专业化服务能力和健康体检市场发展水平。加快发展以商业保险机制为支撑、以健康风险管理为核心的健康管理新型组织，开展健康筛选咨询、未病管理与治疗等形式多样的健康管理服务，推动健康管理服务业向专业化和价值链高端延伸。

大健康产业创新发展重点如下：

示范区：贵阳市乌当区国家医药产业示范基地（国家级）、贵州省大健康医药产业发展示范区、国家可持续发展实验区、乌当养老产业示范园区。

产业园区：乌当洛湾云锦医药食品新型工业园、修正（贵阳）医药产业园、省5个100项目园区。

医药类重点项目：黔龙生物总部基地及生产基地、阜康仁生物制药医药研发中心、景峰药业医药园区、威门药业医药工业园、新天药业中药制剂产品产能提升、万顺堂药业养阴口香合剂二次开发和金钗石斛产业化开发、远程制药药品规模化生产线扩建、天安药业糖尿病药物产业化生产线项目、千叶药品包装药用聚酯瓶自动化提升及辅助工程完善、宏宇药业亚健康调理产品产业化开发、天泉医疗器械生产线项目。

医疗养生类重点项目：贵州医疗健康城、高端医学疗养综合体、神奇智能化生态养老综合体、贵州省细胞免疫治疗中心、信华乐康老年疗养院、贵州西南心血管病专科医院、温泉养生服务集聚区。

运动休闲类重点项目：乌当健康绿色步道、竹林运动休闲综合体、安多云雾山户外运动公园、百宜颗颗野外生态汽车露营基地、羊昌生态休闲创意园。

健康管理类重点项目：乌当区智慧医疗平台、贵阳健康咨询服务中心、贵州省健康管理行业协会、全省健康保险咨询服务中心、贵州个人健康管理培训学校。

（2）大数据产业。

乌当区将推进大数据与大健康产业融合发展，引领贵阳市健康大数据产业发展。打造"互联网＋"发展新业态。加快"云、网、端"信息基础设施建设，规划建设大数据产业园，着力打造贵阳市健康大数据产业中心。力争到2020年，乌当区大数据及其关联产业规模总量达200亿元以上，信息消费规模突破100亿元。

一是推动发展健康大数据产业。实施大数据"助飞"大健康发展战略，运用大数据、云计算、物联网、移动互联等信息技术加快整合健康医疗产业资源，推动大数据在公共医疗保障、个性化健康管理、远程医疗咨询、精准服务定位等诸领域的应用，打造健康大数据全产业链。

借力"智慧健康云"平台,率先在健康、医疗、养老等领域开展健康大数据产业示范,全面引领健康大数据核心产业发展。面向健康需求,围绕智慧健康、智慧医疗、智慧养生等新业态,提升相关产业大数据资源的采集获取和分析利用能力,加快医疗健康大数据开发,着力建设贵阳健康大数据服务中心。构建全市(区)电子健康档案、电子病历数据库,完善覆盖公共卫生、医疗服务、医疗保障、药品供应、计划生育和综合管理业务的医疗健康管理和服务大数据子系统。构建涵盖预约挂号、分级诊疗、远程医疗、检查检验结果共享、防治结合、医养结合、健康咨询等各个环节的大数据诊疗服务系统。大力引进和培育国内外大数据软硬件企业,重点加强与国内先进地区健康大数据企业合作,发展健康大数据加工、应用、创意服务等核心产业。

积极推动大健康医药行业工业大数据、服务业大数据、流通大数据的聚合。研究推动大数据在大健康医药领域研发设计、生产制造、经营管理、市场营销、售后服务等产业链各环节的应用。利用大数据支持大健康产业的品牌建立、产品定位、精准营销、认证认可、质量诚信提升和制定服务等,高度整合相关大健康医药的企业数据资源,积极培育数据制药等新业态,实现大数据与大健康医药产业的高度融合发展。

二是大力推进"互联网+"行动计划。着力将大数据广泛融入产业提升、政务服务、城市管理、社会治理等各行业领域,打造"互联网+"发展新业态。

推进"互联网+工业"。充分运用大数据、云计算等新技术,推动现代制药、特色食品、装备制造、电子信息、新能源新材料等优势制造企业在研发、生产、营销方面实现数字化、信息化,促进行业整合和品牌提升,延伸产业链、提升价值链。

推进"互联网+农业"。加快推动互联网与农业生产、农业科技、农产品物流等融合,全面提升农业信息化水平和农产品市场营销水平。积极推广实施农业物联网实验示范工程,加快完善农产品质量追溯体系,建立完善的农产品质量标准体系和安全监督检测网络。

推进"互联网+服务业"。积极推进大数据与现代物流、金融、信息、研发、设计等生产性服务业布局优化和集群发展,为相关产业发展提供配套保障。大力发展呼叫服务和电子商务"两务"产业,强力推进数据中心、呼叫中心、智慧物流中心与服务外包产业基地建设。加快互联网进农村、进社区、进市场,探索大数据与智慧城市建设、电子商务发展有机结合,不断催生新兴业态和新商业模式。

大数据产业创新发展重点如下：

产业园区：乌当大数据智慧应用产业园、贵阳乌当电子商务产业园、乌当区农村电子商务产业园、乌当区电子商务孵化园。

重点科技产业化项目：中国振华（集团）电子元器件产业化开发、嵌入式软件与网络化软件开发、中航力源智能制造大数据应用平台、智慧城市系统融合平台开发。

大数据应用重点专项：智慧健康云应用平台、大数据外包服务产业平台、智慧城市基础网络及数据中心、健康数据服务中心、大数据诊疗服务系统、基于可穿戴与便携设备的医疗健康云平台、天安之友慢性病管理平台、威门大健康微信商城、北京精易博创贵州省大数据安全与监测体系建设项目、上海安黔贵州大健康产业交易网融平台、苏州极致远程动静态心电监护网络服务平台、北京怡凯居家智慧养老大数据平台。

"互联网+"示范项目：乌当区（农村）电子商务物流园、乌当区电子商务示范街、乌当区电子商务产业基地、区级电子商务平台"午当锄禾"、乌当区电子商务运营服务中心，大数据智慧产业基地富盛电子商务"互联网+呼叫中心"、思迈网络"互联网+文化创意"、点线传媒"互联网+智慧电梯"、智慧科技的网络安全监测监控等，黔五福、贵州龙、驴妈妈、贵州大数据旅游产业公司、黔之驴等电子商务平台。

（3）大旅游产业。

乌当区将充分发挥区位交通、生态环境的比较优势，以大健康概念聚合山地风光、民族风情、温泉养生、城郊游憩、农业体验、户外运动、文化休闲等资源要素，大力发展大旅游产业。进一步完善并加快实施大旅游规划，大幅提升全域内部交通网络通畅水平，精心布局重要游览路线，促进全区形成大景区、大旅游格局。力争到2020年，旅游总人数达到1300万人次，旅游总收入达到100亿元。

大力发展"医疗康体、滋补养生、温泉理疗"三大养生旅游产业，巩固壮大"乡村旅游、避暑度假、观光体验"三大休闲旅游产业。以香纸沟创建国家5A级旅游景区为龙头，打造盘龙山—相思河—普渡河国家级旅游度假区。依托乐湾国际、振华万象等温泉旅游项目建设，谋划新建一批4A级以上温泉旅游景区，打造乌当区温泉养生服务集聚区。推动"泉城五韵"乡村旅游提档升级，全力打造面向西南、中南以及泛珠三角的区域性夏季休闲度假区和养生养老目的地，打响"黔中秘境·生态乌当"城市品牌。

加快推进"农旅融合、文旅融合"发展。围绕"园区变景区、田园变公园、产品变商品"，借助"贵州山地旅游平台"发展智慧旅游，坚持"农业围绕旅游调结构、招商围绕旅游上台阶、城乡围绕旅游搞建设、农户围绕旅游上项目"的发展思路，推动旅游业助推相关产业融合发展。以国家农业科技园区和下坝樱桃、羊昌花卉、新堡休闲观光、偏坡生态休闲观光、新场优质蔬菜、百宜蔬果茶等省级高效农业示范园区升级建设为载体，通过调整种植结构、农业经营模式，推进三次产业相互融合和渗透，形成都市型山地现代农业与康体休闲、旅游度假融合发展格局。结合美丽乡村示范带建设和农村综合环境整治三年行动计划，加强乡村建设规划，深度挖掘本地区历史、文化、民族、风俗等元素，加快形成农家民宿养生、特色农家乐、民俗风情街、民族手工艺等一批农文旅融合的特色旅游新产品、新亮点，创造市场供给，促进农民创业创收。

大旅游产业创新发展重点：

重点景区（产业带）：香纸沟—相思河—盘龙山—普渡河旅游度假区；乌当区温泉养生服务集聚区；美丽乡村示范带度假区（乌当区泉城五韵示范带、乌当云开路沿线示范带、乌当区南明河下游示范带）；贵阳市北部乌当区域5A级景区（羊昌花园、羊昌黄连、新场可龙）。

景区重点项目：香纸沟项目、相思河项目、盘龙山项目、普渡峡谷项目、振华万象温泉项目、乐湾国际旅游综合体项目、金螺湖温泉项目等。

休闲旅游重点项目：乌当区运动休闲旅游精品线路（香纸沟—盘龙山—普渡峡谷—南明河滨河路、羊昌镇—新田村—黄莲村—开阳、乐湾国际—渔洞峡—头偏线—偏坡—宋偏线—宋家坝、水田—相思河—盘龙山—长坡村（新堡乡）—马头村（新堡乡））、亚高原休闲基地（保利公园2010、乐湾国际旅游综合体）、户外生态露营基地（盘龙山、二坡山、水田云雾山、百宜大坡平顶）。

二、研究意义

伴随着新科技革命的快速步伐和企业跨行业、跨地区的兼并重组活动，产业的边界逐步趋于模糊化，全新的融合型产业体系悄然成形。产业融合这一新型产业革命,正如一股浪潮冲击并变更着传统的产业结构,影响到个人、家庭、企业以至国家等各个层面。发展新兴产业是我国经济结构调整的重要着力点与经济增长点,而产业融合发展是产业发展过程中必然经历的一种现象,是经济结构调整和消费需求改变的必然产物。产业融合将使行业产品、业务模式和服务发生巨大的变革,可以在产业间产生叠加效应,实现互利共赢。在面对供给侧改革结构大调整所带来的严峻挑战时,乌当区在如何发展新兴产业以及产业转型升级上面临着前所未有的挑战。面对危机四伏的经济浪潮和全新的竞争态势,乌当区必须认识到产业转型升级,产业融合发展对最终实现可持续发展,提升经济竞争力具有非常重要的意义。对策研究提出通过产业融合发展,促进产业升级做好供给侧结构性改革,让产业运营模式发生变化,让产业价值链得到更大的延伸,让三大产业在原有发展规模上重新思考、创新自身在整体产业融合背景下的发展战略。

(一)对策研究有助于乌当区促进三大产业融合发展目标的实现

产业融合现象的产生在于不同产业之间的技术创新,导致产业之间产生交集并实行技术融合,技术融合让不同产业之间形成合作,产业边界趋于模糊,减少了产业间的进入壁垒,降低交易成本,提高企业生产率和竞争力,最终形成持续的竞争优势。大健康、大数据、大旅游三大产业的融合发展要求产业中系统的有机结合和高度协调统一。实现三大产业的融合发展最基本的方法是根据三大产业的政策支持、产业基础、发展模式、最终目标的特点,将所有产业发展的节点相互衔接合作,各节点之间互换信息并协作处理业务。同时通过对三大产业的升级发展科学设计的研究,进一步明确融合发展模式,调整产业各个环节,使其成为更广泛的联盟并形成在经济发展方面的协调统一,实现三大产业升级至最优化。

这种融合发展的模式一方面利用完善的大数据服务系统来实现更及时准确地为大健康、大旅游等服务,并通过大健康产业发展和良好旅游服务来助推大数据产业,使其发展模式日趋成熟;另一方面三大产业融合发展主要是通过资源协调共享到产业发展业务共享,而后到人力资源、管理资源的共享,最终实现各种资源相互渗透、相互影响。对策研究的提出,将使三大产业的零散研究逐渐走向有组织的系统化研究,能为三大产业有效融合提供发展路径、方法、模式的参考,使人们能更加全面系统地认识和评价三大产业融合发展的重要性和紧迫性。最终由大健康、大数据、大旅游三大产业融合发展形成的新技术、新业态和新商业模式，将使乌当夺得先机，获得经济新的增长点，形成绝对优势，实现可持续发展，从而以巨大的发展潜能进一步促进产业升级优化目标的顺利实现。

（二）对策研究有助于乌当区增强三大产业融合发展抵御风险的能力

由于乌当区地区生产总值、财税等反映区域综合实力的指标总量小，在全市占比不高；大健康医药产业体系层次不高、主导引领作用不强、产业配套水平低、科技含量不高、项目规模偏小、创新能力不足、园区建设滞后；支撑大发展的内生动力不足；城乡发展不协调，二元结构依然明显，推进城乡一体化任务艰巨等问题仍然存在，单个产业发展在应对间歇变化、颇具竞争性的外部环境时的力量显得微不足道。乌当区域内企业以中小企业居多，大型企业或具有引领性的企业较少。因此，如何有效地让中小企业"抱团取暖"，克服小企业自身的劣势，获得规模企业的优势，这正是对策研究要解决的问题。对策研究的研究成果将成为突破中小企业技术创新自身限制的有效组织方式，企业以企业集群的形式参与市场竞争，进而让三大产业的融合发展具备极强的应变力和抗外界干扰的特性，可实现相互补位，展示出极大的经济活力。对策研究从助推每个产业在发展模式中去关注政策、经济、社会等环境变化，根据供给侧改革的目标，通过共同对用户机遇的把握和战略目标的共识与交流，构筑起信息快速传递和高度的柔性应变机制。对策研究促进三大产业努力优化技术与业务的融合，改变成本结构，让产业中的技术与业务融合形成的新产品和经营内容更能适应新的市场需求，形成产品差别，实现产业利益共同化，从而取得竞争优势，获得更多的市场需求，同时有效的决策使产业面对竞争时更具信心。

（三）对策研究有助于乌当区加快三大产业升级创新的步伐

产业融合发展，可以让产业凝聚在一起，通过相互探索更新信息技术，使产业之间形成"头脑风暴"，不断地突破原有的产业发展空间、时间的限制，共鸣共振，对产业发展的未来保持高效统一的发展共识，从而产生强大、持久的创造力。皮特·德鲁克说过："每一个组织都需要一个核心的能力，就是创新。"而技术创新是产业融合的源泉。企业是产业融合的主体,要顺应融合的发展,要求在观念上进行革新、战略上实施转变,从多方面推进产业融合。因此,对策研究有助于让企业更加清楚地理解和把握顾客的需求,从而产生企业创新的动力,推进技术的创新融合;有助于促进企业发展思维模式的创新,改变思维方式和组织文化,使组织结构中的各类人才从系统的角度融合不同的事物及从事物不同的层面去思考和解决问题,提升思维的系统性;有助于企业克服传统运作惯性,转变核心能力的刚性,使企业基于不同技术创新融合之上的核心能力柔性化;有助于强化人才培养,让企业建立起再教育培训机制,改变员工对传统科技知识的"惯性",让员工掌握更多更新的复合性知识和技能,培养出具有复合性知识和创造性思维的人才,增强企业发展的内在动力和智力支持;有助于为企业营造融合发展的创新环境,产生竞争激励效应、技术创新效应、组织创新效应、管理创新效应等,使产业自身的创新能力得到迅速增强,服务质量和服务水平不断提高,服务内容不断创新,从而促进产业创新。

（四）对策研究有助于乌当区三大产业实现资源的有效整合

企业竞争力是企业生存和发展的基础,它建立在企业核心资源的基础之上。企业每天的经营管理生产,其最终目的就是从市场需求的角度出发,根据企业的发展战略和市场需求对有关的内外部资源进行重新配置,从而提高企业竞争力,提高客户服务水平。因此,整合的实质就是要优化资源配置。三大产业的融合发展就是建立在资源的优化组合与科学配置基础之上的合作形式,产业之间一旦形成你中有我,我中有你的发展态势,资源差异将得到最大限度地补充,获得质和量的放大效应。因此,对策研究有助于使各自独立的产业通过资源整合,将能有效利用的资源从产业内部扩大到外部,实现交叉利用,促使单位生产、管理成本降低,提高产出效率;有助于三大产业在融合发展过程中得到相互的支援,产业在相互支持中不仅获得个体的优势发展,也将呈现出全局性的共赢态势,其产生的效应就大大超过单个产业发挥的作用,从而使区域内经济产生强大的资源优势和竞争优势;有助于改变和理顺产业在市场供需关系的秩序,实现经济资源的重新配置,从而提高竞争力,获得最大利润。

（五）对策研究有助于乌当区产业布局的优化

大健康、大数据、大旅游产业布局科学与否，会对整个区域的科技创新和区域经济发展产生重大影响。大健康、大数据、大旅游三大产业的融合，是实现乌当区产业科学布局的重要途径。根据新经济地理学理论，产业融合发展作为一种为创造竞争优势而形成的产业空间组织形式，其具有的群体竞争优势和发展规模效益是单项产业无法比拟的。对策研究有助于将大健康、大数据、大旅游三大产业的融合发展与乌当区整个产业布局的优化联系起来，构建特色鲜明的产业体系，可以打破行政区划、行业区别，突出优势产业的特色及发展重点，从而避免产业碎片化和低水平重复建设，实现区域间的合理分工和优势互补；有助于让乌当区在已经统筹制定的大健康、大数据、大旅游三大产业的规划上实现更有效的融汇，推动产业协同合作，发展特色产业，加快发展高新技术产业和现代服务业，推动传统产业的更新换代，加快产业升级，增加产业的辐射和带动效应有助于乌当区在发展经济过程中充分遵循产业结构演化规律，进一步对供给结构、需求结构进行结构性调整，加速产业结构向高级化演进。

（六）对策研究有利于乌当区完善三大产业发展管理机制

大健康产业、大数据产业、大旅游产业的发展涉及多个利益集团的利益，合理的利益调配是实现三大产业可持续发展的有利手段。这需要政府对三大产业恰当干预和介入，政府对产业经济的有序发展，提升产业的转型升级，可以起到市场所不能起到的作用。对策研究有助于对政府已制定的五年规划提出相应的配套落实措施建议，推动多规融合协调，进一步加强目标、坐标、指标之间的有机衔接，消除各项规划"碎片化"问题；有助于政府完善三大产业发展管理体制，特别是在落实三大产业可持续发展，以强有力的领导组织、统筹机制、管理手段来推进政策的制定和落实，协调三大产业的有机融合，着力形成"一张蓝图绘到底，一届接着一届干"的工作局面。

（七）对策研究有助于提升乌当区城市品位和形象

一个社会的发展必须是经济、社会、文化的同步协调发展。经济、社会、文化发展不同步，必然增加社会发展代价，阻碍社会的良性运行和协调发展，建设现代化城市需要繁荣的经济作支撑。因此一个成功的城市是在保持自己文化特色的基础上进行再创新的城市。成功的城市应该具备深厚的文化积淀、浓郁的文化氛围、美好的城市形象。"黔中秘境·生态乌当——一个诗意生活的林中泉城"的城市定位，昭示着乌当的资源优势与产业潜力。依托原有的医药产业发展红利，筑牢大数据资源的基础，挖掘文化资源，发展大旅游产业，应是乌当加快经济发展方式转变的重要途径和重要方面。因此，三大产业融合发展的对策研究成果将有助于在更高的层次、更大的范围、更广的领域提升乌当的知名度，加速提高城市化水平，提升城市品位和形象，增强城市综合竞争力，进而扩大乌当在全市、全省乃至全国的影响力。

（八）对策研究有助于乌当区建设更高水平的全面小康社会

为全面加快贵州省脱贫进程，贵州省委、省政府提出了"大扶贫""大数据""大健康"三大发展理念，目的在于抓住国家发展绿色金融的重大改革机遇，推进"大数据"等生态产业发展，全面加快发展"大健康"产业，助推科学治贫、精准扶贫、有效脱贫。贵阳市十次党代会强调："要继续推进'高一格'扶贫、'快一步'致富，进一步加大脱贫攻坚力度，要坚决打好产业扶贫、易地搬迁扶贫两场硬仗。要把产业扶贫作为'十三五'期间脱贫攻坚任务的重中之重加以推进，因地制宜、因势利导，加快培育一批有规模、有品牌、有市场、带动能力强的特色优势产业，形成具有贵阳特色、体现贵阳水平的现代农业生产经营体系，让贫困户从扶贫产业价值链中获得更多收益。"综上所述，产业扶贫是脱贫攻坚的根本。

对策研究将立足于大健康、大数据、大旅游的产业优势，探索出推动产业良性发展的对策，并为农业生产结构调整和农村政策制定提供理论依据，从而实现贵阳市提出的"高一格"扶贫、"快一步"致富的目标，为助推乌当早日建成更高水平的全面小康提供参考和借鉴。

三、研究的总体思路

目前我国产业处于创新导向阶段，依赖生产要素而形成竞争优势的情形越来越少，许多产业也在升级过程中，逐渐摆脱生产成本与币值汇率的威胁。产业虽然没有生产要素优势，但能在不利因素的刺激下创新，产品与制造技术也不断往前推进。同时，扎实的基础建设、研究机构与更具水平的大学体系也在形成之中。这些新机制不但保持自我强化状态、创造高级而专业化的生产要素，同时也与特定的产业形成联系，塑造出锐不可当的气势。对产业融合升级发展的研究，有利于分析区域对经济活动的影响，有助于政府认识融合发展以及产业升级发展的含义和政府在其中的作用，正确地制定相关政策，促进区域创新，创造财富。因此从理论上探索新兴业态及其融合发展，提升区域经济的生产力，是主动认识新常态，适应新常态，引领新常态的积极实践。

本课题研究将从开辟乌当区融合发展、产业升级新路径的时代背景和重大意义入手，通过分析我国经济面临的新形势新常态，立足乌当经济发展的产业基础和发展目标，阐述国家、省委、市委以及乌当区委支持大健康、大数据、大旅游产业发展的政策背景。引入国内外专家对大健康产业、大数据产业、大旅游产业的分析和定义，列举国外关于创新产业与传统产业的融合发展等案例，分析产业升级的必要性和重要性。对三大产业进行概念解读，准确定义大健康、大数据、大旅游产业等课题研究相关概念。同时，根据乌当区情、现有产业基础、未来产业结构的发展方向来研究问题，分析优势，明确融合发展和产业升级的新趋势对乌当经济社会发展所具有的极其深远的意义。

本课题研究认真分析国内外产业升级理论与发展现状综述。通过研究国内外融合发展的案例和发展过程，借鉴国内外产业升级的相关前沿理论与研究方法，采用定性与定量相结合、分析与推理相结合的研究思路，围绕国内外产业升级发展的理论和方法，对大健康、大数据、大旅游产业的前沿相关理论与案例进行深入研究和分析，着重对三大产业助推融合发展现状进行系统的分析、归纳总结，凭借丰富的实证材料，提炼三大产业融合发展、产业升级的理论、路径、手段、措施、模式等，并对其做出深入的论证。

本课题研究重点从区位、生态、山水、田园、地热、文化、产业基础等情况分析，立足于乌当区是贵州省大健康医药产业引领示范区、贵阳市大数据电子信息产业基地和特色食品、航空航天、装备制造、新材料新能源产业聚集地的这一事实，剖析乌当区在全民健康和休闲旅游时代中，大健康、大数据、大旅游产业升级的比较优势。同时，还要强调乌当区必须培育更高级和专业性的生产要素，如高素质的劳动力、技术开发能力、信息化环境、现代化的基础设施等，改变过去主要以要素禀赋为导向的模式，实现由比较优势到竞争优势的转化。

本课题研究还介绍了乌当区大健康、大数据、大旅游产业布局顶层设计。重点介绍乌当区在面对经济下行，经济结构调整，经济发展模式等挑战时，把握时局，顺应自然，以国际视野、战略眼光、创新思维系统地绘制大健康、大数据、大旅游发展规划蓝图。全面分析乌当具有的良好产业基础和生态资源禀赋优势。明确乌当区抢抓以大健康为引领，以大数据为驱动，以大旅游为助推，打造大健康医药全产业链，努力在全省发挥引领示范作用的目标。统筹考虑大健康、大数据、大旅游三大产业各层次和各要素，追根溯源，统揽全局，在最高层次上寻求问题的解决之道，总结出大健康、大数据、大旅游产业融合发展的必然性。

因此，课题重点是对大健康引领大数据驱动大旅游助推，开辟乌当融合发展、产业升级等研究主题进行实证分析，以优化和升级产业结构为前提，提出相应的对策和建议，为提高产业竞争力，带动区域经济快速发展，提高产业竞争力、形成区域竞争优势贡献研究智慧。

四、研究的主要内容

依据国内相关产业的发展情况，本课题通过对国内外相关文献的阅读以及实地走访的调查方式，利用实证研究方法对乌当区大健康、大数据、大旅游产业的发展现状进行调查，深入探究大健康、大数据、大旅游产业发展的优势以及影响因素，进而构建模型，提出相关建议。本课题主要包括以下七个部分：

第一章，大健康引领大数据驱动大旅游助推乌当融合发展产业升级对策研究概述。主要包含五个方面的内容：一是大健康引领大数据驱动大旅游助推乌当融合发展产业升级对策研究背景；二是大健康引领大数据驱动大旅游助推乌当融合发展产业升级对策研究意义；三是大健康引领大数据驱动大旅游助推乌当融合发展产业升级对策研究的总体思路；四是大健康引领大数据驱动大旅游助推乌当融合发展产业升级对策研究的主要内容；五是大健康引领大数据驱动大旅游助推乌当融合发展产业升级对策研究方法。

第二章，国内外以大健康、大数据、大旅游助推融合发展理论研究与发展现状综述。主要包含四个方面的内容：一是国内外产业融合理论研究综述；二是国内外以大健康助推产业融合发展现状综述；三是国内外以大数据助推产业融合发展现状综述；四是国内外以大旅游助推产业融合发展现状综述。

第三章，国内外产业升级理论综述。主要包含八个方面的内容：一是产业及其起源；二是产业分类与产业结构；三是产业升级与产业结构优化的含义；四是产业升级的影响因素；五是国外产业升级理论综述；六是国内产业升级理论综述；七是乌当区三次产业结构现状及特点；八是国内外产业升级理论对乌当区产业升级的指导意义。

第四章，大健康引领乌当区产业升级对策分析。主要包含六个方面的内容：一是乌当区大健康战略定位；二是乌当区大健康发展目标；三是乌当区大健康产业布局的特征；四是乌当区大健康产业升级的比较优势；五是乌当区大健康产业布局的影响因素及原因分析；六是乌当区大健康产业的升级对策探析。

第五章，大数据驱动乌当区产业升级路径分析。主要包含六个方面的内容：一是大数据的含义、特征及战略价值；二是大数据产业的含义及特征；三是大数据驱动产业升级的机理分析；四是大数据驱动乌当区产业升级的概况；五是乌当区发展大数据产业的顶层设计；六是大数据驱动乌当区大健康、大旅游产业升级的路径分析。

第六章，大旅游助推乌当区产业升级对策分析。主要包含六个方面的内容：一是乌当区大旅游战略定位；二是乌当大旅游发展目标；三是乌当大旅游产业布局的特征；四是乌当区大旅游产业升级的比较优势；五是乌当区大旅游产业布局的影响因素及原因分析；六是乌当区大旅游产业的升级对策探析。

第七章，乌当区大健康、大数据、大旅游融合发展的优劣势与对策分析。主要包含八个方面的内容：一是乌当区大健康、大数据、大旅游融合发展的区位优势；二是乌当区大健康、大数据、大旅游融合发展的资源优势；三是乌当区大健康、大数据、大旅游融合发展的政策优势；四是乌当区大健康、大数据、大旅游融合发展的经验优势；五是乌当区大健康、大数据、大旅游融合发展的劣势分析；六是乌当区大数据驱动大健康产业融合发展对策探析；七是乌当大健康引领大数据驱动推进大旅游产业融合发展对策探析；八是乌当大健康引领大旅游助推大数据产业融合发展对策探析。

五、研究方法

（一）结构化研讨方法

结构化研讨是一种新型的学习形式、会议形式和研讨方式，其对于发现问题、分析问题和解决问题有着科学、合理的优点和提高效率的作用。结构化研讨方法是分步骤、多角度开展研讨的一种方法。该方法可以集多种研讨方法和工具为课题研究所用，在课题研究中的每一流程均可以反复使用结构化研讨手段，通过问题聚焦，扩散思维多轮循环研讨，锁定问题和提出解决方案。此方法有以下三个好处：一是可以创造集体智慧。研讨主题及对策分析来自课题组成员，通过互问互答、头脑风暴，汇集集体智慧，达到智慧创造的效果。二是形成立体思维。课题组成员视角不一样，对事物的洞察力不一样，观点不一样，在垂直思考中嵌入水平思考，整个课题研究过程秉持众人拾柴火焰高的研究理念。三是研究过程要求放慢思维步伐，透视现象全貌，理清问题要素，聚焦优选方案。

（二）文献分析法

文献分析法也称情报研究、资料研究或文献调查，是指通过文献资料的搜索、收集、鉴别、整理、分析，形成科学认识的方法。文献分析法首要是做好资料收集，重点是做好资料的分析，通过研究文献，从文献资料获得新论据，找到新视角，发现新问题，提出新观点，形成新认识。文献分析法具有以下几个特点：一是超越了时间、空间限制，通过对古今中外文献进行调查可以研究极其广泛的社会情况。二是以书面调查为主，根据搜集文献的真实性，可以获得比口头调查更准确、更可靠的信息。三是可以克服反应性误差，只对各种文献进行调查和研究，而不与被调查者接触，不介入被调查者的任何反应。四是方便、快捷、高效，安全性高，根据研究情况可以随时对研究结果进行补充。文献分析法可采取检索工具查找方式和参考文献查找方式。检索工具可以分为手工检索工具和计算机检索工具两种。参考文献查找则是根据作者文章和书后所列的参考文献目录去追踪查找有关文献。

（三）系统分析法

美国学者奎德（E.S.Quade）认为，系统分析是帮助策划者选择最优方案的一种研究方法。通过对问题的充分调查，系统分析法能在不确定的情况下找出各种可行性方案，并通过对方案的结果进行比较，帮助策划者在复杂问题中做出最佳的科学决策。它的主要特征就是从整体的角度出发，找出整体中各要素所产生的影响和相互关系，从而发现系统整体的运动规律，并分析达到目标的途径，以便策划者选择最为合理的解决方法。因此系统分析方法是指把要解决的问题作为一个系统，对系统要素进行综合分析，找出解决问题的可行方案的咨询方法。系统分析法的整个程序大致可分为提出和确定问题，方案的设计和模拟，方案的确定和反馈三个不同的阶段。

（四）比较分析法

比较分析法就是把相近相似的概念，用联系和对比的方法进行分析，从而找出它们之间的内在联系和区别。此法通常用于经济类活动，在经济类活动中可通过实际数与基数的对比来提示实际数与基数之间的差异，借以了解经济活动的成绩和问题。

（五）定性分析与定量研究相结合的方法

定性分析主要是运用理论分析和逻辑推理，通过对研究事物进行综合分析、抽象概括，并应用概念、判断和推理等来反映现实，最终把握事物的因果关系，认识和揭示事物的本质及规律。定量研究指研究事物的数量，包括大小、多少、规模、时间、空间、强度、变化程度和发展速度等，借助这些概括性的数字，使人们从杂乱无章的资料中取得有意义的信息，以便对不同的总体进行比较，得出结论。

（执笔人：原中共乌当区委党校副校长　杨　爽）

第二章

国内外以大健康、大数据、大旅游助推产业融合发展理论研究与发展现状综述

一、国内外产业融合理论研究综述

产业融合是全球产业经济发展的必然趋势。经济全球化的快速发展，致使各国乃至全世界产业都在不同程度地经历着一场前所未有的巨大变革。能够继续活跃在市场中并仍有发展空间的产业都呈现出一定的融合特征。企业内部、企业与企业之间、各行业间都出现了不同程度的融合。产业融合最初是以数字融合为基础而发生的产业边界模糊或消失的状态。在分化和融合普遍存在的人类社会中，独立存在的产业之间相互融合才能产生新型产业。这些产业从不同层面实现融合，不仅丰富了原有产业的内容，也拓宽了原有产业的渠道，相互创造价值。产业融合这一重大经济现象的出现一方面打破了传统产业明确界限的固有格局，导致产业之间原有的界限逐渐模糊，甚至消失。另一方面产业之间互相融合，成为一体，新的产业属性和动态发展过程应运而生。融合后的产业不是原有产业的叠加，而是形成一个新的产业，较之于原有产业，在服务质量、消费选择多元性、规模收益方面得到大幅提升，从而更能代表产业的发展方向，推动整个产业结构优化发展。[①]可见，产业融合作为一种产业创新形式，不但丰富了产业系统的内容，而且推动了产业系统内部结构的高级化和复杂化发展。产业融合已经成为产业经济发展过程中的重要现象，对经济、社会、生活各方面都产生了重要的影响。

作为一种建立在信息科技发展基础之上的新型产业革命，产业融合将导致社会经济系统的深刻变化。2010年1月13日，国务院总理温家宝主持召开国务院常务会议，决定加快推进电信网、广播电视网和互联网三网融合。这

---

① 单元媛. 高技术产业融合成长研究[D]. 武汉：武汉理工大学，2010.

种产业融合趋势对产业组织的影响意义深远,极大地提高了企业市场绩效,引起了学界与政府的高度关注。产业融合理论国外实证方面的研究较多,理论方面的研究较少,而国内的研究则不多。

(一)国外产业融合理论研究综述

国外关于产业融合的思想最早起源于马克思和马歇尔的研究,不过,他们的相关论述一直没有被人们重视。马克思高度重视分工问题,他认为分工能提高劳动生产率,也会带来弊端。他说:"一方面工场手工业在生产过程中引进了分工,或者进一步发展了分工,另一方面它又把过去分开的手工业结合在一起。"马克思指出了分工在一定的条件下将趋于收敛,而分工基础上的结合生产实际上就是融合思想的起源。

马歇尔也曾对机器生产条件下的产业融合有过朦胧的认知,在《经济学原理》中,他说:"当分工的精细不断增大时,名义不同的各种行业之间的分界线,有许多正在缩小而且不难越过。"马歇尔还说:"一个行业中的精细的再分工之间的这些分界线,在对工业专门化的许多种类的近代倾向上,有很大的作用。在某种程度上这是对的,因为这些分界线虽然有许多是如此微细,以致一个人如在一个小的部门中失了业,就能转到与它邻近的小部门中去工作,而不会有很大效率损失,但是,他仍设法要在他的本行中去工作,经过一些时候没有成功,他才会这样做。所以,就每个的行业中的细小变动而论,这些分界线与较强的分界线是同样有效的。"马克思、马歇尔虽然萌发过产业融合发展的思想,但他们没有明确提出产业融合的理论框架,产业融合也没有被广泛认知。

罗森伯格(Rosenberg,1963)对美国机械设备业演化的研究表明,19世纪早期,在高度一体化的生产体系中,专门用于生产满足用户需求的各类终端产品的一些机械设备被制造出来,但独立的、专门化的机械设备业直到19世纪中期才开始出现。罗森伯格认为,这种独立化的过程主要与钻孔、打磨等通用机器制造技能在众多产业的广泛应用有关。他进而提出了"技术融合"(Technological Convergence)的概念,即与这种产品功能和性质完全无关的产业,因采用通用技术而导致独立的、专业化的机械工具出现的过程。尽管如此,产业融合现象也直到20世纪70年代才开始受到广泛关注。

1977年,日本NEC公司提出了"电脑与通信"(Computer and Communication)

的口号，预测产业融合即将到来。1978 年，美国麻省理工学院（MIT）媒体实验室的尼古拉·尼古路庞特（Nicholas Negroponte）用三个重叠的圆圈来描述计算机、印刷和广播三者的技术边界，认为三个圆圈的交叉处将成为成长最快、创新最多的领域。此后，许多学者沿着他们的思路，从各自专业的角度展开了对产业融合问题的研究。

20 世纪 80 年代以后，美国哈佛大学的欧丁格（Anltaony Oettinger）、法国作家罗尔（Nora）和敏斯（Mince）分别创造了 Compunction 和 Telemetriqu 两个新词来试图反映数字融合的发展趋势，他们将信息转换成数字后，把照片、音乐、文件、视像和对话通过同一种终端机和网络传送及显示，使不同形式的媒体彼此之间的交融性得到加强，这个现象称为"数字融合"（Muller，1997）。英国学者塞哈尔（Sahal，1985）和意大利学者多西（Dosi，1988）的研究认为，产业融合起始于产业之间的技术关联，某一种技术范式向不同的产业扩散，促使这些产业出现技术创新，在技术创新的基础上发生产业融合。

1994 年，美国哈佛大学商学院举办了世界上第一次关于产业融合的学术论坛"冲突的世界：计算机、电信以及消费电子学"。参加者包括学术界人士和康柏（Compaq）、英特尔（Intel）等著名计算机整机或者芯片生产公司以及软件、消费电子产品和信息服务等相关行业的人员。1997 年 6 月 27 日至 28 日，在加州伯克莱分校召开的"在数字技术与管制范式之间搭桥"会议上，与会人员对产业融合与相关的管制政策进行了讨论。"哈佛论坛"和"伯克莱会议"的成功举行，表明产业融合作为一种新经济现象，开始得到了社会各界的真正关注。

约菲（Yoffie，1997）认为融合是采用数字技术后原本各自独立产品的整合。企业若实现融合发展必须采取全新的技术战略和企业发展战略，他提出了一个 CHESS 模型，该模型主要适用于在位企业和创业公司。CHESS 分别是创新性组合（Creative Combination），水平解决方案（Horizontal Solutions），外部性和标准设定（Externalities and Standards），范围经济、规模经济和捆绑（Scale，Scope and Bundling）以及系统聚焦过程（System-focused Progress）。

欧洲委员会的绿皮书（Green Paper，1997）认为，产业融合是指"产业联盟和合并、技术网络平台、市场等三个角度的重合"。绿皮书针对三网融合提出，电信、广播电视和出版三大产业融合不仅是个技术性问题，更是涉及服务、商业模式乃至整个社会运作的一种新方式，并把产业融合视为新条件下促进就业与增长的一个强有力发动机，这无疑将扩展至整个信息市场，促进今后世界经济的融合发展。

奥诺和奥基（Ono，Aoki，1998）提出了一个三维立体的理论框架模型，阐述了电信、广播、出版等媒体信息服务融合的实质。阿方索和塞尔瓦托（Alfonso，Salvatore，1998）对电子行业1984—1992年的数据研究表明，计算机、通信、半导体和其他电子产品行业发生了较为明显的产业融合现象，这些融合产业的市场绩效得到了显著提高，比其他融合现象不明显产业的市场绩效高很多。他们认为，产业融合一般要经历技术融合、产品和业务融合、市场融合三个阶段，才能完成产业融合的全过程。技术融合并不必然带来产品和市场融合，也并不必然带来真正意义上的产业融合。

澳大利亚融合评论（The Australian Convergence Review，2000）指出，融合就是因数字化驱动的服务部门结构调整，这个调整的实质是两种服务传递的结构模式的转换。传统模式是通过模拟或物理技术来提供大众化的产品，主要服务于国内市场，公司实现水平和垂直一体化的结构；新的服务传递模式则是通过可编程数字化网络进行大众定制化来服务于国际市场，用户可视服务和不可视传送平台之间实行垂直分布。

斯蒂格利兹（Nils Stieglitz，2004）提出了四种类型的产业融合，运用演化经济学和产业生命周期理论，构建了一个产业融合类型与产业动态演化的理论框架。他认为，不同的融合类型对于产业发展演化和商业战略的影响是不同的。林德（Lind，2005）建立了一个产业生命周期理论模型来分析产业融合现象，提出产业融合是指由技术变革引发的产业边界重新界定。

在美欧产业融合发展的同时，日本学者和日本产业界也对产业融合进行了相关研究。1985年，日本通产省曾在一份报告中提出了技术融合的概念——两种或两种以上不同技术之间互相渗透、互相融为一体的一种技术现象。日本学者植草益在1987年的著作《产业组织理论》一书中，讨论了产业融合现象对市场范围的影响，之后他又进一步对产业融合进行了深入研究。2001年，植草益在对信息通信业的产业融合进行研究以后，从动因的角度，把产业融合定义为通过技术革新和放宽限制来降低行业间壁垒，加强各行业企业间的竞争合作关系，并认为产业融合不仅出现在信息通信业，金融业、能源业、运输业和制造业的产业融合也在发展之中，产业融合也不是日本独有的经济现象，而在其他主要发达国家也存在。

（二）国内产业融合理论研究综述

在国内，对产业融合的研究起步相对较晚。大多数学者从产业间影响关系的角度出发，认为产业融合是高新技术及其产业作用于传统产业，使两种产业或多种产业融为一体，形成一种新的产业的过程。最早对产业融合进行研究的是于刃刚教授，他在1997年的《三次产业分类与产业融合趋势》一文中，提出在第一产业、第二产业、第三产业之间出现了产业融合现象。

岭言（2001）认为，新旧经济的产业融合发展是指高新技术及其产业作用于传统产业，使两个以上产业融为一体，逐步发育成长为新的产业。产业融合不是几个产业的简单相加，而是通过相互作用，融为一体，显示出新的生机和活力。卢东斌（2001）强调，产业融合是高新技术及其产业作用于传统产业，使两种（或多种）产业合成一体，逐步成为新的产业。

张磊（2001）对产业融合现象做了初步的介绍和分析，着重研究了融合条件下的互联网管理问题，并提出产业融合的标志是互联网。他认为推动产业融合的动力主要有三个方面：技术创新、管制放松和管理创新。马健（2002）将产业融合的含义概括为：由于技术进步和放松管制，发生在产业边界和交叉处的技术融合，改变了原有产业产品的特征和市场需求，导致产业中的企业之间竞争合作关系发生改变，从而导致产业界限的模糊化甚至重划产业界限，并提出技术创新是产业融合的内在原因，管制放松是产业融合的外在原因。

周振华（2003）认为，产业融合意味着传统产业边界模糊化和经济服务化趋势，产业间新型的竞争协同关系的建立和更大的复合经济效应。他运用产业边界的理论分析框架，从电信、广播电视、出版业融合的案例中抽象出产业融合的主要因素——数字化信息、综合信息技术和互联网信息平台，并检验了他们在更广的产业经济范围内的适应性。他指出，产业融合是产业发展及经济增长的新动力，不但导致了许多新产品与新服务的出现，开辟了新市场，使更多的新参与者进入市场，增强了市场的竞争性，还促进了资源的整合，带来了就业增加和人力资本的发展。随着产业融合的拓展，产业融合将导致产业基础、产业关联、产业结构、产业组织、产业布局和产业政策等方面发生根本性变化，对经济一体化和社会发展产生综合影响。

聂子龙、李浩（2003）认为，产业融合是指不同产业或同一产业内的不同行业相互渗透，相互交叉，最终融为一体，逐步形成新产业的动态发展过程。

同时，在这一过程中还会出现既有产业的退化、萎缩乃至消失的情况。产业融合不是几个产业的简单叠加，而是新产业与传统产业的融合，不是"混合物"，而是"化合物"，具有自身的特殊性质，也可以称之为交叉产业和边缘产业。

朱瑞博（2003）在青木昌彦模块化理论的基础上，将价值模块整合和产业融合问题有机联合起来。他认为，技术创新、管制放松和合作竞争理念并不是产业融合形成的充分条件，产业融合离不开具有通用界面标准的模块作为其实现的载体。另外，朱瑞博从系统观点的角度阐明了产业融合的本质和特征，即产业融合是一种模块化过程，或者说是产业系统化过程，是传统产业分工发展到一定程度的回归。他认为价值模块是产业融合的载体，并总结了 SIP 模块（Silicon Intellectual Property，硅智产模块）、SOC（系统级芯片）对 3C 产业融合的影响。

于刃刚等（2006）拓展到很多产业之中对产业融合进行了研究，认为产业融合的主要原因是技术创新、政府放松经济性规制、企业跨产业并购、组建战略联盟以及四者之间的相互作用。分析了信息产业、金融业、物流产业、能源产业各自的融合趋势，探讨了产业融合对产业分类、对产业结构优化、对反垄断法、对规制理论及政策的影响。柳旭波（2006）探讨了产业融合如何改变传统产业结构的演进规律，认为产业融合是一种特殊的创新形式，在这种创新的条件下，各产业的生产率上升的差距逐渐缩小。

马健（2006）在 2002 和 2003 年的研究基础上，不但分析了产业融合的原因，还研究了产业融合的效应、产业融合的识别原则和衡量方法，提出了产业融合需求增长模型。在《产业融合论》一书中，马健认为：产业融合带动产业升级，是通过产业内企业之间业务融合的模仿扩散过程和信息技术投资在产业之间的模仿扩散过程实现的。当产业内的强势企业首先进行产业融合时，它会作为产业融合的示范，而其他企业为了达到先动企业相似的技术、组织与业务状况，必然纷纷模仿这些强势企业的行为，达到产业融合的水平。通过这种示范模仿扩散过程的作用，产业内的多数企业最终实现了产业融合，从而使该产业实现了产业升级。而多数产业与信息技术产业相融合的结果，是整个产业产生了升级效应，从而提高整个国家的经济增长能力和水平。

胡永佳（2007）从分工的角度来理解和分析产业融合，通过破解产业融合与产业分工的关系，建立了产业融合现象的一般性分析框架。他提出了产业融合的两个推论：条件推论和融合度推论。条件推论描述的是产业融合的状态，即在资产转换成本为零的情况下融合或非融合的界限；融合度推论表现的是产业融合的过程，是在资产转换成本不为零的情况下融合度的变化规律。胡永佳从威廉姆森等人对资产专用性的论述出发，提出了资产通用性的概念。另外，他以层层递进的方式，较为系统地阐述了产业融合的效应。胡永佳还提出，产业融合是产业间分工的内部化，是产业间分工转变为产业内分工的过程和结果。

天津社会科学院研究员陈柳钦发表了多篇关于产业融合的论文，他从分析产业融合发展的动因、产业融合的演进方式、产业融合的效应入手，考察中国产业融合进程中应当采取的相应措施。他的分析表明，创造良好的支持环境，适时改变现行的产业管制政策，制定合理的产业技术政策，大力发展高新技术及其产业，推进信息化业务关系，建立实现产业融合的企业主体机制，大力发展教育，消除产业融合的人才瓶颈，提高产业融合发展的国际空间，是促进中国产业融合及产业的健康发展的重要措施。

国内外学者和实业界人士对产业融合的研究，已经广泛涉及了产业融合的原因、动力、过程、趋势、管制改策等方面，以发达国家市场经济理论、制度理论、技术条件等为背景，所得出的结论也是具有针对性的。

通过研究国内外产业融合文献得出以下结论：

（1）从系统视角看，产业融合有自身的内涵，主要包括技术融合、企业融合、产品融合、市场融合、制度融合等。

（2）产业融合方式不同导致产业融合类型各异。产业融合方式主要有以下几种：产业间延伸融合（服务业向第一、第二产业的延伸形成现代农业、信息化工业）、高新技术渗透融合（机械电子、航空电子等产业）、业务内部重组融合（生态农业）、全新产业取代传统旧产业进行融合（电子商务等）。

（3）产业融合是内生性动力和外生性动力共同作用的结果。自组织性是产业融合的内生性动力。技术进步、管制放松、企业管理创新等是产业融合的外生性动力，二者共同推进产业融合从萌芽到发展再到成熟的演化。

（4）融合前后产业间替代程度不同导致产业融合程度不同。根据融合后产业对原有产业替代程度不同，产业融合分完全融合、部分融合、虚假融合。产业融合有益于促进产业发展。其效应主要包括促进产业创新，推进产业转型升级，有利于拓宽产业链条增值空间，优化产业结构，改善市场结构、企业结构和企业绩效。

回顾以上研究可以发现以下局限性：首先，对产业融合概念界定不统一，比较模糊。多是根据研究视角单独界定，而不是根据整个产业系统，这给产业融合理论发展带来一定挑战。其次，对产业融合发展的条件多是进行定性描述。无论是技术进步、产业规制放松，还是企业追求自身利益，都对产业融合发生产生了积极影响，但这些并不是产业融合发生的根本前提条件。最后，对产业融合过程性研究较少。产业融合本身是一个系统过程，当具备了产业融合条件，各个系统发挥相应作用才能发生融合。但对此，现有文献只是零星提及。

二、国内外以大健康助推产业融合发展现状综述

（一）国外大健康助推产业融合发展现状综述

1. 美国的健康管理

美国实行了 20 多年的健康管理揭示出一个规律，即健康管理以及健康服务可使患者及健康人更好地拥有健康，以及有效地降低医疗支出。健康产业给美国带来巨大的健康效益和经济效益。美国 1/7 的成年人从事健康产业，美国未来几年健康产业值有可能达到 1 万亿美元，占美国 GDP 的 6.9%。

2. 日本的国民健康运动

日本从 1979 年开始倡导中老年健康运动，于 1988 年提出了全民健康计划，其中包括健康测定、运动指导、心理健康指导、营养指导、保健指导等，并在 2000 年制定出国民健康运动的相关政策，2002 年通过了《健康促进法》。在日本，不到 2 亿人就有 60 多万名营养师提供专业服务。并且其他的健康产业也在蓬勃发展，如疗养产业每年产值就高达 3000 亿美元，成为日本发展最快的行业之一。

3. 英国的国民卫生服务体系

英国的国民卫生服务体系是社会福利中的重要组成部分，英国所有纳税人和在英国有居住权的人都有免费享受该服务体系的权利。随着人口的增加和人们对健康质量要求的提高，国民卫生服务的开支占 GDP 的比重也逐年升高。

4. 其他国家的大健康产业

欧洲的旅游疗养产业,如芬兰温泉疗养等产业发展良好;东南亚各国,如泰国、菲律宾每年的疗养产业产值分别达到了 160 亿美元和 20 亿美元。尽管这些国家还没有系统地将各健康服务子产业整合起来发展,但在具体细分产业上的独立发展,为这些国家的经济社会发展做出了一定贡献。

(二)国内大健康助推产业融合发展现状综述

党的十八大明确提出了 2020 年全面建成小康社会的目标。健康是促进人民群众全面发展的必然条件,应坚持为人民健康服务的方向,坚持预防疾病为主,完善国民健康的政策。2012 年 8 月公布的《"健康中国 2020"战略研究报告》提出,到 2020 年为止,主要健康及其相关指标基本达到中等发达国家水平,其中包括"国民主要健康指标进一步改善,人均预期寿命达到 77 岁"等目标。同时,该文件还强调,要以"预防为主",实现医学模式的根本转变,以公共政策、科技进步,着力解决长期威胁我国人民身体健康的重大疾病及相关健康问题。2016 年 8 月 26 日,中共中央政治局审议通过《"健康中国 2030"规划纲要》,其中提到大健康产业是"健康中国"建设中重要的组成部分。

二十年来,我国的大健康产业大致经过了三个阶段。开始的十年处于初级阶段,其特点是没有整合的松散型结构和并不清晰的概念。后来进入大健康产业中期,其特点是逐渐清晰的概念和开始成长的服务,体检中心开始出现,并带动其健康咨询服务的诞生。后期为大健康产业快速发展期,出现了健康管理、集成式医疗保健等,健康产业链逐步形成。

我国的大健康产业是一个高速发展的产业,在产业经济方面,包括规模和总容量都在不断扩大。经过三十多年的改革开放,经济飞速发展和人们健康意识越来越强,我国 13 亿人口形成了大健康产业巨大的市场需求。

纵观产业发展趋势,大健康产业及其相关产业将会继续保持较为高速的增长,同时,产业融合、产业形态交织,将会对未来 5 到 10 年健康产业发展提供强大动力。未来产业发展的三大趋势:一是产品形态的多样化、多元化。传统的健康产业仅仅是给病患提供诊疗、护理等服务,而未来的健康产业,有着更为广阔的发展空间;二是新兴的产业形态正在不断变化。养老、保健和中高端医疗器械等代表未来发展方向的业界形态在国内已初见雏形,并且聚集了足够强大的产业技术力量和资本力量,是一个非常好的发展契机;三是新一代技术的出现会推动国内大健康产业的快速转型和发展,升级产业及产品形态。新一代技术未来会成为大健康产业重要的动力,为战略发展提供有力保障,包括云计算、物联网、移动互联网等。生物医药是大健康产业最关注的,也是目前投资最多的产业。穿戴技术的应用能提供更多的功能性产品,帮助老年人更好地融入社会生活,提高老年人幸福感。穿戴技术能通过对预防和观察的对象进行实时、分布、移动式的监护,极大地提高数据和信息采集的效率和精度。云计算可以集成不同地区的特定数据,并加以整合,运用大数据管理技术提高模型的效率,从而提高研发的速度。

1. 市场现状

和美国相比,中国的大健康产业仍处于初创期,在产业细分以及结构合理化方面需要更大的提升和完善、如图2-1所示。

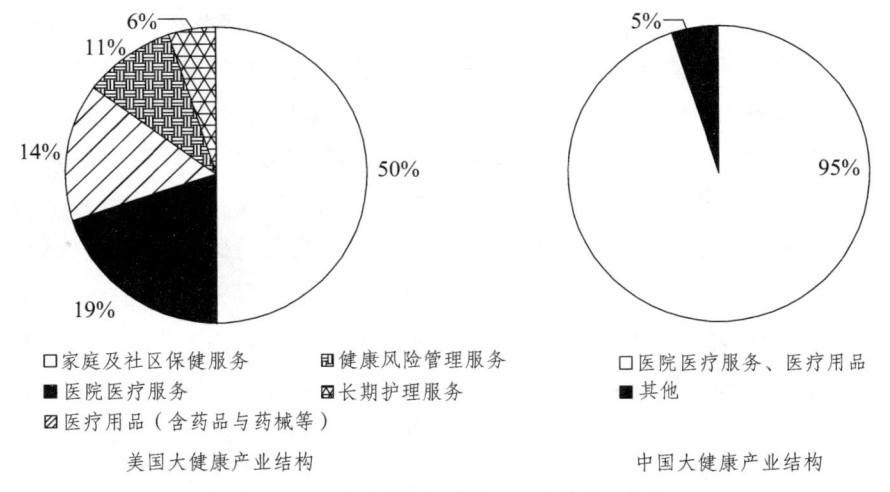

图2-1 中美两国健康产业结构对比

目前利润率较高的领域有医药制造、医疗器械、保健行业。2012年至2016年,我国医药制造业维持较为稳定的销售利润率和毛利率,2016年,我国医药行业毛利率达到29.4%,医药行业销售利润率达到10.7%。如图2-2所示。

在发达国家及地区,健康服务业已成为现代服务业的重要组成部分。美国健康服务业规模占GDP比例超过17%,而我国目前的水平还较低。我国的健康服务业刚刚起步,随着人口老龄化和城镇化加速,未来市场前景广阔。

2012年至2016年，我国医药制造业规模以上企业基本保持5%的增速，2016年医药制造业规模以上企业达到7449家，与上年相比增加333家。我国医药制造业主营业务收入也保持持续的增长，2016年主营业务收入为28 063亿元，行业增长率维持在10%，领跑我国其他制造业领域。

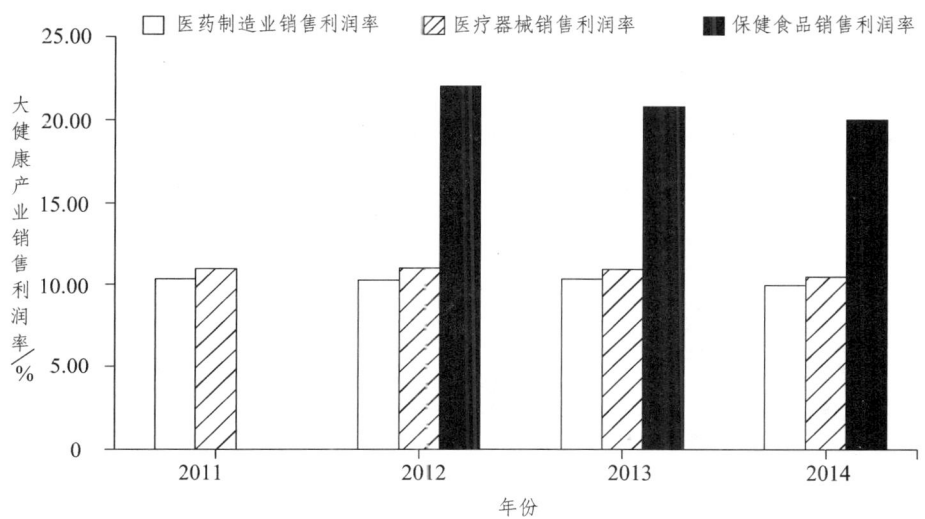

图2-2　2011—2014年大健康产业销售利润率

2011—2016年我国大健康产业规模如图2-3所示。

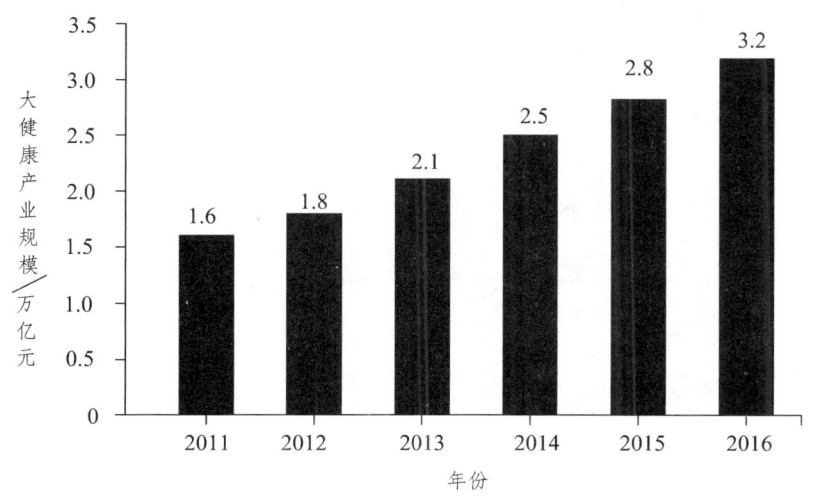

图2-3　我国大健康产业规模

大健康产业中十大热点的市场规模和前景如表2-1所示。

表 2-1 大健康产业热点市场规模和前景

行业	市场规模（国内）
大健康	据测算，2016年我国大健康产业规模将接近3万亿元。预计到2020年，大健康产业总规模将超过8万亿元。
养老产业	目前养老产业市场规模超过2万亿元。预计到2020年，养老产业市场规模约为3.4万亿元
健康管理	中国健康管理市场潜在规模大概600亿元，而现阶段仅实现了30亿元左右
商业医保	商业医保是一个朝阳产业，市场空间较大，预计未来十年有望达到1.8万亿元
医疗美容	近年医疗美容基本保持15%以上的增速，处于快速成长期，或鉴于2019年达到1100亿元的规模
在线医疗	2014年在线医疗市场规模为108.8亿元，2015年市场规模超170亿元，预计未来3~5年将有望突破500亿元
养生旅游	2015年中国养生旅游的交易规模约为400亿元。未来五年年复合增长率有望达到20%左右，2020年市场规模将在1000亿元左右
智慧医疗	2015年中国智慧医疗的市场规模约为260亿。未来五年年复合增长率或在30%左右，到2020年市场规模有望达到约1000亿元
康复医疗	2015年国内康复医疗的市场规模约270亿元。至2020年我国康复医疗产业规模有望达到700亿元，年复合增速不低于20%
医药电子商务	未来五年，医药电子商务年均复合增长率有望达到50%以上，至2020年，我国医药电子商务市场规模将超过1100亿元
基因测序	基因测序市场飞速发展，预计2018年市场规模将达到117亿美元，年复合增长率为21.1%

2. 养老产业

从2015到2035年，中国将进入急速老龄化阶段，老年人口将从2.12亿增加到4.18亿，占比29%。2016年我国60周岁及以上人口2.31亿，占总人口的16.7%；65周岁及以上人口1.5亿，占总人口的10.8%。预计到2025年，我国老龄人口数量将达到3亿。老年群体规模不断壮大，一方面加重了我国的经济负担，另一方面也创造出无限商机。

人口老龄化使养老产业受益，以每位老人每年消费 1 万元计算，目前养老产业市场规模超过 2 万亿。根据全国老龄办数据，2020 年全国 60 岁老年人口将达 2.48 亿，老龄化水平为 17%。从 2015 年到 2020 年间，随着经济发展、国人养老观念的改变，老年人消费水平也将有所提高，以 GDP 增速作为老年人年均消费金额增长率计算，假设未来五年 GDP 复合增长率为 6.5%，那么到 2020 年，则每位老人每年消费金额约为 1.37 万元，养老产业市场规模达 3.4 万亿元。

养老产业链较长，上下游带动明显。养老产业重点关注医疗保健、医疗护理、家政服务、娱乐休闲、日常消费和信息平台等需求快速增长领域，如图 2-4 所示。

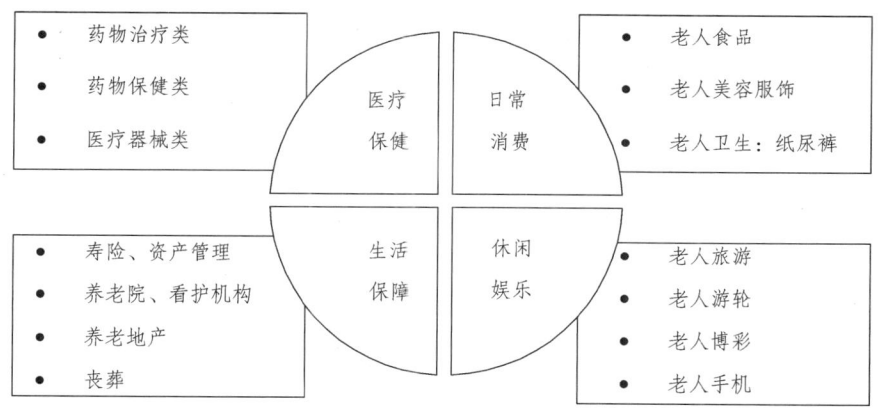

图 2-4　我国养老产业链结构图

国家对养老产业的关注从未间断，相关政策密集出台。

2013 年《关于加快发展养老服务业的若干意见》提出"完善扶持养老服务业的投融资业务、土地供应、税收优惠、补贴政策等"。

2014 年《关于鼓励外国投资者在华设立营利性养老机构从事养老服务的公告》提出"鼓励外国投资者在华独立或合办营利性养老机构"。

2015 年 10 月 29 日，党中央在十三五规划的建议中提出"推动医疗卫生和养老服务相结合，探索建立长期护理保险制度"。

2016 年 7 月 13 日，民政部、财政部联合下发了《关于中央财政支持开展居家和社区养老服务改革试点工作的通知》。同年，10 月 9 日，民政部、发改委、教育部等部委联合下发了《关于支持整合改造闲置社会资源发展养老服务的通知》，国家政策对大健康产业的支持力度在不断加强，也驱动了大健康产业的快速发展。

2017年8月国家卫生计生委统计信息中心正式印发了《国家医疗健康信息区域（医院）信息互联互通标准化成熟度测评方案（2017年版）》，指导各地规范开展区域（医院）信息互联互通标准化建设，推进国家医疗健康信息互联互通和共享协同。

在政策的支持下，养老产业正成为国家新兴支柱型产业，发展空间巨大。

3. 健康管理

国内食物安全问题严峻、慢性病高发、空气污染等各种因素引发的忧虑，以及人民群众对健康生活需求的提高，给健康管理的发展提供了机遇。

自20世纪90年代末起，我国体检事业迅猛展开，年均增长率约为55%。特别是2003年非典疫情（SARS）后，大众健康意识逐步增强，集体体检事务随之升温，催生大批新式的体检组织。据我国医师协会计算，我国各类健康体检组织数量在2010年就超过6000家。2005年后，不少体检组织依托常规体检，华丽转身成为健康管理组织，并推出私家医师、健康会所、长途问诊、移动医疗等多种健康管理业务。

2013年，国务院发布《关于促进健康服务业发展的若干意见》，2016年10月14日，国家发改委发布《促进民间投资健康发展若干政策措施》，号召用市场化的手段解决健康服务的供给不足问题，并提出到2020年，要基本建立覆盖全生命周期、内涵丰富、结构合理的健康服务业体系。

此外，国务院等机构陆续颁布了《医疗机构管理条例》《健康体检管理暂行规定》等，为健康管理提供法律保障，这使健康管理行业有了更好的发展机会。

4. 商业医保

商业医保是朝阳产业，医疗信息化水平提高，市场规模达到千亿级别，预计未来十年有望达1.8万亿元。商业医保受到政府的政策支持，中国保险监督管理委员会大力倡导商业健康保险的发展，未来大病医疗保险将迎来爆发式增长。

随着政府对大病医疗保险建设的推进，2016年，我国基本医疗保险参保人数共计74 392万人，实现收入13 084亿元，同比增长16.9%，医保支出10 767亿元，同比增长15.6%，逐步扭转收支失衡状态。

5. 医疗美容

随着我国居民收入水平的提高，人们对美容日益重视，近年医疗美容呈现快速发展趋势，基本保持 15%以上的增速，处于快速成长期，2019 年预计达到 1100 亿元的规模，市场前景良好，在大健康行业中十分凸显。此外，医疗美容毛利率水平较高，进入门槛适中，对资金、技术等没有过严要求，令许多资本纷纷涌入其中，投资非常活跃。

2009—2015 年，我国医疗美容保持 15%的年复合增长速度，其中非手术医疗美容增速高于全行业整体，达到 18.9%，手术医疗美容增速只有 10.7%。我国医疗美容服务行业高度分散，有超过 24 000 家医疗美容机构及诊所。

6. 在线医疗

近几年，国内在线医疗发展迅速，2016 年中国在线医疗市场规模将达到 223 亿元，在线医疗行业市场规模增速保持平稳，预期市场增速将维持在 40% 左右，行业由快速发展进入到稳定发展阶段。2016 年在线医疗营收中，交易营收占比 96%，营销及增值服务占比较低。在线医疗前景非常乐观，其由于能颠覆传统医疗的运营模式，提高患者就诊便捷度和效率，在刚兴起不久，便受到众多资本的追捧。

当前，在线医疗行业 PC 端覆盖范围更广，但是移动 APP 的用户黏性更高，挂号问诊类 APP 呈现"一超多强"格局，春雨医生为第一梯队，平安好医生、挂号网等平台为第二梯队。

我国互联网医疗已经历探索期，现已步入启动期，市场高速增长，商业模式将不断清晰完善，细分领域龙头初现。互联网医疗发展状况如图 2-5 所示。

7. 养生旅游

养生旅游市场拥有良好的市场发展环境，发展空间巨大。未来五年养生旅游的市场规模将呈快速增长态势，年复合增长率有望达到 20%左右。预计到 2020 年养生旅游市场规模将在 1000 亿元左右。养生旅游作为大健康产业和旅游产业的复合型产业，值得投资者重点关注。

中国已步入老龄化社会，中国现有老龄人口已超过 2 亿，且每年以近 800 万的速度增加，到 2050 年，中国老龄人口将达到总人口的 1/3，而老龄人口更倾向于养生旅游。

此外，国家鼓励旅游多元化发展，而养生旅游是旅游的一个重要细分行业。2014 年《关于促进旅游业改革发展的若干意见》提出，要积极发展休闲度假旅游，推动形成专业化的老年旅游服务品牌，并发展特色医疗、疗养康复、美容保健等医疗旅游。

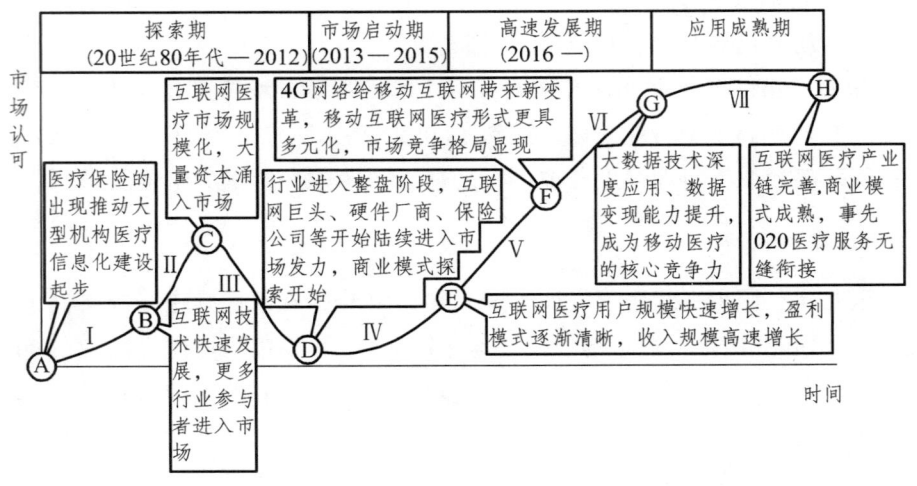

图 2-5　互联网医疗发展趋势图

2015 年《关于进一步促进旅游投资和消费的若干意见》明确指出，大力开发休闲度假旅游产品，鼓励社会资本大力开发温泉、滑雪、滨海、海岛、山地、养生等休闲度假旅游产品。

2016 年 7 月 7 日，国家旅游局、中医药管理局发布《关于开展国家中医药健康旅游示范区（基地、项目）创建工作的通知》，除了大健康产业本身对于投融资领域的吸引力外，大健康领域"跨界"投资也热起来。

8. 智慧医疗

我国智慧医疗起步较晚，目前投入还较少，存在巨大的增长空间。仅从医疗信息化（智慧医疗的组成部分）数据来看，目前国内人均医疗信息化投入约为 2.5 美元，相比美国人均医疗信息化近 85 美元的水平，仅为美国的 3%。2015 年我国智慧医疗的市场规模约为 260 亿元，2016—2018 年全球智慧医疗服务支出年复合增长率约 60%，至 2018 年全球智慧医疗服务支出，如远端监测、诊断设备、生活辅助、生理数据监测等，有望达 290 亿美元。

对于政府来说，智慧医疗不仅是整合医疗资源、提高医疗服务效率的方案，更是提高医疗资源使用效率，降低医保压力的可行方案。"十三五"规划建议落地，健康中国正式升级至"国家战略"，以三医联动、医药分开、分级诊疗为核心的健康中国建设将成为"十三五"期间深化医疗卫生体制改革的重头戏，这加速推动了新兴互联网医疗产业走向成熟，并为智慧医疗产业的发展提供了广阔的发展空间。

9. 康复医疗

我国现代康复医学事业起步较晚，但发展很快，目前康复资源主要分布在残联、卫生、人事及社会保障、民政、教育以及社会机构六大方面。康复医疗行业需求巨大，但体系不完善，缺乏统一的行业管理标准；康复机构规模小、档次低、数量少，建设水平有待提高；康复机构定位不明确，缺乏可借鉴的成功模式。

目前国家正在大力推动医疗服务改革，随着三级康复医疗体系建立、完善和康复医疗医保政策进一步优化落实，行业将进入爆发期。预测至2020年我国康复医疗产业规模有望达到700亿元左右，年复合增速不低于20%。我国康复医疗行业"十三五"发展规划提出，要加强全行业监管与属地化管理，统筹城乡、区域资源配置，统筹当前与长远，统筹预防、医疗和康复，中西医并重，注重发挥医疗卫生服务体系的整体功能，促进均衡发展。

10. 医药电子商务

目前医药电子商务所售商品主要包括医疗器械、计生用品、医药和保健品四大类，其中药品类别由于在政策上处方药销售暂未开放，而处方药占比巨大，所以医药电子商务在商品规模上仍有较大市场空间。我国疾病谱不断发生变化，尤其是慢性病患病率和慢性病患者数量逐年上升，庞大的慢性病用药基数，为医药电子商务提供巨大的发展空间。

在医药电子商务的支付环节，由于受到药品医保结算的影响，限制了部分消费者的线上消费。目前，医保结算仅授权于个别线下实体药店，在线医保个人账户支付的开放已经在沈阳、杭州等城市试点，政策利好下，医药电子商务将进入新的发展阶段。

此外，当前制约我国医药电子商务发展的因素除了体制及政策方面，医药冷链物流也是重要的制约因素之一，未来医药物流必将走向专业化，第三方物流模式会成为医药物流的主要模式，医药电子商务的快速发展将会带动医药冷链物流需求，为该行业带来发展机遇。

11. 精准医疗

精准医疗是未来医疗的发展方向，精准医疗又称为个性化医疗，它是根据个体基因特征、环境以及生活习惯，为病人量身设计出最佳治疗方案，以期达到治疗效果最大化和副作用最小化的一种定制医疗模式。

中国早在21世纪初就开始关注精准医学，于2006年首次提出"精准外科"的概念。2014年以后，国家食品药品监督管理总局（CFDA）等机构批准高通量测序在NPIT、PDG等生育健康领域的临床应用试点。2015年，首届精准医疗战略专家委员会成立，计划在2030年前我国精准医疗领域投入600亿元。同年，高通量测序技术得到在肿瘤诊断和治疗上的临床试点，提振分子靶向药物研发生产。2015年5月，国家发改委发文取消第三类医疗技术临床应用准入审批，干细胞、基因芯片、细胞免疫治疗等细分领域得到快速发展。10月，精准医疗被列入"十三五规划"重点发展项目。2016年"魏则西事件"将免疫细胞疗法推向公众视野，卫计委紧急叫停细胞免疫疗法的临床应用，更加严格监管措施和相应行业标准将配套产业发展，并推动产业以更健康的方式前行。

三、国内外以大数据助推产业融合发展现状综述

（一）国外大数据助推产业融合发展现状综述

1. 美国

美国是世界上第一个发展大数据产业的国家，也是目前为止发展大数据产业比较成功的国家之一，现在美国的大数据产业链已经基本完整。美国的大数据产业的基本格局是纵向三个层次，横向两个层次。纵向即处于底层的一些开源项目以及基于这些开源项目的基础架构、分析和应用。横向就是基础架构、分析和应用。

美国于1997年建立了首个全面公开联邦政府统计数据的网站fedstats.gov。2004年，布什政府通过司法程序，将"星风"监视计划分拆为由国家安全局执行的四个监视计划，除"棱镜"外，还包括"主干道""码头"和"核子"（"棱镜"用于监视互联网个人信息）。加上已被有关机构掌握的个

人信用数据、犯罪记录和人口统计等数据，美国公民的一切行为数据基本上都被收集储存。由前美国中央情报局（CIA）雇员斯诺登揭秘的"棱镜门"持续发酵。据斯诺登爆料，美国国家安全局和联邦调查局于 2007 年启动了一个代号为"棱镜"的秘密监控项目，直接进入美国网际网络公司的中心服务器里挖掘数据、收集情报。此外，金融信息、国外的军事情报、外交情报以及一些法律文件等也都会在这里进行解密。目前 Data.gov 宣布采用新"开源政府平台"管理数据，代码将向各国开发者开放。因此从这个角度看，大数据已成为美国国家创新战略、国家安全战略、国家 ICT 产业发展战略以及国家信息网络安全战略的交叉领域、核心领域。

2012 年 3 月，奥巴马政府将"大数据战略"上升为最高国策，认为大数据是"未来的新石油"，将对数据的占有和控制作为陆权、海权、空权之外的另一种国家核心能力。首批共有六个联邦部门宣布投资 2 亿美元，共同提高收集、储存、保留、管理、分析和共享海量数据所需的核心技术，并形成合力，推动信息技术研发、加快超级计算和互联网的发展。目前，已有美国大学专门开设了研究大数据技术的课程，培养下一代的"数据科学家"，一些美国公司也在向大学提供教育研究资助，并赞助与大数据有关的比赛，扩大大数据技术开发和应用所需人才的供给，提高美国的科学发展、环境与生物医药研究、教育和国家安全的能力。美国国家卫生研究院开展的免费开放国际千人基因组计划，将其创建的人类遗传变异研究数据集，提供给研究人员自由访问和使用。美国国家科学基金会和美国国家卫生研究院对大数据进行联合招标，改进核心科学与技术手段，提高从各种大型数据集中提取重要信息并对其进行有效管理、分析和可视化的能力。美国国防部则计划每年投资 2.5 亿美元左右，在各个军事部门开展一系列研究计划，以创新方式使用海量数据，通过感知、认知和决策支持的结合，加强大数据决策能力。美国能源部则将斥资 2500 万美元建立可扩展数据管理与可视化研究所（SDAV），帮助科学家对数据进行有效管理，促进其生物和环境研究计划、美国核数据计划等的研究成果。

美国正在握紧大数据这个人类科技领域的最新方向盘，以求继续保持科技领先地位。当然从现在来看，说大数据改变美国政治或政府的确有些夸张，但从另一层面来看，美国政府的开放性数据服务转型正走在世界前列。2013 年 11 月，美国政府发布涉及科研部门、企业部门、各级政府部门等多个大数据研究项目。美国国家卫生研究院、国家科学基金会等研究机构都参与其中，有人称这是美国大数据战略的升级版。2015 年美国发布"大数据研究和发展计划",深入推动大数据技术研发,同时还鼓励产业、大学和研究机构、非盈利机构与政府一起努力,共享大数据提供的机遇。而在工业领域,由美国 GE 公司倡导的工业互联网和工业大数据平台 Predix 也逐渐发展成为美国工业领域大数据催化剂。Predix 是 GE 为工业互联网开发的软件平台,类似电脑里的操作系统,承载着各种工业需要用到的软件,通过接入设备数据把工业设备相连。目前 GE 推出了超过 40 种工业互联网应用。对于纷繁复杂的工业设备和工业数据类型来讲,Predix 与其说是通过操作系统来运营工业互联网,不如说是为庞大的数据找到了一种相对标准和统一的呈现形式。

2. 英国

英国于 2010 年发布了政府数据网站 data.gov.uk,促进企业、公益组织、个人爱好者开发出更多的应用程序,并通过这些应用程序将政府数据向公众更好地公开。虽然经济不景气,财政收紧,但大数据依然是英国政府重点发展的科技领域。

2012 年年初,英国商业、创新和技能部宣布,将注资 6 亿英镑发展八类高新技术,大数据独揽其中的 1.89 亿英镑,将近三成。负责科技事务的国务大臣戴维·威利茨说,政府将在计算基础设施方面投入巨资,加强数据采集和分析,这也将吸引企业在这一领域的投资,以求在数据革命中占得先机。英国承诺 2015 年前开放有关交通、天气和健康方面的核心公共数据库,并将投资 1000 万英镑建立世界首个"开放数据研究所"(Open Data Institute)。2012 年,英国首个综合运用大数据技术的医药卫生科研中心在牛津大学成立,英国首相卡梅伦在揭牌仪式上说,这一中心的成立有望给英国医学研究和医疗服务带来革命性变化,它将促进医疗数据分析方面的新进展,帮助科学家更好地理解人类疾病及其治疗方法。据介绍,这个研究中心总投资达 9000 万英镑,可容纳 600 名科研人员,中心通过搜集、存储和分析大量医疗信息,确定新药物的研发方向,减少药物开发成本,同时为发现新的治疗手段提供线索。同时,以英国为首的欧洲核子研究中心(CERN)将在匈牙利科学院魏格纳物理学研究中心建设一座超宽带数据中心。建成后,魏格纳数据中心将成为连接 CERN 且具有欧洲最大传输能力的数据处理中心,未来该设施在处理大型强子对撞机(LHC)的数据以及实验方面发挥重要作用。威利茨指出,成功的高新技术战略不仅要着眼于科研本身，更应着力于推动新技术从实验室到商业应用的转化。大数据创造价值是基于这样一个核心逻辑，即当今社会在商业、经济、政府及相关领域中，决策行为越来越取决于数据和分析，而不再是经验和直觉。大数据技术可以为决策提供一定的"预见参考"，而成功的分析和预见往往能带来商业和经济价值。2013年，英国牛津大学成立首个应用大数据技术的医疗卫生研究中心。该研究中心通过搜集数据，对大量的医疗信息分析整合，准确地了解病人病患，为新的治疗方法提供思路，精准定位新药品的研制导向，大大区别于之前的摸索实验阶段，节约了药物研发成本。英国的医学研究和治疗由于大数据的应用迎来革命性的改变。2014年英国政府又资助了55个政府数据分析项目。

3. 日本

日本面临着由于长期经济低迷导致的国际地位下降、人口老龄化以及日益增大的社会保险费用和社会基础设施老化等诸多问题。为了扭转这一现状，日本政府决定大力发展IT产业，特别是大数据及开发数据和云计算。日本没有发布data.gov网站，但是从2006年开始的"IT新改革战略"推出了促进ICT（Information Communication Technology）应用的战略。

2010年，在新执政的日本民主党政府领导下，IT战略本部启动了"新信息通信技术战略"，5月发布的《智能云研究报告》明确提出智能云战略，促进智能云服务的推广普及、新一代云技术的战略性研发、开展云技术相关的国际合作。同年6月份推出的IT战略实施工程表中，将中央和地方政府行政、医疗保健、教育、农业等公共领域作为推广云计算的重要领域。同时，为了提高信息通信领域的国际竞争力、培育新产业，应用信息通信技术应对抗灾救灾和核电站事故等社会性问题。2012年7月新发布"活跃ICT日本"新综合战略，积极利用云技术改革行政业务办事流程，构筑政府信息公共平台，促进不同系统间的沟通合作，最终建立一个全国统一的电子政务服务体系。2013年，日本推出的新ICT战略，致力于提升日本经济的效率，在网络上实现行政信息全部公开并可被重复使用，以进一步推进开放政府的建设进程。2013年6月，日本安倍内阁正式公布了新IT战略——"创建最尖端IT国家宣言"。全面阐述以发展开放公共数据和大数据为核心的日本新IT国家战略，提出要把日本建设成为一个具有"世界最高水准的广泛运用信息产业技术的社会",并且将其发展成就扩展到国际范围内。目前,无论在大数据技术还是企业实际应用方面,日本在亚洲都占据明显优势。日本于2012年发布了电子政务开放数据战略草案和《面向2020年的ICT综合战略》,并在2013年行动计划中提出"通过大数据和开放数据开创新市场"。在日本,大数据解决方案和服务是一个新兴市场,2011年大数据相关行业的市场规模为1900亿日元,2012年约为2000亿日元,2013年日本大数据市场规模为2800亿日元,2015年增长到4200亿日元,2017年达6300亿日元,2020年将达到1兆500亿日元。随着大数据的登场,适合每个人特性及需求的医疗、教育、信息提供等特色服务逐渐成为可能。

4. 澳大利亚

在大数据环境下,澳大利亚也修正了法案,提出政府和企业收集公民信息时受到严格控制,必须服从一系列法律规定,如1982年的信息自由法案、1983年的档案法、1997年的电信法案、1999年的电子交易法案、2001年的情报服务法案。这些法律文书作为有效、安全的信息库和公民信息管家来维护公众对政府的信任。澳大利亚于2009年推出了data.gov.au,作为政府信息目录,可以方便用户搜索、浏览政府数据,目前包括114个部门的1120个数据库。

5. 德国

在大数据迅速发展的背景下,德国经济和能源部为更好地开发德国大数据的未来市场,支持大数据相关技术的研发创新,启动了"智慧数据——来自数据的创新"项目。德国的IT企业、研究机构和大数据领域的企业都摩拳擦掌、跃跃欲试,力促德国发展成为数据管理和分析系统领域的领头羊。德国"智慧数据"技术项目紧紧围绕其ICT战略"数码德国2015"所设定的目标,同时以《高技术战略2020》中提出的"以互联网服务促经济发展"为依据展开,在联邦范围内受到高度关注。该项目涵盖并串联了重要的基础技术和标准,为大数据发展奠定了坚实基础,如德国经济和能源部发起的"THESEUS""可信任的云"、工业4.0、电动汽车、E-Energy等项目。德国在全球首先提出"工业4.0"的理念,而由西门子公司搭建的工业互联网平台MindSphere也成为利用大数据推动德国工业发展的强大引擎。工厂里的每一台设备都是一个塞满数据的宝箱,每一条生产线都是一条流淌着数据的小河,如何从这些天然的资源中挖掘价值是企业的必修功课。基于云的开放式物联网操作系统 MindSphere 正是在这样的背景下推出的。

6. 其他

欧盟一直非常重视公民隐私权的保护，欧盟的数据保护指令实行于 1995 年，当时互联网的使用并不普遍。但到目前为止，各个成员国对该法令的认识各不相同，因此在推行过程中产生了很大分歧。欧盟委员会于 2010 年提出"欧盟开放数据战略"和相关法律提案，希望让欧洲企业与市民获取欧盟公共管理部门的所有信息，计划在 2013 年建立一个汇集不同成员国以及欧洲机构数据的"泛欧门户"。2012 年 1 月，欧盟委员会提出全面改革 1995 年的数据保护指令，以加强网络隐私权利的保护和促进欧洲的数字经济。

在开放数据的风潮下，新加坡和韩国都建立了本国的 data.gov 网站。到目前为止，全世界已正式建立数据开放门户网站的国家和地区达到了 35 个。2011 年，美国、英国、巴西、挪威、墨西哥、印尼、菲律宾、南非等八国宣布成立"开放政府联盟"（OGP），并发布《开放政府宣言》。2011 年，美国联邦政府宣布将和印度政府合作，将现有的 data.gov 改造成开源平台，并且与 2012 年开放全部平台代码，印度将率先移植 data.gov 作为中央政府的数据开放平台。

（二）国内大数据助推产业融合发展现状综述

中国拥有全球第一的人口数、互联网用户数和移动互联网用户数，数据存量和潜在增量位居世界前列，大数据资源丰富。2012 年，中国的数据量为 364EB，占全球数据总量的 13%。2013 年 1—9 月，我国移动互联网接入流量累计完成 927PB，同比增长 67.3%。随着制造业的改造升级，金融、交通、电信、医保、社保、海关等领域的业务数据不断增加，我国数据存量将持续快速增长。预计到 2020 年，中国就将产生全球 21% 的数据，数据量超过 8ZB，年均增长接近 50%。世界级的 IT 市场和数据量为技术创新提供了良好的空间，2015 年双十一期间支付宝每秒成交达到 8.59 万笔的交易峰值，是 2014 年"双十一"峰值的 2.23 倍。这种量级的数据处理需要极强的 IT 能力支撑，这在其他国家是不可能的。

在政策方面，国家发改委、工信部共同起草完成了《促进大数据发展行动纲要》，印发了《大数据产业发展规划（2016—2020 年）》。各省市地区也积极响应,相继发布了地方的大数据发展战略,其中包括《上海市推进大数据研究和发展三年行动计划》《广东省实施大数据战略工作方案》《贵州省大数据产业发展应用规划纲要(2014—2020年)》。在具体行动上,北京市政府加强数据资源开发共享,对政府各部门数据进行收集整理,建设北京数据资源网,为政府信息资源的社会化开发利用提供数据支撑,同时组织成立了"中关村大数据产业联盟",加强产业联盟建设;贵州省政府以三大运营商数据中心为依托,引导大数据上下游的优势企业落户基地聚集发展,并打造全国首个省级政府数据统筹存储共享交换云平台——云上贵州。2016年1月,国家发改委印发《关于组织实施促进大数据发展重大工程的通知》;2016年3月,环保部印发《生态环境大数据建设总体方案》;2016年6月,国务院发印发《关于促进和规范健康医疗大数据应用发展的指导意见》;2016年7月,国土资源部、国家自然科学基金委员部、国家林业局、中国媒体工业协会与中国媒体运销协会均推出大数据发展意见和方案;2016年8月,国家发改委办公厅发布《关于请组织申报大数据领域创新能力建设专项的通知》,同月,交通运输部办公厅发布《关于推进交通运输行业数据资源开放共享的实施意见》;2016年10月,农业部办公厅印发《农业农村大数据试点方案》。

在学术界,关于大数据的相关委员会相继成立——大数据专家委员会、中国通信学会大数据专家委员会(专门研究大数据应用和发展的学术咨询中心)。2012年11月30日,以"大数据共享与开发"为主题的"Hadoop与大数据技术大会"在北京举行,对Hadoop和大数据的关键技术进行了深入交流,就大数据产业的相关软硬件技术、发展现状以及未来的发展方向进行了探索。2013年12月5日,中国大数据技术大会(Big Data Technology Conference 2013)在北京召开,大会内容贯穿了数据的全生命周期,对数据收集、存储、分析、处理到数据的开发与应用进行了深入探讨。

在企业界,发展大数据产业最有利的地理位置——北京中关村的大数据产业已现雏形。由宽带资本、用友软件、云基地、百度在线、阿里巴巴等与大数据密切相关的企业共同发起的中关村大数据产业联盟宣布成立,促进了大数据产业生态环境的形成。在我国最先开始发展大数据产业的秦皇岛大数据产业基地于2008年动工。2012年8月,智慧城市北方基地落户秦皇岛数据产业基地。2013年11月3日武汉高科集团在"大数据产业研讨会"中表示将发挥大数据产业主力军和领导者的作用。2013年,中国三大移动运营商(中国移动、中国电信、中国联通)的南方数据中心在贵州省落户,为贵州省进行产业变革和升级打下了基础。2014年3月1日,在北京中关村召开"贵州—北京大数据产业发展推介会",贵州成为中国西部首个发展大数据产业的省份。2017年3月29日,由中国科学院计算技术研究所牵头,多家单位参与的大数据分析系统国家工程实验室正式揭牌成立。实验室建立后计划面向大数据分析全生命周期的技术与应用环路,系统化地构建了大数据分析三大平台:大数据分析基础设施平台、软硬一体的大数据开放分析平台、大数据分析示范应用与服务平台。通过三大平台的建设,切实开展大数据分析领域的科学研究与技术研发。

在国家政府部门,大数据及大数据产业越来越受到重视,在2017年3月份召开的中国两会上,以百度CEO李彦宏为首的大数据产业领头企业的企业家们作为人大代表就大数据产业提出了诸多相关建议,最让人兴奋且最受百姓关注的是要利用大数据分析方法治理大气污染物PM2.5。同时在两会期间,李克强总理也明确提出要为新兴产业建立良好的创新平台,在大数据方面要抓住机遇,抢占先机,从而带动其他产业发展和产业转型升级。

在人才方面,大数据产业迅速发展,数据科学家的概念应运而生。根据哈佛商业评论所言:数据科学家将成为21世纪最性感的职业。数据科学家是采用科学方法、运用数据挖掘工具寻找新数据的工程师。数据科学家除应具备好奇心和怀疑的精神外,还应具有分析能力、技术能力、沟通与合作能力。数据科学家是复合型高端人才。麦肯锡预计,到2018年,仅在美国市场,数据科学家人才缺口就将达到14万~19万,而相关方面的管理人才缺口将达到150万。人才短缺也是制约我国大数据产业发展的重要因素。

四、国内外以大旅游助推产业融合发展现状综述

作为一种新的产业发展模式,产业融合开始在全球迅速推广,影响着经济社会文化的方方面面,特别在技术、信息、经济等领域广泛运用。产业融合使不同产业以及同一产业内部不同行业之间相互交叉、相互渗透,原有的产业边界逐渐模糊,新的产业形态不断出现。大旅游产业强调的是产业之间的联动和整合,通过大旅游主导产业与辅助产业之间的直接联动和整合,以及与关联产业之间的间接联动,形成大旅游产业体系。大旅游产业体系的功能主要是通过旅游产业与国民经济、社会发展和生态环境之间的互动关系来

实现的:一是延长旅游产业链,增强旅游产业与第一、二、三产业之间的关联度,增加旅游业产值,促进国民经济增长,发挥大旅游产业体系的经济功能,实现经济效益。二是增加就业,加快城市化进程,促进社会文明进步,发挥大旅游产业体系的社会功能,实现社会效益。三是缓解资源压力,改善生态环境,协调人地矛盾,发挥大旅游产业体系的生态功能,实现生态效益。

(一)国外大旅游助推产业融合发展现状综述

过去60年来,世界旅游业不断发展,总体上呈现出高速增长态势。推动世界旅游业迅速发展的关键因素有三个:一是各国经济快速增长及国民收入稳步提高,使人们有能力支付价格不菲的旅行费用。二是交通运输技术的巨大进步,使长途旅行发生了革命性的变化,大大缩短了国家与国家之间的距离,使"地球村"的理念成为现实。三是劳动生产率的大幅度提高和人权、民生状况的不断改善,使人们可以有大量的闲暇时间用于旅游旅行。旅游已成为现代社会人们的重要生活方式,成为经济社会发展的重要经济形态。

世界旅游业的发展,呈现以下突出特点和发展态势。

一是旅游业增长高速、持续、稳定,没有哪一个行业可与之相提并论。旅游业的产业关联度高、综合性强、拉动力大的特点,决定了旅游业对一个国家或地区的社会经济与文化产业的发展以及产业结构的调整、优化与升级能产生十分巨大的作用。据世界旅游组织分析,旅游业与相关产业的投资带动作用比例是1:7。正是由于旅游业能对世界经济及社会发展产生如此巨大的影响和作用,旅游业显著的经济地位与解决社会就业的巨大贡献已经引起许多国家与地区政府的日益重视和关注,这些国家与地区政府纷纷把旅游业放在经济发展战略的优先地位予以考虑。从20世纪60年代起,世界上许多国家,尤其是欧美的一些发达国家均把旅游业作为与工业、外贸、金融、房地产并驾齐驱的重要支柱,推动本国国民经济的发展。20世纪70年代以前,欧美地区是最为主要的旅游目的地,吸引了全球超过85%的入境过夜客源。随着80年代亚太地区旅游业日益崛起,世界旅游格局开始发生新的变化,欧美市场份额逐渐下降。2010年之后,亚太地区已经取代美洲成为第二大国际旅游目的地。由于亚太地区对旅游业发展重视程度的不断加强,旅游投资的大举进入将优化地区接待水平,同时本地区的区域旅游需求逐渐加大,世界旅游发展重心将继续东移。预计到2030年,亚太地区接待的入境过夜游客将从目前的 2.18 亿人次增长到 5.35 亿人次,在全球旅游市场中的份额也将相应由 22%上升到 30%。而欧美地区的比重将由 67%下降至 55%。

二是世界旅游市场逐步出现分化,呈现出"三足鼎立"的新格局。从旅游目的地的区域板块划分来看,欧洲和北美长期以来一直是世界上最受欢迎的两大旅游胜地,是全球旅游市场的"双雄"。但最近十年来,情况却正在发生快速变化。经济全球化和区域经济一体化的进程深刻地影响着世界旅游业的发展轨迹,也打破了原有的旅游市场格局。国际旅游者对于旅游目的地的选择出现多样化,东亚及太平洋地区已经成为第三选择目的地,从而形成欧洲、北美、东亚及太平洋地区"三足鼎立"的新格局。

三是旅游已基本实现了休闲化、大众化和社会化,成为人们普遍的一种生活方式和基本权利,世界已经进入"旅游时代"。半个多世纪以来,随着科技进步和经济发展,人们的休闲时间日益增加,恩格尔系数则逐渐降低。旅游者已不满足于传统的观光旅游产品,开始选择具有鲜明地域特色、时代特色和个性的休闲度假旅游产品。欧美发达国家是休闲度假旅游的发源地。目前,休闲度假旅游已经成为最重要的市场方向,世界旅游强国基本也都是休闲度假旅游比较发达的国家。其中,海岛、滨海休闲度假是旅游业的第一大支柱,在一些国家和地区旅游业成为主要经济收入来源,如在百慕大、巴哈马、开曼群岛,旅游业收入占其国民收入的 50%以上。地中海沿岸、加勒比海地区、波罗的海及大西洋沿岸的海滨、海滩,已成为极负盛名的旅游度假胜地。

四是旅游业与科技教育、文化体育、商务会展等产业的结合越来越紧密,特别是与信息化产业"珠联璧合",成为跨领域、跨行业的综合性、战略性产业。首先,科技进步和技术创新已成为世界旅游业发展的主要推动力。信息技术、网络技术、交通技术的快速发展,促进了旅游需求多样化、旅游管理信息化、旅游装备科技化。在线旅游预定业务、电子旅游信息、电子签证和电子商务等正在改变旅游业的市场环境,社交网络的广泛应用也在改变旅游业的面貌。有关研究表明,目前全球旅游产品的在线销售额约占总旅游销售额的 15%。未来 5 年,这个比例将上升到 25%。人造主题公园则充分运用现代高科技结晶,如声学、光学、计算机模拟系统等,增加旅游的吸引力。其次,旅游业与文化体育事业产业的结合成为亮点。文化是旅游产品的灵魂,没有文化的旅游是不存在的。像奥运会、世博会这样重大的文化体育盛会,既可以为主办国带来强劲的旅游客源和旅游收入增长,又可以传播本国文化、展示文明成果、提升国家形象。此外，旅游业直接促进了与其密切相关的酒店业、餐饮业、服务业、百货及奢侈品消费。

（二）国内大旅游助推产业融合发展现状综述

我国大旅游在产业融合浪潮的带动下，呈现出与其他产业积极对接的态势，"跨界经营"的现象频频出现，新型业态不断涌现，新型企业组织结构不断演进。大旅游产业融合发展的态势，已然勾勒出了轮廓。大旅游产业与其他产业融合发展，使旅游单元嵌入其他产业体系，赋予了该产业以旅游功能，使原先传统的边界模糊起来，彼此共生共赢。

1. 大旅游产业与农业融合发展的情况

我国的农业旅游起步相对较晚，最早是20世纪80年代后期，深圳首先开办了荔枝节，随后又开办了采摘园，取得良好的经济效益。自此之后，农业旅游便在国内迅速发展起来。1998年，我国推出了"华夏城乡游"。2004年首次公布农业旅游示范点。2006年中国旅游主题为"2006中国乡村游"。宣传口号为"新农村、新旅游、新体验、新风尚"。2007年年初，为发挥旅游业在构建社会主义和谐社会、促进社会主义新农村建设中的作用，推动农村旅游深入发展，国家旅游局宣布将2007年全国旅游宣传主题定为"2007中国和谐城乡游"，宣传口号为"魅力乡村、活力城市、和谐中国"。2008年10月，中国乡村文化旅游节在婺源举办。同年1月，重庆市人民政府将"乡村旅游"定为2008年重庆旅游年的主题。据测算，截止到2007年，我国乡村旅游景区（点）每年接待游客超过3亿人次，旅游收入超过400亿元人民币。"五一""十一"和"春节"三个旅游黄金周，全国城市居民出游选择乡村旅游的约占70%，每个黄金周形成大约6000万人次规模的乡村旅游市场。2000年以来，我国旅游产业体系和规模不断扩大，国内旅游收入从2000年的2235.26亿元，发展到了2016年的4.69万亿元，增长了20多倍。旅游业对城市经济的拉动性、社会就业的带动力以及对文化与环境的促进作用日益显现。《中国统计年鉴2016》数据显示，2015年国内游客城镇居民达2802百万人次，总花费27 610.9亿元，人均花费985.5元，而同时期国内农村游客是1188百万人次，总花费6584.2亿元，人均花费554.2元。

传统农业的效率比较低下，通过与旅游业的嫁接，可以提升农业价值。

旅游业的领域比较狭窄，通过与农业的嫁接，可以扩大发展空间。发展乡村旅游和休闲农业，是旅游业与农业互相渗透、融会贯通的生动体现，既能够拓展农业功能，改善农村环境，增加农民收入，又能够丰富旅游资源，优化旅游产品，满足游客需求。可以预见的是，伴随着我国未来经济的发展，城市化进程的加快，市民收入提高，闲暇时间增加，农业旅游以其独特的优势必将迎来新一轮的发展热潮。

2. 大旅游产业与工业融合发展的情况

大旅游产业与第二产业融合，形成兼具旅游业、制造业功能的新型产业即工业旅游业。这是大旅游产业融合发展中的第二种类型。

工业旅游在国内起步较晚，这是由于长期以来工业企业不对外开放，仅因工作关系供有关人员参观。改革开放以后，国内部分工业企业为展示建设成就和扩大宣传，逐渐开始对社会各界的游客开放，为工业旅游的融合发展奠定了基础。20世纪90年代中后期，工业旅游作为旅游产品正式推向市场。它一出现，即以较强的知识性和独特的观赏性吸引了许多游客。作为旅游业的新领域，工业旅游已显示出巨大的发展潜力。在我国，开展工业旅游的城市也相继推出了一些较为合理的工业旅游线路和成熟的景点。比如，上海把工业旅游作为都市旅游战略中的重要组成部分，制定了现代工业旅游路线，著名企业宝钢、江南造船厂、大众汽车有限公司、上海石化股份有限公司等都在其中。

从总体来看，由于国内多数工业旅游景点脱胎于传统工业企业，在思想观念、旅游产品开发、服务和管理方面还存在许多问题。目前开展的工业旅游大多注重社会效益，经济功能体现不明显，旅游接待收入在其中仅占很小的比例。工业与旅游业融合发展的巨大潜力没有引起足够的重视，工业旅游项目也多数以简单的观光为主。尽管一些工业园区也开发设计了一些参与性的活动，但内容比较简单。另外工业旅游中，旅游服务不够专业化，功能不完善以及发展思路受限，缺少规划指导等都是如今工业旅游发展实践的过程中急待解决的问题。

3. 大旅游产业与第三产业内部其他产业融合发展的情况

大旅游产业除了与农业、工业进行跨界发展以外，也在第三产业内部进行融合发展。由于第三产业内部的产业类型很多，大旅游产业在第三产业内部的融合类型也较为丰富。具体的表现形式有：会展旅游、动漫旅游、实景演艺旅游、美容旅游、创意旅游、体育旅游、旅游房产、影视旅游等。就我国现阶段旅游产业融合实践来看，开展较多的有文化创意旅游、会展旅游、旅游地产等。

文化创意旅游在国际上发展已久，很多城市形成了以文化创意旅游为核心的创意城市发展模式。联合国教科文组织于2004年创立了创意城市网络项目。该项目旨在把以创意和文化作为经济发展最主要元素的各个城市联合起来形成一个网络，帮助网络内各城市的政府和企业促进国内和国际市场上多元文化产品的推广。加入该网络的城市被分别授予七种称号，国际上已有一些旅行社着手将纳入该项目的创意城市串联起来，开发"创意城市游"的旅游产品。我国许多城市也纷纷做出响应，踊跃参与到创意城市的评选当中。中国城市深圳、成都和上海等城市先后获准加入联合国教科文组织创意城市网络，分别以世界"设计之都""美食之都"和"设计之都"的称号而引起全球的瞩目。以成都为例，古城、遗产、创意、美食、文化在成都形成了有机的统一。成都为全世界富有历史传统的城市提供了宝贵的经验，即以完整传承的遗产作为文化产业的基础，让创意旅游经济使古老的文化绽放出活力之花。

旅游地产也是大旅游产业在第三产业内部发生的一种融合类型。在20世纪90年代初，"分时度假"的概念传入我国。在追随国际旅游发展趋势的过程中，海南率先出现了分时度假酒店（产权酒店）的萌芽，但到了20世纪90年代末旅游业与地产业的融合才开始以旅游房地产的概念在国内传播开来。2001年7月，在海口举办了"中国首届旅游房地产的博览会暨首届中国旅游房地产发展论坛"，这次论坛的举办标志着我国旅游房地产进入了一个新阶段。近年来，我国针对住宅项目的调控政策迭出，开发商更需要寻找新型物业发展，继商业地产后，旅游地产也成为众多开发商力捧的产品，大型房企进军旅游地产的速度和力度大大提高。

大旅游是综合性产业，是拉动经济发展的重要动力。"旅游+"正在与各个行业不断融合。"十三五"期间，旅游与国民生活及乡村、健康、养老等重点领域将成为新的发展热点。大旅游产业在第三产业内部实现的融合类型很多，内容也较为丰富。但是从我国现阶段的融合实践来看，要充分挖掘第三产业内部与大旅游产业融合发展的潜力，还有很长的一段路要走。

（执笔人：中共乌当区委党校　陈　龙）

第三章

国内外产业升级理论综述

经济在发展中调整,在调整中跃升。产业升级是现代经济发展的主题之一,是经济增长的中观基础。从农业经济到工业经济,从知识经济再到正在兴起的数字经济,社会财富持续巨量增加,这其实是经济结构升级和优化的结果,更具体地讲,是产业结构优化和升级的结果。产业升级既是适应、把握和引领经济新常态的重要抓手,又是产业经济理论研究的重要课题。加速推进产业升级是当前和今后一段时期乌当区经济发展进程中一个具有强烈紧迫性的重大问题。

一、产业及其起源

从一定的意义上讲,整个国民经济是由不同的产业部门构成的,因而宏观经济管理的重要方面和内容就是产业管理。产业是产业经济学研究的重要内容,在界定产业升级内涵之前,应首先明确产业的概念。

(一)产业

产业是国民经济中按照一定的社会分工原则,为满足社会某种需要而划分的、从事产品和劳务生产及经营的各个部门,是一个地区或一国经济发展的基础,是介于微观经济组织与宏观经济整体之间的若干集合。相对于企业来说,产业是具有某些相同特征的同类企业的集合体。相对于国民经济整体来说,产业是其有机的构成部分。①

产业的英文 Industry 的释义很多,汉语的含义更广,产业一词在很多场合有不同的解释。在历史学和政治经济学中,它主要是指"工业",如"产业革命""产业工人"等。从法学的角度来解释,它主要是指"不动产",如"私

---

① 赵长茂. 宏观经济管理通论[M]. 北京:中共中央出版社,2003.

有产业",一般是指个人拥有的土地、房产、工厂等财产。在传统的社会主义经济理论中,产业的主体内容是指与服务业相对应的物质资料生产部门。①

现代产业经济理论的几个主要分支对于产业的界定各有侧重。产业组织理论所研究的产业是指生产同类有密切替代关系的产品的厂商在同一市场上的集合。这样理解的"产业"与"市场"存在密切的关系,特别是在欧美产业经济学理论中,"产业"和"市场"基本上是作为同义词使用的。单纯就市场本身的含义来说,在不同的场合它又往往被赋予了不同的内涵,在有的场合的理解上,它实际上包含了区域或空间的因素。例如,当它被理解成发生交易的场所时,不同的交易场所,即使交易相同的产品,也代表着不同的市场。②

与产业组织理论的产业概念相比,产业结构、产业关联、产业集群和产业竞争力的层面上的"产业"可以界定为"具有使用相同原材料、相同工艺技术或生产产品用途相同的企业的集合",以这种含义的"产业"作为基本的分析单位,就可以来研究整体经济复杂运行中不同产业之间的技术经济联系,以及企业间错综复杂的中间产品或最终产品的供给与需求关系,即各产业部门间的供给、需求及其相互关联,以及产业自身的竞争力问题等。③

本书认为,产业是介于宏观经济与微观经济之间,具有同类性质的一定数量的经济组织的集合。它泛指国民经济中的各行各业,从生产到流通,从制造到服务,甚至还包括文化、艺术、科技、教育等领域。也可以特指某一个具体产业,如工业、农业、商业、金融业、旅游、健康、运输业等,甚至可以再具体到行业层面,如制造业内部的冶金、汽车、机械、纺织、电子产品制造业等。

(二)产业的起源

产业既是经济范畴又是历史范畴,它源于社会大分工,既是社会分工与专业化的产物,也是资源优化配置的结果,产业的形成与社会分工的发展之间存在紧密的内在联系。三次社会大分工形成了农业、手工业和商业。

在人类发展的历史进程中,随着社会生产力的发展,曾经发生过几次大规模的社会分工:原始公社新石器时代的第一次社会分工,使畜牧业从农业

---

① 唐晓华. 产业经济学教程[M]. 北京:经济管理出版社,2007.
② 刘秉镰. 区域产业经济概论[M]. 北京:经济科学出版社,2010.
③ 刘秉镰. 区域产业经济概论 M]. 北京:经济科学出版社,2010.

中分离了出来。原始公社末期至奴隶社会初期的第二次社会分工，使手工业从农业中分离了出来。奴隶社会初期的第三次社会分工，出现了专门从事商品买卖的商人阶层，形成了独立的商业。更为重要的是，18世纪下半叶的产业革命和20世纪下半叶的信息革命，不仅把人类社会推进到了近现代，而且促使社会分工出现了进一步的深化和进一步的整合。

产业结构升级是经济转型、经济增长的重要途径和核心内容。从新一轮科技革命浪潮看，以信息技术、生物技术、纳米技术等为代表的第三次科技革命方兴未艾，正在使人类的生产、生活方式乃至整个世界政治经济格局发生急剧的改变。发达国家在历经工业化、后工业化时代后，正在进入信息化、知识化时代，其经济结构尤其是产业结构出现了一些新变化，在传统三次产业的基础上形成了新的第四次产业——以高新技术产业为支柱的知识型产业。

（三）产业质的规定性

产业具有三个质的规定性：

一是整体性。作为经济单位，产业不是孤立存在的。产业与产业之间存在着直接或间接的经济联系，所有产业都是国民经济的一个有机组成部分，是介于宏观经济与微观经济之间的中观经济组织形式，整个产业构成一个具有函数关系的经济系统。[①]同类经济组织需要达到一定的数量才能构成产业。

二是同质性。无论产业规模大小，最关键的是具有经济活动的同质性。产业内的企业应该具有相同或类似的生产特性和产品特性，所生产的产品之间具有可替代性，企业之间具有竞争性。产业的同质性体现在：产业是具有经济活动同类性的企业的集合，包括所使用的工艺技术相同或相近，劳动的性质相同或相近，产业或服务的性质相同或相近。

三是差异性。差异性主要是指产业的形成是社会分工不断发展和深化的产物。不同产业之所以不同，或者说不同的产业之所以能够存在，就是因为它们在社会分工中分别从事着不同的经济活动，承担着不同的经济功能，在生产力的不同发展阶段，社会分工不断向深层发展，同类经济组织需要达到一定的数量才能构成产业。

---

① 陈晓涛. 产业演进论[D]. 成都：四川大学，2007.

二、产业分类与产业结构

产业分类是分析各产业部门经济活动,以及它们之间的相互联系和比例关系的基础,也是进行产业经济管理的重要前提。为了深入揭示产业间的内在联系,有必要研究产业的分类。

(一)产业分类

在社会经济活动中,不同的产业承担着不同的分工任务,有着不同的地位、作用和特点。产业分类是对构成国民经济的各种活动依据经济分析的一定目的和角度,按一定的标准进行分解和组合,以形成多层次的产业门类的过程。根据不同的划分标准,有不同的产业分类方法。由于选择的分类标准和依据不同,产业分类也就有许多不同的划分方法。

目前常见的有三次产业分类法、国家标准分类法、生产要素分类法、两大部类分类法等多种类型的产业分类方法。此外,根据不同的理论研究需要和不同的现实发展需要,关于产业分类的划分方法还有很多。例如,根据产业生命周期分类法,可将产业划分为幼稚产业、朝阳产业、夕阳产业、淘汰产业、衰退产业等;根据产业发展周期分类法,可将产业划分为新兴产业(高新技术产业)与传统产业;根据产业结构分类法,可将产业划分为先行产业、主导产业(支柱产业)、基础产业等。

(二)产业结构

产业结构既可解释为产业内部的企业关系,也可解释为各个产业间的关系结构。产业结构,亦称国民经济的部门结构,是指在社会再生产过程中,国民经济各产业之间的生产技术经济联系和数量比例关系,是国民经济各产业部门之间以及各产业部门内部的构成,以及它们之间的相互联结、相互制约和互为条件的关系。技术联系是指每一产业的技术发展都直接或间接地影响或受影响于其他产业的技术发展。经济联系是指产业之间生产联系的紧密程度和范围,直接取决于该产业与其他产业之间在一定交换关系下的经济利益关系,它通过产业间产品或劳动的交换关系体现出来。对产业结构概念的理解,应注意以下四个方面:一是产业结构是社会再生产过程中形成的。二是产业结构是以国民经济为整体,即以某种标志将国民经济划分成若干个产业。三是产业间的生产技术经济主要反映产业间相互依赖、相互制约的程度和方式。四是产业间的数量比例关系。

产业结构通常划分为两大部类结构、农轻重结构、三次产业结构等。产业间的基本结构形态包括共有六类,分别是产业间的社会再生产结构、产业间的需求结构、产业间投资结构、产业间的就业结构、产业间的区域配置结构、产业间的产出结构。①

三次产业结构,是国民经济中产业结构问题的第一重要的关系。三次产业是根据社会生产活动历史发展的顺序对产业结构进行划分,第一产业是指产品直接取自自然界的部门(农业),包括种植业、林业、畜牧业、渔业、农林牧渔服务业。第二产业是指对初级产品进行再加工的部门(工业),包括采掘业、制造业和建筑业。第三产业是指为生产和消费提供各种服务的部门,包括运输业、通讯业、商业、饮食业、服务业、旅游业、金融业、保险业、房地产业、科学、文化、教育、卫生、保健、社会福利、公共行政和国防。这是世界上较为通用的产业结构分类,但各国的划分不尽一致。

三、产业升级与产业结构优化的含义

习近平总书记指出,打赢供给侧结构性改革这场硬仗,就是要从生产端入手,促进产能过剩有效化解,促进产业优化重组,降低企业成本,发展战略性新兴产业和现代服务业,增加公共产品和服务供给。正在推行的供给侧结构性改革,其立意就在于希望通过供给侧方面的集中发力,促动中国经济结构性改善,从而实现有效率的可持续增长。

作为产业经济学的基础概念和理论,产业升级的重要性毋庸置疑,但其概念和内涵至今仍然很难完全统一。国内外学者依据不同的研究理论和方法,从不同的角度对产业升级进行研究,各说其是,产业升级内涵也未形成统一认识。②

(一)产业升级的含义

产业升级是产业经济学中的基础概念,一般而言,产业升级是一个经济

---

① 唐晓华. 产业经济学教程[M]. 北京:经济管理出版社,2007.
② 夏飞龙. 产业升级研究综述及展望[J]. 科技和产业,2016(3).

体的某一产业或者区域经济体系以节约资源和生态环境保护为导向,以技术创新为路径,适应产业环境变化,不断地进行技术创新的能力培育,由低技术水平、低附加值状态向高新技术、高附加值状态的演变趋势,是一个经济体的某一产业或者区域经济体系从低级向高级发展的必然阶段和过程。产业升级是一个产业发展能力的培育过程,产业升级过程的实质是逐步提升开发与创造需求的能力,其本质是促使微观主体(企业)改进生产要素、改善企业结构、提高劳动生产率与产品质量。[1]

从微观来看,产业升级指企业通过不断创新和技术进步、进行流程再造、改进生产要素、降低管理费用、优化企业组织结构来提高企业产品的附加值,达到效益和效率的提升。从中观来看,产业升级指通过同一产业中的各个企业技术升级、管理模式改进、企业结构改变、产品质量与生产效率提高、产业链升级来提高产品的平均附加值。从宏观来看,产业升级指产业结构升级,具体是指产业结构向第三产业倾斜以及全球价值链中产业地位提升,也即是向微笑曲线高端的过程。这种演进主要以产业间的结构升级和产业内的结构升级两种形式交叉进行。即一个国家经济增长方式转变,如从劳动密集型增长方式向资本密集型、知识密集型增长方式转变,资源运营增长方式向产品运营、资产运营、资本运营、知识运营增长方式转变。宏观的产业升级或产业结构升级既指旧的产业结构升级,也指新的、更高级的业态产生。产业升级关注的是产业结构变迁以及与价值链理论的融合,通过各产业比重变化来反映社会整体产业升级的状况。无论微观、中观还是宏观,产品附加值提高都是产业升级的核心与灵魂,经济活动的主体性提高是产品附加值提高的根本。

产业升级主要由三种优化资源配置的趋势来驱动:一是在资本平均利润率的驱动下,资源在国民经济各个产业之间进行移动;二是在竞争导向下,资源在同一产业内部从低效率企业向高效率企业移动;三是随着技术和科技进步,企业的技术和产品附加值逐步提升,推动产业由低级向高级迈进。

(二)产业升级的意义

以互联网、大数据、云计算新一代信息技术为代表的信息化正在加快与

---

[1] 庞瑞芝,周密,丁磊,等. 区域创新网络与产业发展研究[M]. 北京:经济科学出版社,2013.

工业化、农业现代化、城镇化的融合，催生出很多新主体、新产业、新业态，中国经济的新动力在加快孕育。大力推进产业升级，打造中国经济升级版，是实现中华民族伟大复兴"中国梦"的必然选择和重要基础。产业升级是推动经济增长的动力源泉。

党的十八届三中全会重要讲话中提到，要"加快转变经济发展方式"，指出我国经济结构方面还存在许多不足，产业升级问题仍然是经济发展的重中之重。研究推动产业升级问题对于主动适应和引领经济发展新常态，形成经济发展新动能，实现中国经济提质增效升级，推动经济迈向中高端具有重要意义。习近平总书记指出，"'十三五'时期，我国经济发展的显著特征就是进入新常态""要把适应新常态、把握新常态、引领新常态作为贯穿发展全局和全过程的大逻辑"。这是做好经济工作的重要思路。

经济发展与产业升级之间关系的研究证明，加快产业升级不仅能加快经济发展的速度，而且能取得较高的经济效益。通过产业升级，一方面，逐步提升了产业自身的技术创新能力；另一方面，通过技术水平的提高不断地开发与创造出新产品，以满足人们日益增长的物质文化需求。这种从产业结构的演进中索取经济发展速度和效益的思想，是产业发展政策的核心和精髓。正因为如此，不断地提升产业结构的水平和加快产业升级换代的步伐，也就成为现代经济发展的有效主题之一。[①]

在当代国际经济竞争中，谁胜谁负关键取决于产业升级的能力，这种能力展示了国家的盛衰荣辱的历史，体现了此消彼长的经济实力对比关系的变化。目前，发达国家在汽车、钢铁、橡胶、造船等曾经一度领先的重工业领域中，优势已不太明显。那些致力于发展高科技产业的国家，特别是那些大力发展微电子、激光、智能机器人、量子通讯、生物工程等前沿技术，并使之逐步市场化和产业化的国家，将执21世纪世界经济发展之牛耳。[②]

习近平总书记指出，经过30多年快速发展，我国经济积累了一些结构性、体制性、素质性突出的矛盾和问题，当前和今后一个时期，我国经济发展面

---

① 刘志彪. 产业升级的发展效应及其动因分析[J]. 南京师大学报：社会科学版，2002（2）.

② 刘志彪. 产业升级的发展效应及其动因分析[J]. 南京师大学报：社会科学版，2002（2）.

临的问题,供给和需求两侧都有,但矛盾的主要方面在供给侧。[①]这些突出矛盾和问题近期主要表现为经济下行压力大,工业品价格下降,实体企业盈利下降,财政收入下降,经济风险发生概率上升,房地产困境——库存高压难缓,钢铁等行业产能过剩,中国游客全球扫货"四降一升一剩一不足"等八大问题。

在经济新常态下,我国仍然处于可以大有作为的重要战略机遇期。我们在理论上对产业升级实践做出创新性概括,在政策上做出前瞻性安排,加大结构性改革力度,提高要素配置效率,发展高端制造业、金融服务业、现代物流业等新兴产业,以技术和资本代替劳动和资源,扩大有效供给,提高供给结构适应性和灵活性,提高全要素生产率,推动我国经济发展向形态更高级、分工更优化、结构更合理的阶段演进,引导经济朝着更高质量、更有效率、更加公平、更可持续的方向发展。

党的十九大报告指出,建设现代化经济体系,要支持传统产业优化升级,促进我国产业迈向全球价值链中高端。因此,研究产业升级具有重要意义。

(三) 产业升级的形态

产业升级的典型形态表现为:

一是国民经济中劳动力结构首先由第一次产业向第二次产业移动,到达一定水平之后再由第二次产业向第三次产业移动。

二是国民经济各产业部门的升级。以制造业为例,至少包括三大变化趋势:① 重化工业化,指在工业所创造的国民收入中,重工业和化学工业所创造的国民收入的比例持续上升,并占绝对的份额;② 高加工度化,指以原材料为重心的工业发展转向以加工组装工业为重心的发展,加工过程延续,产业链拉长,工业发展对原材料的依赖相对下降,工业的附加价值主要来自对原材料的不断精细加工和灵巧组装;③ 生产要素密集化,指产业所使用的生产要素结构发生革命性变革,呈现出"劳动密集—资本密集—技术密集—知识密集"的发展变化态势。

三是行业(产品)结构的升级。如电视机产业中的企业在形成市场竞争优势的方向导向下,在技术进步的基础上向着"超大、超薄、超轻、高清晰

---

① 中共中央宣传部. 习近平总书记系列重要讲话读本(2016年版)[M]. 北京: 学习出版社, 人民出版社, 2016.

度"方向发展。今天的英文里,已经产生了一个新词,"Prosumer"——生产消费者,传统生产与消费之间曾难以逾越的高墙被穿透了,这一新局面打破了自工业革命以来,制造商们所传承的支配地位,逼迫他们把"大脑"交给网络,大量定制化生产模式广泛出现。

四是同一产业内的企业,在竞争原则规范下,积极主动地转产,生产市场需要的商品或者退出某些产品的生产,或者进行资产重组,通过兼并、接管、破产、倒闭等方法,寻求资源有效利用的途径。产业升级方面的问题,比较多地涉及了产业组织的变化。

根据我国现有产业跟世界产业前沿的差距,可把国内产业分成五大类群,第一类叫追赶型,第二类叫领先型,第三类叫推举型,第四类叫弯道超车型,第五类叫战略型。这五大产业主要根据它们跟世界经济产业的技术差距水平来衡量。[①]

(四)产业升级的类型

从升级类型来看,产业升级可以分为线性升级和非线性升级。线性升级包括产业内升级或产业间升级。产业升级有可能是非线性,产业在升级过程中可能产生分岔,即表现为产业内升级与产业间升级的交叉进行。非线性产业升级,又可以分为产业内升级优先分岔和产业间升级优先分岔。产业内升级优先分岔,就是优先实行产业内升级,当产业内升级达到一个高的水平后,再跳入另一个产业,实现产业间升级。

从全球价值链视角来看,产业升级主要有五种方式:流程升级、工艺升级、产品升级、功能升级、跨产业升级(如表3-1所示)。前四者属于产业内升级,而跨产业升级是把从某个特定环节中获得的能力应用于新的领域或转向一个新的价值链,也称为链升级,企业的产业升级直接表现为企业在一个价值链中顺着价值阶梯逐步提升的过程。从全球化的视角鸟瞰产业价值链包括产品的设计、生产、营销、分销及对最终消费者的支持服务。全球价值链是指在全球范围内为实现某种商品或服务的价值而连接生产、销售直至回收处理等全过程的跨企业网络组织,包括所有参与者及其价值、利润的分配。

---

① 刘兵,李铁,王爽,林毅夫.支持产业转型升级需明确分类[N].大众日报,2016-12-24.

当一个国家产业内升级达到较高水平时，在产业间升级中就可以跳入一个较高的位置。产业间升级优先分岔则是指，优先实现产业间升级，在实现产业间升级后，再实现产业内升级（张其仔，2008）。

（五）产业结构优化

产业结构优化是指产业结构效率、产业结构水平、产业结构协调能力不断提高的过程。它包括产业结构高效化、产业结构高度化、产业结构合理化。

表3-1 产业升级的五种方式

产业升级的类型	升级表现
流程升级	通过重新组织生产系统或新的技术提高生产效率
工艺升级	引入新工艺、新技术、新流程，促进生产效率提高
产品升级	改进老产品，推出新产品，使产品复杂化、提高产品的单位价值
功能升级	向上下游延伸价值链，如从加工环节向设计、营销、品牌等环节延伸，提高产品附加值
跨产业升级	利用在原行业的优势进入新的产品生产行业

产业结构高效化，是指在技术水平不变的条件下，通过资源配置优化，使低效率产业比重不断降低，高效率产业比重不断增大，从而不断提高宏观经济效益水平的过程。产业结构高效化是以产业结构高度化为前提的，产业结构高度化也会产生产业结构高效化，但两者并非等同，更非后者能包容前者。因为在技术经济水平不变的前提下，通过调整产业结构以降低低效率产业比重和增加高效率产业比重，也能够实现产业结构高效化。产业结构高效化可以理解为由两个过程构成：一是低效率产业比重降低和高效率产业比重增大的过程；二是低技术产业比重不断降低和高技术产业比重不断提高的过程。

产业结构高度化是一个相对概念，是指在技术进步作用下，产业结构系统由较低级形式向较高级形式演变的过程，也可称其为产业结构升级。它是产业结构在需求牵引、科技推动等因素的作用下，在一定的经济阶段，相对现有的社会生产力水平尤其是科学技术发展水平而言的。

产业结构合理化是指遵循再生产过程对比例性的要求，追求产业规模适度，增长速度均衡和产业联系协调的过程。它的基本内容包括：产业结构具有相对完整性和独立性，以满足一个国家政治、经济、国防发展的需要。产业之间的发展速度具有相对均衡性，以满足产业之间的供给和要求。产业结构应具有协调性，即产业之间要有较强的相互转换能力和互补关系。

产业优化的全过程中，则应把合理化与高度化有机结合起来，以结构合理化促进结构高效化、产业结构高度化、产业结构合理化三者构成了产业结构优化的有机整体。产业结构优化的内部关系表现为产业结构高效化是目标，产业结构高度化是条件，产业结构合理化是基础。

对提高资源配置效率的追求是经济活动的目的，当然也是产业结构优化的目的。尽管产业结构高效化与这一目的是一致的，但并不是达到这一目的的唯一途径。产业结构高度化和合理化都是实现这一目标的途径。

产业结构合理化与高度化既相互对立，又相互渗透、相互作用、相互统一，说其相互对立，是指合理化强调平衡，追求独立、稳定的发展，而高度化需要打破平衡，追求开放。

在产业结构的高度化，以结构高度化带动结构合理化。在产业结构合理化的过程中，实现结构的高度化发展；在高度化过程中，实现结构的合理化调整。只有这样，才能实现产业结构的优化。[1]

四、产业升级的影响因素

加快产业结构优化升级是当前乌当区提高产业核心竞争力、加快经济发展方式转变的必要条件。制度创新和技术创新等是产业升级的重要因素，影响产业升级的因素可以分为两类：推动因素和拉动因素。推动因素是从产业内部自身的原因，比如，技术变革或组织变革均会推动产业升级；拉动因素是从产业外部的因素，消费者的多样化需求等是拉动产业升级的重要因素。推动因素是产业升级的内因，拉动因素是产业升级的外因。在产业结构升级的过程中，社会需求是市场导向、科技进步是直接动力、制度安排是体制保障、资源供给是物质基础。多因素相互叠加作用，共同影响产业升级和产业结构演进。

---

[1] 唐晓华. 产业经济学教程[M]. 北京：经济管理出版社，2007.

（一）制度

产业结构升级与制度息息相关。制度一般指要求大家共同遵守的办事规程或行动准则，也指在一定历史条件下形成的法令、礼俗等规范或一定的规格。在不同的行业、不同的部门、不同的岗位，都有其具体的做事准则，目的都是使各项工作按计划、按要求达到预计目标。制度具有降低交易费用、帮助人们形成合理的预期、外部性内在化、提供便利、提供信息、共担风险、激励、抑制人的机会主义行为、减少不确定性和安全等诸多功能。[1]

从宏观层面来看，虽然一直强调发挥市场对社会资源配置的决定作用，但政府仍然承担着保证市场有效发挥作用的责任。政府制度在市场不能有效发挥作用的领域发挥调节作用。政府制度的作用体现在以下方面：一是政府制度能够决定资源分配的方式和效率，政府制度是偏向市场化还是偏向计划化，决定了资源分配的方式和效率。习近平总书记在关于《中共中央关于全面深化改革若干重大问题的决定》的说明中指出：理论和实践都证明，市场配置资源是最有效率的形式，市场决定资源配置是市场经济的一般规律。市场经济决定资源配置以市场自由竞争为基础，资源配置效率高，计划经济决定资源配置以政府的行政拨划为基础，资源配置效率较低。党的十八届三中全会决定对更好地发挥政府作用提出了明确要求，强调科学的宏观调控，有效的政府治理，是发挥社会主义市场经济体制优势的内在要求。二是政府宏观经济政策的制定，会影响产业结构升级的方向和速度。宽稳的宏观经济政策能加快产业结构升级速度，宏观经济政策的方向能够决定产业结构升级的方向。

从微观层面来看，有效的政策和制度能够促进社会资源充分自由流动，使社会资源流向生产技术水平高、资金雄厚、管理科学的有竞争力的企业和部门，充分发挥社会资源的作用。竞争力强的企业通过对社会资源的充分利用，产生先进的科学技术和管理模式，通过知识外溢向其他企业和部门传播，促进整个社会的产业结构升级。知识外溢一方面促进了整个社会的产业结构升级，一方面削减了研发企业的利润，因此政府应在微观领域发挥作用，通过政策调整给研发企业一定补偿，如税收优惠政策、科研投入财政拨款等。[2]

---

[1] 袁庆明. 新制度经济学[M]. 北京：中国发展出版社，2012.
[2] 赵长茂. 宏观经济管理通论[M]. 北京：中共中央出版社，2003.

（二）产业政策

在国民经济运行中，国家对产业的管理与调控主要是通过实施产业政策来进行的。产业政策是国家为促进经济发展，由政府对产业内资源配置进行科学、必要、适度和适时的引导和调控，推进产业结构调整和经济发展方式转变的经济政策。产业政策的目标在于引导社会资源在产业部门之间以及产业内部的优化配置，建立合理协调的产业结构，促进产业结构的优化升级，实现国民经济持续快速健康的增长与发展。

产业政策本身是一个复杂的政策体系，其内容可分为产业结构政策、产业组织政策、产业布局政策和产业技术政策等。这些产业政策不仅是相互联系、相互交叉的，而且各自的政策对象和手段都涉及国民经济的各个部门和各个层次。[1]产业政策影响和作用的对象是产业经济这一中观层次，如果说宏观政策重在解决总需求与总供给的总量问题，产业政策则重在解决结构问题，对供给侧的引导和调控指向更加明确和具体。

产业政策具有促进社会资源的有效配置，促进产业结构的合理优化，促进市场结构的完善，促进产业竞争力的提高作用。因此，如何制定并实施科学合理的产业政策和产业发展规划，采取适度的政府干预，引导和扶持产业发展，是现阶段加快中国产业结构升级需要着重解决的一个突出问题。政府政策对产业结构升级干预主要表现为财政支出直接影响企业生产经营，同时还会通过影响企业生产预期和投资激励，间接影响其生产经营。中国正处于深化改革时期，市场的调节机制尚不完善，各级地方政府在这种情况下对经济的干预力度较大，介入经济活动的程度较深。[2]

（三）科技创新

科技创新与产业结构之间是相互影响、相互制约的。科技创新影响供给与需求结构，促进产业的高度化变迁，是产业升级的基础、必要条件和关键动力。科技创新是早期传统理论和现代实证研究都涉及的一个产业升级关键因素，纵观世界各国产业升级的历程，无一不是产业政策支撑科技创新与技术扩散的结果。对传统产业的改造将为技术创新提供更多的机会和更大的空间，

---

[1] 赵长茂. 宏观经济管理通论[M]. 北京：中共中央出版社，2003.
[2] 梁树广. 产业结构升级影响因素作用机理研究[J]. 商业研究，2014（7）.

产业结构将对科技创新的方向、速度和规模产生很大影响。从这个意义上讲，产业结构将"内生"地决定着技术进步（当然，两者也将"内生"地决定于更基本的市场因素，如供给与需求的关系等），技术进步是产业结构变动的结果。

这种关系体现在以下几个方面：一是科技创新促进了劳动分工，降低成本，改变劳动力就业结构；二是科技创新推动高新技术产业和新兴产业的发展，使不同行业的劳动生产率大幅度提升；三是科技创新通过影响供求结构来改变产业结构；四是科技创新催生一批新产业和新商业模式，同时也削减一些旧产业，盘活传统产业，激发传统产业的活力；五是科技创新促进传统产业改造，并使产业出现融合趋势。

（四）供给与需求

供给、需求乃经济学最重要的概念，现代经济学的理论大厦就建立在这些概念基础之上。供给是指生产者在某一时期某价格水平上愿意并且能够提供的商品或劳务；需求是指有支付能力的需求，总需求由消费、投资和净出口"三驾马车"组成。供给需求是经济活动的逻辑起点，二者互为条件、相互转化。供给和需求是市场经济内在关系的两个基本方面，是既对立又统一的辩证关系。从经济学基本原理看，供过于求会导致产能过剩，供不应求会导致市场短缺，而供求均衡才是较理想的状态。供给和需求是一枚硬币的两面，或者说是手心和手背，缺一不可。

当前和今后一个时期，我国经济发展面临的问题，供给和需求两侧都有，但矛盾的主要方面在供给侧。比如，我国一些行业和产业产能严重过剩，同时，大量关键装备、核心技术、高端产品还依赖进口。我国农业发展形势很好，但一些农产品供给没有很好地适应需求变化。一些有大量购买力支撑的消费需求，在国内得不到有效供给，消费者将大把钞票花费在出境购物、"海淘"购物上，等等。事实证明，我国不是需求不足，或没有需求，而是需求变了，供给的产品却没有变，质量、服务跟不上。有效供给能力不足带来大量"需求外溢"，消费能力严重外流。解决这些结构性问题，必须从供给侧发力，找准在世界供给市场上的定位；必须把改善供给侧结构作为主攻方向，实现由低水平供需平衡向高水平供需平衡跃升。①

---

① 中共中央宣传部. 习近平总书记系列重要讲话读本（2016年版）[M]. 北京：学习出版社，人民出版社，2016.

需求因素主要是通过需求总量和需求结构的变化，对产业结构升级产生影响。产业结构变化与升级的最终目的，是为了满足人类生产与生活需求的不断升级。因此，需求升级是产业结构升级的市场原动力，需求总量的提高伴随着需求结构的变化，尤其是需求结构变化直接推动生产结构和供给结构的变化，由此导致了相关产业在整个国民经济总量中所占比重的变化，进而引致产业结构的变动和升级。①

在"三期叠加"（增长速度换档期；结构调整阵痛期；前期刺激政策消化期）的大背景下，影响我国经济增长的突出问题有总量问题，但结构性问题更为突出。主要矛盾就是供给与需求不匹配、不协调和不平衡，而矛盾的主要方面不在需求侧，而在供给侧。有效供给能力不足带来大量"需求外溢"，消费能力严重外流。时下，我国不是需求不足，或没有需求，而是需求变了，供给的产品却没有变，质量、服务跟不上。这为各类产业的升级提供了巨大的空间。

（五）人力资本

人力资本及人力资本结构是推动产业结构升级的重要因素。人力资本在经济发展过程中发挥着越来越重要的作用，人力资本是指存在于人体之中的具有经济价值的知识、技能和体力等质量因素之和。产业结构升级在本质上是对包括物质资源、劳动力和人力资本等在内的生产要素重新配置的动态过程，而一个国家的产业结构升级在一定程度上取决于其所拥有的人力资本数量、质量和结构状况。产业发展趋向于利用先进技术武装产业，而这些产业的操作、运行都需要具有一定人力资本的劳动力才能完成。产业结构升级，一方面表现为改造和提升传统产业，另一方面表现为发展战略新兴产业和高新技术产业，这些都需要大量的高素质劳动力作为支撑。②

人力资本之所以是影响产业结构升级的重要因素，关键是因为其具有特殊的要素功能和效率功能。要素功能强调了人力资本存量增加会造成其他生产要素（主要是物质资本）的集聚，使人力资本存量高的产业部门和地区具有使资源集聚到该部门和地区的比较优势，不仅提高了产业转化速度，也促

---

① 梁树广. 产业结构升级影响因素作用机理研究[J]. 商业研究，2014（7）.
② 梁树广. 产业结构升级影响因素作用机理研究[J]. 商业研究，2014（7）.

进了产业结构升级。效率功能强调了人力资本作为技术进步的载体，会通过"干中学"和知识外溢诱发技术创新，并促进技术引进和吸收，有较高质量的劳动力供给就能发展技术集约程度较高的产业。反之，高质量劳动力的缺乏会制约产业结构的升级。我国作为一个人口大国，尽管当前劳动力的供给制约因素发生了诸多改变，但高素质的劳动力供给仍是产业结构升级的主要制约因素。

人力资本内含的管理知识和技术知识，能够外化成生产技术，从而推动产业结构升级。人力资本结构水平能够影响产业结构升级，高级化的人力资本结构表现为高学历、高技术水平的人力资本占总人力资本的比重较大。合理化和高级化的人力资本结构嵌入了更高的技术水平、更专业化的知识和更强的创新能力，能够加快产业结构升级速度，推动产业结构升级。

（六）基础设施

基础设施是社会赖以生存和发展的基本条件。世界银行认为，基础设施即使不能称其为牵动经济活动的"火车头"，也是促进经济发展的"车轮"。大力完善基础设施建设，可以为发展产业升级创造环境、增强后劲。产业结构升级的状况还取决于一国的基础设施是否做出了相应的改进，包括硬性基础设施和软性基础设施等（林毅夫，2012）。一个国家基础设施对于产业结构升级有基础性影响，一个省份交通便利，吸引外部投资多，要素容易聚集到此地，形成产业集群，从而有利于当地产业结构升级。一个地区基础设施水平的提高能够显著地降低运输成本，从而使规模报酬递增的行业更可能在该地区发生集聚（Krugman，1991）。因此，在那些基础设施水平较高的地区，规模经济较高的行业能够得到更快的成长。中国东中西部地区产业结构差异大，且东部地区的第二、三产业比重普遍高于中西部地区，其中一个重要原因就是硬件基础设施的差异。①

（七）外商直接投资（FDI）

外商直接投资通过技术溢出和知识溢出，带来国外的先进技术和科学的管理经验，为产业结构升级带来机会。理论研究表明 FDI 可以促进东道国产

---

① 梁树广. 产业结构升级影响因素作用机理研究[J]. 商业研究，2014（7）.

业结构升级,其作用机制为:FDI 可以通过资源、资产质量的改善,提升东道国投资结构;FDI 能够借助于技术转移和技术溢出,提升东道国产业技术水平;FDI 能够带动先进技术和人才流动,促进技术知识与制度的交流,为产业结构升级带来高新技术产业和高级人才;FDI 具有资本形成效应、市场扩大效应等,能促进东道国经济增长率提高,进而引起东道国人均收入水平提高、消费结构升级,最终实现产业结构升级。

(八)贸易

如果说,制造业是地球,物流业是杠杆,那翘起全球经济支点的只能是贸易。贸易具有支点小作用大的功能。贸易对产业结构升级有积极的影响作用,体现在:一是贸易促使社会资源在企业与部门之间更有效配置。出口代表着一国的比较优势部门,一国的社会资源必然会流向具有竞争力的比较优势部门,提高资源的配置效率。二是通过进口贸易,可以获得国外的先进技术和设备,进口商品体现了生产该商品所具备的技术信息,为进口国提供了了解国外技术和经验的通道。三是要素禀赋的动态化能够促进产业结构转型升级。要素禀赋从劳动密集型不断向资本密集型和技术密集型动态发展,劳动密集型产业减少,资本密集型和技术密集型产业增加,促使产业结构升级。

五、国外产业升级理论综述

产业升级既是经济学领域涉及的一个问题,又是管理学领域涉及的一个理论。在当前世界经济复苏的动力仍然不足,尤其是结构性的问题更加凸显,地缘政治的风险还有所上升的背景下,推进经济结构转型和产业升级再度成为政府、企业和学者关注的焦点。对中国经济发展而言,更是面临着产业升级的模式选择和自主创新发展战略的双重探索,因而有必要对产业升级的国内外研究进行回顾,以促进产业升级理论和实践的进一步研究和创新。作为产业经济学的基础概念和理论,产业升级的重要性毋庸置疑,但其概念和内涵至今仍然很难完全统一。

对产业升级问题的研究可追溯至 17 世纪。早在 1691 年,威廉·配第对当时英国经济发展的实际情况进行研究,发现工业比农业能够赚取更多的利润、商业比工业能够获取更多的利润,他指出随着经济的不断发展,产业中心将逐渐由有形的财物生产转向无形的服务性生产，以不断获取更多的利润。关于产业升级方式的分类，国际上主要有两大学派：一是关注核心竞争力研究，创新能力来源于在竞争优势方面的强化和积聚，产业升级的另一个任务是从不断过时的专业技术领域退出。二是集中于动态能力的研究思路，强调长期发展企业的动态能力。比如 Gereffi（1999，2001）在全球价值链中对东亚服装业进行产业升级研究。

早期的产业升级研究基于发展经济理论，如刘易斯的"二元结构"理论、罗丹的"大推动"理论以及赫希曼的"不平衡增长"理论等，是对一些发达国家产业升级事实的规律总结，并以此对发展中国家的产业升级提出指导建议。

日本学者赤松要在1935年总结日本纺织业发展的历史，依据产品生命周期理论，提出了"雁行"产业升级理论。赤松要研究了日本和亚洲发展中国家的产业升级经验，提出了区域经济雁阵产业升级模式。吴崇伯认为东盟国家（不含文莱）产业调整的重点是产业结构的升级换代，指出产业升级是淘汰劳动密集型产业，转向技术与知识密集型产业。金碚指出进入20世纪90年代以来中国产业升级进入新的阶段，并强调政府在产业升级中的作用。石万鹏以纺织业为例，分析了产业结构调整的重要性。

钱纳里利用比较分析法，通过27个变量全面描述了发展中国家经济增长中产业结构的变化，研究了产业升级过程。①

随着研究的不断深入，代表性理论还包括魁奈对社会生产结构的划分、亚当·斯密的产业层次思想、阿·费希尔（1935）的三次产业的概念、霍夫曼（1931）提出的"霍夫曼定理"、科林·克拉克的"配第-克拉克定律"、西蒙·库兹涅茨的产业结构变动分析、钱纳里对工业化过程中产业结构及产业发展规律的研究等。20世纪80年代以后，随着全球价值链理论的提出，在价值链框架下研究产业升级受到重视。国内学者陈羽和邝国良将这两种研究思路分别称为"结构思路"和"价值链思路"。这些代表性的理论揭示：产业结构变化与经济增长是相辅相成的。各国经济增长的历程也表明，产业升级能促进资源的再配置效应，协调产业结构，带动经济增长。正因为如此，提升产业结构的水平和加快产业升级换代的步伐，是我国当前经济发展的核心主题之一。②

---

① 夏飞龙. 产业升级研究综述及展望[J]. 科技和产业，2016（3）.
② 韩红丽，刘晓君. 产业升级再解构：由三个角度观照[J]. 改革，2011（1）.

Ernst 指出，产业升级概念复杂，涉及广义的创新活动，不同产业和国家的产业升级会呈现不同特点。Ernst 从产业升级方式角度进行概念解释，为了使概念易于操作，提出了产业升级的五个分类：一是产业间升级，在产业层级中从低附加值产业（如轻工业）向高附加值产业（重工业和高技术产业）的移动；二是要素间升级，在生产要素层级中从"禀赋资产"或"自然资产"向"创造资产"，即物资资本、人力资本和社会资本移动；三是需求升级，在消费层级中从必需品向便利品，然后是奢侈品移动；四是功能升级，在价值链层级中，从销售、分配向最终的组装、测试、零部件制造、产品开发和系统整合移动；五是链接上的升级，在前后链接的层级中，从有形的商品类生产投入到无形的、知识密集的支持性服务。后四种都属于产业内升级。

Porter 认为，产业升级是当资本相对于劳动力和其他资源禀赋更加充裕时，国家在资本和技术密集型产业中发展比较优势。而大多数经济学和管理学文献是从微观层面来界定产业升级的，这常常见诸企业竞争力研究文献中。

Gereffi 认为，产业升级是一个企业提高更具盈利能力的资本和技术密集型经济领域的能力的过程，这一过程是在价值链内部从低到高的增加值活动转变。

Poon 认为，产业升级就是制造商成功从生产劳动密集型低价值产品向生产高价值的资本或技术密集型产品转换的过程。然而，企业微观和国家宏观层面存在重要联系。企业竞争力关注企业通过有目的的努力而获得的动态比较优势，而这些企业通常并不处于那些已经拥有静态比较优势的产业；获得竞争力的不同路径和方法正是企业战略在宏观层面的体现。[1]

Kaplin Sky 和 Readman 则将产业升级和创新区别开来。他们认为，创新指相对自己先前状况而言，即公司改进或开发新产品或工艺；而升级则指相对他们的竞争者而言，即公司如何快速适应变化的环境。这一界定将动态分析加入产业升级概念。他们在价值链分析框架下研究公司层面的产业升级，并区分了四种产业升级方式。[2]

Humphrey 和 Schmutz 区分了产业升级的四种类型：工艺升级、产品升级、功能升级和跨产业升级。前三种属于产业内升级。

---

[1] 唐晓云. 产业升级研究综述[J]. 科技进步与对策，2012.
[2] 唐晓云. 产业升级研究综述[J]. 科技进步与对策，2012.

在概念界定上，国际贸易理论多从中观和宏观层面分析，将产业升级和产业比较优势相联系。如认为产业升级是指在某产业内国家转向高附加值产品生产的动态专业化。

对国外产业升级理论梳理后发现，在"云移物大智"（云计算、移动互联网、物联网、大数据和人工智能）、开放经济、全球化条件下，产业升级轨迹不是线性化的，不是简单地按产业升级分类依次提高的过程，产业升级问题也往往和融入全球价值链、发展中国家外向型增长等问题交织在一起。这方面的研究散见于发展经济学、国际贸易和投资、创新管理等领域，而且以将发展中国家作为样本的大量实证研究为主。[①]各国对产业升级的方向和目标达成较广泛的共识，即推动高新技术产业（如生物技术、纳米技术）和新兴产业（如新兴服务业和环保业）比重的提高，促进一国经济体的可持续发展。

六、国内产业升级理论综述

早期的产业升级研究与经济增长研究联系紧密，提出的产业升级理论分散在发展经济学理论中，研究多限于辅以数据的理论的分析。我国学者早期的产业升级研究大多是对国外研究理论的引入，并以此研究中国产业结构的优化升级，提出产业结构升级的必要性及可能的影响因素。[②]

国内学者对产业升级的研究大多始于20世纪80年代，较少从公司层面的微观角度出发，主要是从中宏观视角对产业经济学和发展经济学中产业升级理论的一些深化认识。一般认为，产业升级和产业结构升级密切相关。比如，"内涵同一"论认为，产业升级指产业由低层次向高层次的转换过程，不仅包括产业产出总量增长，而且包括产业结构高度化，后者即产业结构升级。"内涵不同"论认为，产业升级和产业结构升级不同，对产业升级有不同的具体解释。代表观点如下：从全球竞争和国际产业的视角看，产业升级应包括产业结构升级和产业链升级；产业升级是一个比产业结构升级更高层次的概念，即产业升级包括两个不同升级方向的、并列的产业发展内容——产业结构升级和产业深化发展（李江涛，孟元博，2009）；产业升级指产业结构的改善和产业素质与效率的提高，前者表现为产业协调发展和结构的提升，后者表

---

① 唐晓云.产业升级研究综述[J].科技进步与对策，2012（4）.
② 夏飞龙.产业升级研究综述及展望[J].科技和产业，2016（3）.

现为生产要素的优化组合、技术水平和管理水平以及产品质量的提高（李晓阳、吴彦艳、王雅林，2010）。

郑新立指出，通过调整投资结构促进产业升级。

韩红丽，刘晓君（2011）提出产业升级是一个经济学和管理学理论相结合的综合性问题。从微观—中观—宏观三维层次出发，基于经济学与管理学两个视角来系统地梳理产业升级内涵及其运作机理，以勾画出一个新的研究轮廓与框架，为我国产业升级的研究与实践提供理论依据。①

总体上，国内学者关注较多的是产业结构中各产业的地位、关系向更高级方向的协调，从产值结构、资产结构、技术结构、组织结构和生产率等不同角度给予分析和讨论（杨治，1985；杜传忠，2001；王岳平，2001；藏旭恒，2002；郭克莎，2003；宋国宇，2005）。受国外全球价值链研究方法和生产服务业研究的影响，国内也出现了一些基于全球价值链视角的中国产业升级研究和生产服务业与产业升级关系的研究（张辉，2004；程大中，2005；张向阳，2005；王岳平，2007；隆国强，2009；陈荣耀，2009）。②

探讨我国产业转型升级的新趋势、新途径，对于我们抓住世界经济结构深度调整、全球产业加快转移的机遇，通过走新型工业化、信息化、城镇化、农业现代化道路，加快产业绿色化、精致化、高端化发展，具有十分重要的理论和现实意义。③

当前，仍是中国经济结构调整、转型升级的重要阶段，传统的外向型的经济增长已经凸显被动，在投资过热、产能过剩的情况下，应该在国际分工体系中找准中国的位置，清晰选择产业升级路径。④

另外，还有一些学者对产业升级中的一些深层问题进行了挖掘和分析。如产业升级主体、技术政策的引导、产业政策的自主调节、产业升级的策略性行为、产业升级的区域实践、产业升级的政府规制及其效果等问题需要进一步分析，以发展能够对我国产业升级中的特殊问题有较强解释力的新理论。⑤

---

① 韩红丽，刘晓君. 产业升级再解构：由三个角度观照[J]. 改革. 2011（1）.
② 唐晓云. 产业升级研究综述[J]. 科技进步与对策，2012（4）.
③ 张萌萌. 产业中国城市高端会议探讨 产业升级新路径[N]. 廊坊日报，2013-05-19.
④ 张萌萌. 产业中国城市高端会议探讨 产业升级新路径[N]. 廊坊日报，2013-05-19.
⑤ 唐晓云. 产业升级研究综述[J]. 科技进步与对策，2012（4）.

七、乌当区三次产业结构现状及特点

产业结构是影响经济增长质量和效益的关键性因素之一，要实现经济增长的协调、持续、稳定和快速，必须形成和建立合理的产业结构，以实现经济中高速发展和迈向中高端水平。

（一）经济发展总体情况

"十二五"期间特别是党的十八大以来，乌当区上下认真贯彻落实中央、省、市各项决策部署，坚持"主基调"、实施"主战略"，攻坚"升级版"。面对经济下行的压力，主动适应经济新常态，以"四区"建设为统领，奋力进取、迎难而上，成功创建了以县为单位的全面小康社会，"大健康引领、大数据融合、大旅游助推"的产业格局初步凸显，医药制造、特色食品、装备制造、新材料新能源等产业集聚发展。大健康产业优势突出，是贵州省大健康医药产业发展示范区。大数据产业快速集聚，是国家智慧城市试点和省电子商务进农村综合示范区。大旅游产业方兴未艾，完成贵州贵阳国家农业科技园区北移调迁，羊昌花卉、新堡休闲观光等五个省级山地高效农业示范园区通过市级验收。[①]

2015年地区生产总值增速达16%，增速居贵州省31个经济强县第2位、贵阳市第1位。2016年，乌当区地区生产总值预计完成160.69亿元，是2012年的1.89倍，年均增长16.15%，高出全市年均增速2.35个百分点，增速连续两年保持全市第一，全省县域经济发展综合测评在18个城区方阵中排位第四，提前六年成功创建以县为单位的全面小康社会；规模以上工业增加值完成66.64亿元，年均增长15.78%，占全市比重较2012年提高0.9%；固定资产投资（500万元口径）预计完成187.38亿元，年均增长29.38%；社会消费品零售总额预计完成38.73亿元，年均增长14.86%；财政总收入完成32.36亿元，年均增长15.68%；一般公共预算收入完成19.37亿元，年均增长14.02%；一般公共预算支出预计完成27.76亿元，年均增长11.78%；城镇、农村居民人均可支配收入预计分别完成28 720元、14 197元，年均分别增长9.94%、

---

① 乌当区国民经济和社会发展第十三个五年规划纲要[EB/OL]. 中国·贵阳政务站，http://www.gygov.gov.cn/.

11.62%；省"5个100"工程累计完成投资82.06亿元。①

表3-2 贵阳市与乌当区地区生产总值比较

年份	2005年	2010年	2015年	2016年	2005—2016年经济总量增加的数量/亿元
乌当区生产总值/亿元	53.18	99.89	145.08	160.69	107.51
贵阳市生产总值/亿元	525.62	1 121.82	2 891.16	3 157.70	2 632.08
乌当区占贵阳市经济总量的比重/%	10.11	8.9	5.01	5.08	

注：数据根据2005年、2010年、2015年、2016贵阳市与乌当区的统计公报分析填列。

（二）三次产业结构现状

为说明乌当区三次产业结构及其变动趋势情况，我们选择了2005年、2010年和2015年贵阳市与乌当区三次产业的结构数据进行比较，通过比较可以看出乌当区与贵阳市产业结构差距主要在第二产业和第三产业上（见表3-3）。

贵阳市三次产业结构从2005年的6.6∶47.5∶45.9调整为2015年的4.2∶42.2∶53.6。其中：贵阳市第一产业下降了2.4个百分点，第二产业下降了5.3个百分点，第三产业上升了7.7个百分点。

乌当区三次产业结构从2005年的11.6∶52.5∶35.9调整为2015年的9.61∶48.14∶42.87。乌当区第一产业下降了1.99个百分点，第二产业下降了4.36个百分点，第三产业上升了6.97个百分点。

2005年乌当区与贵阳市一二三次产业的差异分别是：乌当区第一产业高于贵阳市5个百分点，第二产业高于贵阳市5个百分点，第三产业低于贵阳市10个百分点。

2015年乌当区与贵阳市一二三次产业的差异是：乌当区第一产业高于贵阳市5.41个百分点，第二产业高于贵阳市5.94个百分点，第三产业低于贵阳市10.73个百分点。

---

① 2017年乌当区人民政府工作报告[R]. 中国贵阳·政务站，http://www.gygov.gov.cn.

表 3-3 贵阳市与乌当区三次产业结构情况比较

年份	贵阳市三次产业结构			乌当区三次产业结构			乌当区与贵阳市三次产业结构差异		
	第一产业/%	第二产业/%	第三产业/%	第一产业/%	第二产业/%	第三产业/%	第一产业差异/%	第二产业差异/%	第三产业差异/%
2005	6.6	47.5	45.9	11.6	52.5	35.9	5	5	-10
2010	5.1	40.7	54.2	7.41	44.31	31.48	2.31	3.61	-22.72
2015	4.2	42.2	53.6	9.61	48.14	42.87	5.41	5.94	-10.73

注：数据根据 2000 年、2005 年至 2011 年贵阳市与乌当区的统计公报分析填列。

（三）三大产业发展情况

《乌当区委关于国民经济和社会发展第十三个五年规划的建议》指出，"十三五"期间，乌当区将重点发展大健康、大数据、大旅游三大产业。黔中秘境·生态乌当以供给侧结构性改革为主线，充分发挥大数据提升产业层次、改造传统产业、催生新兴业态的引领作用，积极打造大健康与大数据、都市现代农业与山地旅游、先进制造业与现代服务业发展"姊妹篇"，加快建设以全产业链、示范园区、创新平台、龙头企业、千亿规模为支撑的全省大健康产业发展引领示范区，全区产业已成规模，经济提速步入快车道。

1. 大健康产业发展情况

大健康内涵日益丰富。乌当区于 2012 年率先提出打造医药食品（健康）产业集群示范园区，2015 年获批贵州省大健康医药产业发展示范区。全区规模以上制药企业 9 家，十亿级企业 5 家，持有药号 140 个，投入生产 112 个，进入医保目录和新版国家基本药物目录分别达 45 个和 15 个，23 条生产线通过新版 GMP 认证。乌当大健康产业的集聚度为贵州省最高。2016 年医药产业领跑地位持续巩固，医药业规模约占全省 1/5、全市 1/3，对全区规模以上工业增长贡献率达 36.3%。

2. 大数据产业发展情况

大数据产业业态快速聚集。呼叫服务、电子商务蓬勃兴起，医药物流、远程诊疗等"大数据+大健康"业态培育见效，创新驱动电子信息、航空航天、绿色食品、新材料新能源向"互联网+""智能制造"升级，在教育、医疗、市场监管、社会治理等领域率先开展数据共享开放融合试点，2016年大数据产业规模总量达80.13亿元。

大数据基础日益夯实。乌当区抓住国家首批智慧城市创建试点机遇，搭建完善"一平台、二中心、三体系"总体构架。建成4个大数据创业孵化基地，入驻大数据关联企业173家，'天地双网'建成运营，呼叫中心2000座席运营良好。在教育、医疗、市场监管、社会治理等民生领域率先开展数据共享开放融合试点，大数据产业规模总量达80.13亿元。

3. 大旅游产业发展情况

大旅游产业实现井喷增长，依托人文民俗、山水田园、生态地热等优质资源，以4A级景区，休闲运动公园，国家级、省级高效农业示范园区，美丽乡村等建设为载体，以健康旅游为主题推进山地旅游、康体运动、温泉养生、农业观光等业态融合发展。

大旅游品质日益提升。乌当区成功创建4A级温泉旅游景区2家，乌当"温泉之城"荣获"贵州十大魅力旅游景区"称号，"泉城五韵"入选贵州30个最具魅力民族村寨；成功举办第二届贵阳农业嘉年华活动，基本建成贵阳市民"周末花园"和广大农民群众的"幸福乐园"。2016年累计接待游客2988.56万人次，实现旅游收入154.16亿元，年均分别增长27.6%、29.3%。

（四）三次产业结构优化升级面临的瓶颈

近年来，乌当区在产业园区建设和城市乡村发展等方面形成了一定规模，聚集了一批发展要素，取得了不少成绩。"十二五"期间由于乌当区原本经济发展要素相对聚集的区域划转至观山湖区，与周边区（市、县）的强劲发展态势相比，乌当区三次产业结构优化升级面临的瓶颈还不少。

一是经济总量偏小。2016年乌当区生产总值仅有160.69亿元，占贵阳市的比重仅有5.08%，经济总量偏小是最大最根本的区情。

二是产业结构整体水平偏低，表现为支柱产业总量小、增量少、竞争力弱，主要仍以食品、药品及电子元器件加工生产等传统产业为主，缺乏重大产业项目支撑、产业分工处于价值链低端、微笑曲线"谷底"。低附加值、低技术含量、劳动力密集型产业严重产能过剩，高技术、高附加值、资本密集型产业供给不足。

三是企业自主研发投入较少，科技创新能力有待提升，全社会研发投入仍然较低、产学研协同创新机制还不够完善，科技贡献率依然较低，在推进传统产业转型升级过程中，部分企业对大数据引领产业转型升级认识度、参与度不足。

四是传统服务业占比较大，现代生产性服务体系尚不健全。旅游业潜力未充分发挥，景区散（各自为政，没有形成大旅游、大景区产品）、乱（大多数景区缺乏总体规划设计和控制，地方特色不突出）、低（配套基础设施不完善，缺乏深度开发，多以农户家庭经营方式为主，同质化依然严重），与文化、休闲、体验等旅游产业要素融合力度不够。系统性制约：大健康产业体系尚未形成"十二五"时期，乌当区大健康产业体系尚未形成。

五是产业聚集度不够。由于乌当区大数据产业发展正处于起步阶段，虽形成一定聚集度，但尚未形成完整的产业链条，整个产业链弧较短。乌当区高端产品产业基础相对薄弱，产业转移承接能力弱，缺少标志性的大项目、龙头企业落地。

六是现有支柱产业之间尚未形成内在的产业链条和行业板块。项目布局散乱，企业间带动、关联程度较低，价值链层级偏低，主导产业缺乏，定位不利于引进重大项目，并且企业管理理念比较落后，多数企业还处于家族式管理模式。

七是大健康医药产业科技创新能力不足，研发机构缺乏、科研人才缺乏、研发能力不足。"十二五"期间，仅有新天和景峰两家企业建有药品研发机构，四家企业建立省级技术中心，建立技术研发机构的企业不到30%，远低于全国50%的平均水平。

八是产业园区建设滞后，达不到企业发展需求。主要是受年度用地计划、土地征收成本高及劳动力成本高等要素制约，以商招商、强强联合的兼并重组较难实施。

九是配套设施有待进一步完善。大数据落地企业及引进人才对于住宿、餐饮、娱乐等基础配套要求较丰富，现有配套基础设施难以满足企业发展需求。现有基地配套设施需进一步完善，在项目咨询、技术研发、投融资服务等方面缺乏第三方专业团队支撑，无法满足企业发展需求。

上述九个方面的问题是乌当区产业升级的基础性制约。

八、国内外产业升级理论对乌当区产业升级的指导意义

习近平总书记指出:"把经济发展抓好,关键还是转方式、调结构,推动产业结构加快由中低端向中高端迈进。""十三五"期间,是乌当区从"以赶为主、以转为辅"过渡到"赶转并重、以赶带转"的转型时期,正处于爬坡过坎的重要关口,是"守底线、走新路、打造升级版"的攻坚时期,是全面深化改革开放、加快转变经济发展方式的关键时期,是充分展示大健康产业引领示范作用的关键时期,是实现发力快跑、赶超跨越的重要战略机遇期。我国正面临着前所未有的历史性发展机遇,同时也面临着来自发达国家以科技创新引领的制造业转型升级和发展中国家制造业低成本竞争的双重挤压。党的十八大以来,中央一再强调要强化需求导向,推动战略性新兴产业、先进制造业健康发展,加快传统产业转型升级。加快产业升级势在必行,刻不容缓,乌当区产业升级道路漫长而曲折,任重而道远,为切实提升产业发展的水平和质量,应推动乌当产业向价值链中高端跃升,开辟乌当融合发展、产业升级新路径。

李克强总理 2017 年给贵阳数博会的贺信明确了乌当区产业升级的路径。中国政府高度重视数字经济发展,坚持深入推进创新驱动发展战略,依靠简政放权、放管结合、优化服务等改革,着力激发社会创造力和市场活力,将大众创业、万众创新同网络强国战略、国家大数据战略、"互联网+"行动计划、"中国制造 2025"等相结合,加快新旧动能接续转换,促进经济结构转型升级和社会不断进步。

(一)高度重视数字经济发展

以计算机、网络、通信为代表的现代信息技术革命催生了数字经济。目前,数字技术正广泛应用于现代经济活动中,提高了经济效率、促进了经济结构加速转变,正在成为全球经济复苏的重要驱动力。对于乌当区来说,数字经济既是经济转型增长的新变量,也是经济提质增效的新蓝海。[1]2016 年 G20 峰会发布的《二十国集团数字经济发展与合作倡议》指出,数字经济是指以信息和知识的数字化为关键生产要素,以现代信息网络为重要载体、以有效利用信息通信技术为提升效率和优化经济结构重要动力的广泛经济活

---

[1] 张新红. 数字经济:中国转型增长新变量[N]. 经济日报,2016-11-24.

动。腾讯研究院发布的《中国"互联网+"数字经济指数（2017）》报指出，2016 年中国数字经济的总量，大概在 22.77 万亿元，占到 2016 年 GDP 的 30.6%。2016 年 10 月 9 日，在中共中央政治局第三十六次集体学习时，习近平总书记要求"做大做强数字经济，拓展经济发展新空间"。2017 年 2 月 6 日，贵州省人民政府新闻办召开例行新闻发布会，发布全国首个省级层面数字经济发展规划——《贵州省数字经济发展规划（2017—2020）》。规划提出，到 2020 年，数字经济增加值占地区 GDP 比重达 30%以上。规划首次提出资源型、技术型、融合型、服务型"四型"数字经济。按照规划，贵州省将推进数字经济集聚发展等十大工程，推动数字经济发展目标任务落实。

（二）以精准的产业政策推进乌当区产业升级

产业政策要准是供给侧结构性改革五大政策思路之一。产业政策的主要作用是弥补市场失灵，改善和优化资源配置，提高本国产业竞争力。产业政策影响和作用的对象是产业经济这一中观层次，如果说宏观政策重在解决总需求与总供给的总量问题，产业政策则重在解决结构问题，对供给侧的引导和调控指向更加明确和具体。[①]要营造法治化的营商环境、高效化的政务环境、便利化的创业环境，以政府权力的"减法"换取市场活力的"加法"，以政府的工作效率换取企业的发展效益。要把产业技术政策作为产业政策的核心内容，在高端共性技术供给和人力资本等方面着力提升要素供给质量，在创新技术产品应用、知识产权保护、研究开发资助、加速设备折旧等方面采取综合措施，形成鼓励创新的有效激励。产业政策的功能定位要准，产业政策对产业发展规律的把握要准，产业政策的方向引导要准，产业政策的作用方式要准。产业政策精准，才能使大中小企业跨界融合、优势互补实现多维度、深层次、嵌合式融通发展，才能带来产业结构的优化、供给体系质量和效率的提高，加快形成推动经济持续健康发展的新动能。通过精准的产业政策鼓励企业搭建开放共享的工业互联网平台，发展平台经济，促进企业内部与外部、线上与线下等创新资源、生产能力、市场需求精准对接，通过"双创"加强协同研发，更广泛开展定制化生产，将过去简单上下游配套转变成立体式、无边界协作的新型产业生态圈，在融通发展中实现创新效率和制造能力

---

① 冯飞. 以精准的产业政策推进供给侧结构性改革[J]. 求是，2016（10）.

的倍增，促进经济和产业转型升级。①

（三）发力大众创业、万众创新

众人拾柴火焰高。2015 年国务院印发的《关于大力推进大众创业万众创新若干政策措施的意见》指出，推进大众创业、万众创新，是发展的动力之源，也是富民之道、公平之计、强国之策，对于推动经济结构调整、打造发展新引擎、增强发展新动力、走创新驱动发展道路具有重要意义，是稳增长、扩就业、激发亿万群众智慧和创造力，促进社会纵向流动、公平正义的重大举措。着力激发社会创造力和市场活力，将大众创业、万众创新同网络强国战略、国家大数据战略、"互联网+"行动计划、"中国制造 2025"等相结合，加快新旧动能接续转换，促进经济结构转型升级和社会不断进步。在产业升级的过程中，应以企业为主体，开展广泛的产学研合作，采取技术引进与自主研发相结合的方式，积极进行技术创新、技术进步、流程重组等，提升企业自身的生产效率，提高企业价值；通过加大对技术创新的投入、建设形成高效通畅的技术转移机制等途径，营造良好的技术创新环境，以加快科技成果向现实生产力的转化；同一行业内的企业，在竞争合作机制的指引下，积极主动地转产，生产市场需要的商品或者退出某些产品的生产，或者进行资产重组，通过兼并、接管、破产、倒闭等方法，寻求资源有效利用的途径。②

（四）产业升级要以企业为主体

强化企业创新主体地位和主导作用，企业创新能力是国家竞争能力的重要体现，政府应积极鼓励企业技术创新，扶持科研机构、企业进行技术创新。要健全技术创新的市场导向机制，促进企业真正成为技术创新决策、研发投入、科研组织和成果转化的主体。要支持行业领军企业构建高水平研发机构，鼓励开展基础性前沿性创新研究。微观企业内部积极进行技术创新、技术进步、流程重组等，提升企业自身的生产效率，提高企业价值。

企业推动升级的最大动力也几乎是唯一动力就是产业升级后能给企业带来经济效益。政府应提供一个公平竞争的市场环境，开放而不是选择性地支

---

① 李克强：推动提速降费促进融通发展壮大数字经济加快新旧动能转换和经济结构转型升级[N]. 人民日报，2017-08-01.
② 韩红丽，刘晓君. 产业升级再解构：走三个角度观照[J]. 改革，2011（1）.

持升级。如果企业能从升级中得到好处，它自然会选择升级；如果企业不升级，在避免升级可能会带来的风险的同时也能较好生存，它自然不会选择升级。故政府应切实转变职能，这样有利于减少开支，从而降低财政收入占 GDP 的比重，有利于提升经济运行的效率。①

企业要关注两个方面：一是要靠创新塑造新的企业竞争优势；二是要练好管理的基本功。从对企业转型升级的调查研究中可以发现，提高研发设计能力和加强品牌建设是企业塑造竞争新优势的关键。技术创新是关键，管理和组织创新是基础，企业要做强，两者不可偏废。

（五）鼓励和扶持技术创新

第四次工业革命以数字化、网络化、机器自组织为标志，以技术融合为特点，模糊了实体、数字和生物世界的界限：集成电路行业从"硅时代"开始迈向"石墨烯"时代；移动通信全面进入 4G，并开启 5G；软件进入"云时代"；以移动互联网技术为依托的共享经济蓬勃发展……更为重要的是，这一轮全球科技创新浪潮有着以往所不具备的特殊性：一方面，多学科、多领域交叉突破，信息技术、生物技术、材料技术、新能源、航天技术等相互渗透交叉；另一方面，科技创新和商业创新相结合，诸如淘宝、微信、特斯拉、苹果手机等，都是科技和商业互相借力，由此实现了更快发展。面对方兴未艾的新一轮工业革命、不断涌现的战略性新兴产业，无论是发达国家还是新兴经济体，均已把创新视为赢得新一轮增长竞争的关键所在。可以说，下一轮全球经济大增长的源头必来自创新，哪个国家能占领创新制高点，能形成新经济产业的核心竞争力，就能占得下一轮大增长的先机。②
政府应引导中小微企业走"专精特新"发展道路，构建技术创新公共服务平台，鼓励商业模式创新。强化普惠性政策支持，完善企业研发费用加计扣除政策，扩大固定资产加速折旧实施范围，推动设备更新和新技术广泛应用。

（六）聚合创新要素，赋能人力资本

在以大健康引领三次产业融合发展方面，乌当区的短板是制造业的质量和

---

① 沈坤荣，徐礼伯. 中国产业结构升级：进展、阻力与对策[J]. 学海，2014（1）.
② 陈建. 迎接第四次工业革命的春天[N]. 经济日报，2016-01-22.

人才的差距，需要尽快实现生产的自动化、智能化，进而推进信息物理融合。

产业结构升级和技术创新需要投入人力资本，应提高教育支出、扶持高等教育和技术院校发展，加大对创新人员投入，增加各个区域的人力资本存量，广泛吸引集聚全球优秀人才，培育具有国际竞争力的创新型企业，从而推动产业结构升级。各产业部门通过向技术密集型、资金密集型产业过渡，向差异化产品过渡，强调资源的高集约度、生产能力的高生产率、价值创造的高附加值，以形成产业的核心竞争力。例如，我国的制造业呈现出了"劳动密集—资本密集—技术密集—知识密集"的发展变化态势。

健全多层次人才培养体系，努力提升高技能"工匠"人才的社会地位，大力培育和稳定职业技术人才队伍。党的十九大报告指出，要建设知识型、技能型、创新型劳动者大军，弘扬劳模精神和工匠精神，营造劳动光荣的社会风尚和精益求精的敬业风气。坚持把专业技能人才作为建设制造强国的根本，一方面，要加大高素质创新人才和创新团队的引进和培养；另一方面，要加强高素质的产业技术"工匠"队伍建设，努力提升高技能"工匠"人才的社会地位。中国制造业升级，不可能建立在以不稳定的农民工和临时工为基础的产业工人队伍基础上，需要掌握现代技术的高技能职业技术工人，因此要加强高素质的职业技术"工匠"队伍建设。

（七）加强资源整合，着力培育产业集群

党的十九大报告指出，要促进我国产业迈向全球价值链中高端，培育若干世界级先进制造业集群。为此，应通过科学规划、合理布局，按照产业链、专业化分工、规范化生产的原则，构建大、中小企业分工协作的产业组织体系，大力发展以"医"为支撑的医药医疗产业，重点发展中医药种植、药品研制、医疗器械制造；大力发展以"养"为支撑的保健养生产业，重点发展休闲养生、滋补养身、康体养生、温泉养生四大业态；大力发展以"健"为支撑的运动康体产业，建设西部重要和全国知名的户外运动中心；大力发展以"管"为支撑的健康管理服务产业，充分发挥大数据的管理价值，让大数据拥抱大健康；着力培育一批管理科学、结构合理、实力雄厚、竞争力强的龙头企业和企业集团；在企业资产重组、招商引资和上市融资等工作上，提供优质服务，使之成为跨地区、跨行业、跨部门、跨所有制经营的大企业集团，使之成为药业发展的骨干和核心；以专业化经营为发展模式，做到"专

和"精"。鼓励、引导和支持中小企业采取集约方式组建松散型企业集团,为大企业提供专业化程度高、质量有保证的配套产品或专职服务。以"统一集团品牌、统一开发、统一采购、统一销售"来降低成本、扩大经营实力。实施强强联合、互补联合、分工联合,健全规范化运作机制,提高集团运营质量,发挥产业集聚效应,提升产业整体素质和竞争力,增强抵御风险能力。

(八)以打造"四链"协同助力产业迈向中高端

推动产业迈向中高端,要求产业链、创新链、资金链、服务链"四链"有效衔接、耦合共振,朝着一个方向协同发力。

一是提升产业链。针对我国产业大都处于加工组装和贴牌生产等低端环节的现状,加快完善产业链,补齐研发设计、高端制造、质量品牌等环节的短板,着力提升智能制造、绿色制造水平,大力发展符合消费升级的高端化、多样化、个性化产品,积极培育新业态新模式,逐步向价值链中高端环节攀升。

二是完善创新链。围绕产业链部署创新链,解决创新项目和产业需求脱节问题,形成科技创新支撑产业发展、产业发展拉动科技创新的正反馈效应。当前,特别是要针对我国在创新链条中存在的"肠梗塞"现象,支持建设一批以企业为主体、以需求为导向的应用技术研发机构和专业化公共中试平台,在应用研究、中试、商品化三个环节构建起企业、科研机构、行业协会等多方共同参与的机制,推动形成创新主体有效参与、创新活动无缝衔接、创新功能配置完整的链状结构。

三是优化资金链。移动互联网、集成电路、高端装备制造、新能源汽车、云计算、物联网、大数据等产业技术含量高、前期投入大,需要政府设立专项引导基金进行"孵化"培育,同时要发挥政府资金杠杆作用,吸引民间资本参与。要围绕创新链不同区段和产业迈向中高端的薄弱环节,完善资金链配置,优化资金供给格局。

四是壮大服务链。生产性服务业涉及农业、工业等产业的多个环节,具有专业性强、创新活跃、产业融合度高、带动作用显著等特点,是全球产业竞争的战略制高点。但目前我国生产性服务业发展相对滞后、水平不高、结构不合理等问题突出,急待加快发展。当前和今后一个时期,要围绕产业转型升级的需要,构建研发设计、商务咨询、技术培训、售后服务等服务链,完善专业化、网络化、社会化的服务体系,为企业开发新产品、新技术和新业态提供全产业链、全周期的增值服务。①

（九）以大数据引领三次产业融合发展向产业结构高效化演进

2015年年初的乌当区委九届六次全会，确立了"推进产城良性互动，打造生态健康之区"的总体目标，主导产业定位为贵州省大健康医药产业引领示范区、贵阳市大数据电子信息产业基地和特色食品、航空航天、装备制造、新材料新能源产业聚集地。乌当区以医药产业集群发展为导向，初步形成了集医药研发、制造、包装、物流、医疗服务、健康养生、医药种植等为一体的大健康医药产业链。

产业结构高效化是产业结构优化升级的重要内容，开辟乌当融合发展、产业升级新路径，大健康引领、大数据驱动、大旅游助推是乌当区产业结构高效化应有的题中之意。近年来，以供给侧结构性改革为主线，乌当区充分发挥大数据提升产业层次、改造传统产业、催生新兴业态的引领作用，积极打造大健康与大数据、都市现代农业与山地旅游、先进制造业与现代服务业发展"姊妹篇"，加快建设以全产业链、示范园区、创新平台、龙头企业、千亿规模为支撑的全省大健康产业发展引领示范区，切实壮大区域经济实力。②

产业结构高效化能增强供给结构和需求结构的有效匹配，实现发展资源在行业间和区域间的合理配置。围绕大健康医药产业引领示范区建设，在更高层次上提高大数据产业与大健康医药产业的关联度，重点促进医疗保健服务与大数据的结合、医药流通与物联网的结合。应着力做好以下工作：一是壮大培育现有企业，培育一批在国内具有行业影响力的医药制药企业和医药产品品牌，致力于形成布局科学、产业集聚、链条完整的大健康医药产业发展格局。二是立足产业特色，以大数据应用为支撑，主攻大健康和大数据两大产业，培育新兴产业，做强产业集群，把推动生态与智慧结合作为医药产业发展方向的目标。三是重点促进医疗保健服务与大数据的结合、医药流通与物联网的结合。同时，围绕医疗保健服务、教育产业的智能硬件（穿戴设备）研发制造，利用大数据资源和手段提升改造传统产业，探索新产业业态和新商业模式。四是继续推进大健康产业"一三对接、接二连三"融合互动

---

① 黄汉权. 打造"三心四链"助力产业迈向中高端[N]. 经济日报，2016-11-24.
② 樊荣. 生态乌当（十二次党代会成就）[N]. 贵阳日报，2017-04-16.

的发展战略，把优先发展药材种植业作为突破口，在满足辖区制药企业原材料供应需求的同时，带动种植基地周边乡镇的经济发展。①

（十）发挥信息化特别是大数据技术在产业升级中的关键作用

信息技术的换代和信息化深度应用显现出重塑产业生态链的影响力，引发企业战略调整和转型，信息产业变革表现出比过去更大程度的融合和渗透。②信息技术正在引领产业变革，网络发展不断拓宽生活空间。运用信息化，不仅可以优化国民经济管理，进一步提高资源配置效率，还可以优化城市治理，提高城市各类资源的使用效率；不仅可以优化产业结构，提升产业国际竞争力，还可以优化企业管理，全面提升企业运营效率。运用信息化促进经济转型升级大有可为。③把推进大健康产业信息化和实施"中国制造2025"战略作为优化产业结构、促进产业升级的重要任务，应着力做好以下方面的工作：一是要利用新一代信息技术改造、优化生产流程，并适应劳动力结构和劳动力成本变化的大趋势，积极而又稳妥地推进机器人、智能物流管理、3D打印等技术和装备在生产中的应用，提高各类生产要素的利用效率，在不断提升产品质量的同时，降低单位产品生产成本。二是要大力发展高端数控机床、机器人等智能装备产业。高端数控机床、机器人等智能装备在我国有巨大需求，但又是我国产业发展突出的"短板"，其市场份额主要被国外跨国公司占领，应大力发展这部分产业。三是要着力提升物联网、云计算、大数据、移动互联网和电子商务等新业态的发展质量。四是要完善工作机制，形成包括任务清单和重点项目库、企业库、平台库在内的"一单三库"基础信息池。

（执笔人：中共贵阳市委党校　吴桂华　中共乌当区委党校　李　鹏）

---

① 乌当：走出产业升级新路径助推经济发展上台阶[N]. 贵阳日报，2015-09-18.
② 邬贺铨. 信息化时代产业变革的趋势[N]. 学习时报，2015-08-16.
③ 李伟. 发挥信息化在转型中的关键作用[N]. 经济日报，2016-05-12.

第四章

大健康引领乌当区产业升级对策分析

乌当区作为贵州省大健康医药产业发展示范区和贵阳市大健康产业发展的主战场，是贵阳市大健康产业发展"一核两带四片五极"总体规划的核心，承载着率先破题，推动大健康产业加快融合发展的先驱使命。近年来，按照贵州省委、省政府打造"大健康和大数据姊妹篇"的总体要求，乌当区主动适应经济发展新常态，以医药制造为基础、充分利用生态及资源优势，把大健康医药发展作为全区"十三五"规划的主导产业，深入贯彻"创新、协调、共享、绿色、开放"五大发展理念，立足战略定位和战略目标，以"全区域规划、全要素联动、全业态发展、全方位着力"为发展思路，加强药品研发生产、医疗器械、中药种养殖、健康旅游、健康服务等产业培植，提升产业发展质量，努力形成布局科学、产业集聚、链条完整、业态丰富、产品多样的大健康医药产业发展格局，以"七个一"（即一个引领示范区总体规划、一个强有力的组织机构、一批重点项目落地建设、一个产业发展五年行动计划、一个政策支持文件、一个项目统筹调度机制、一套科学的督查考评体系）为工作抓手，将"医、养、健、管"四大领域六大产业的多种业态项目科学规划、合理布局到全区，建设贵州省大健康产业引领示范区，打造以公平共享为目标的"生态健康之区"。

一、乌当区大健康产业发展总体规划有关情况

乌当区在大健康产业发展上实行全区域规划，注重顶层设计，以实现"四个引领示范"。结合贵阳市全力打造公平共享创新型中心城市和加快建设以生态为特色的世界旅游名城的总体要求，高标准编制《乌当区建设全省大健康产业引领示范区总体规划（2017—2030）》，该规划充分考虑"土规、城规、林规"三规融合及城市规划与产业规划的融合，做到科学性与可操作性统一，

以建设"生态健康之区"为总揽,明确了打造全省大健康产业创新高地和消费胜地两大目标,按照"城区、景区、园区"三区融合理念,实现"区域合作、绿色发展、产城融合、城乡统筹"四个示范和"创新驱动、标志项目、产业规模、聚集效应"四个引领,推进"健康中国"战略在乌当生动实践,计划到 2020 年全区大健康医药产业发展总产值确保实现 800 亿元,力争实现 1000 亿元。

(一)战略定位

乌当区把建设生态健康之区作为大健康产业发展的战略定位。立足建设"西南健康医药中心、中国健康医药之都"的整体定位,力争建成全省医药产业发展最集聚、创新创业体系最完善、生态环保最凸显、平台建设最健全的大健康医药产业发展引领示范区。乌当区以提升产业综合竞争力为目标,以创新引领医药制造和健康服务产业,构建以创新为核心的产业体系。培育和引进医药、生物实验室、研发机构和企业,重点建设公共服务和技术平台,完善人才引进制度,构建医药制造创新研发体系。将创新融入大健康服务产业的各个环节,满足产业发展和差异化的消费需求。发展以医疗服务、养生养老服务等为主的健康服务业。挖掘和提升现有的养生旅游度假资源,开发特色服务产品,注重定制不同消费人群的需求。同时,加大职业人才培训力度,提升服务质量和水平,将乌当打造成为区域医疗旅游和养生养老休闲胜地。

(二)功能定位

乌当区以打造区域大健康产业创新中心和消费胜地为目标,围绕"医、养、健、管、食、游"六个方面,重点培育乌当医药制造、养生养老、医疗服务三大主要功能,完善"一区六心"主要功能布局。其中,"一区"指大健康医药制造产业集聚区;"六心"指贵州大健康产业创新产业中心、贵州大健康数据管理中心、贵州高端医疗康复中心、贵州现代医药物流集聚中心、贵州健康养生养老度假中心、贵州健康农业科技服务中心。

(三)发展目标

乌当区围绕健康医药、健康医疗、健康养生养老、健康休闲运动、健康药食材等产业,建设创新创业平台和公共产业服务平台,引进重点实验室、技术研究中心等重点研发机构，壮大培育一批行业领军企业，打造一批标志性新业态和拳头性产品，推进大健康、大医药、大数据、大旅游产业融合发展，高标准建设全省大健康医药产业示范区。计划到2020年，全区大健康医药产业体系不断完善、新型业态不断涌现、集聚效应明显提升、产业规模持续扩大、示范地位更加凸显，大健康医药产业总产值达到千亿元目标（高方案1000亿元，中方案800亿元，低方案600亿元），其中大健康医药产业总产值600亿元，健康服务业总产值达到310亿元，健康药食材产业总产值到90亿元。乌当区大健康产业2016—2020年产业增加值和产业总产值目标如表4-1所示。

表 4-1 乌当区大健康产业 2016—2020 年产业增加值和产业总产值目标一览表　　单位：亿元

类别		2016年	2017年	2018年	2019年	2020年
总目标	增加值	90	140	200	260	320
	产值	282	420	600	750	1000
健康药食材	产业增加值	—	8	10	18	30
	产业总产值	—	25	30	52	90
健康医药	产业增加值	90	110	160	180	190
	产业总产值	273	350	480	530	600
健康医疗	产业增加值	—	5	10	20	30
	产业总产值	—	16	30	54	100
健康养生	产业增加值	—	5	10	20	35
	产业总产值	—	16	30	54	120
健康养老	产业增加值	—	3	8	20	30
	产业总产值	—	10	24	54	80
健康运动	产业增加值	—	1	2	2	5
	产业总产值	—	3	6	6	10

（四）产业布局演进与特征

2015年至2017年3月，乌当区对全区域大健康产业的布局为"两核三带四区域"。其中，"两核"指的是以高新路、东风镇等大健康产业集聚地为主核，依托智汇云锦孵化基地，结合现有医药产业基础及大数据发展，构建高新技术创新实验与展示平台，形成品牌支撑，辐射带动贵阳市医药产业提质增效，引领贵州大健康医药产业智能化、科技化发展；以健康药食材及康体运动集聚区为次核，依托贵阳市国家农业科技园区，利用现代农业高新技术集成展示，发挥示范带动作用，开展技术培训和产业孵化，生产优质农产品和药食材，推动区域产业结构调整，夯实大健康医药产业基础。"三带"指的是结合南明河下游休闲养生产业带、贵开路休闲康体产业带、新羊百养生产业带，打造大健康绿色产业环线。"四区域"指的是健康医药科技发展及医疗服务核心板块、绿色药食良种繁育及花卉养生板块、康体运动智能养老板块、有机农业民俗养生板块，形成大健康产业"黔中医药产业圈"和"黔中综合健康养生圈"转型升级的领跑者。

空间布局再次优化升级。在贵阳市城市总体结构中，乌当区位于城市发展拓展区，要积极主动加速融入城市功能核心区，构建与主城一体化的发展格局，在空间上突出"同城化"和"差异化"，最终确立按照"一心四蕊筑核心、三区三片显特色、三带多点活全域"的空间结构布局产业发展。

1. "一心四蕊筑核心"

"一心"是洛湾新中心，是未来乌当区功能发展的中心；"四蕊"是医药制造、医药流通、生活城区以及医疗康体四个功能板块。其中，医药制造板块依托新天园区、张天水产业园、洛湾云锦产业园为载体；医药流通主要依托高穴仓储物流、贵开仓储物流以及贵阳东站站前中药材交易中心和贵州省药品物流交易中心为载体；生活城区通过老城区内涵提升，医疗康体板块主要依托医疗健康城，这样构成乌当大健康医药产业发展的核心。

2. "三区三片显特色"

依据乌当区的特征，南、中、北"三区"适宜发展不同特色产业，南部地势相对平坦，建设条件良好，是大健康医药产业发展核心区；中部地形多变，森林植被条件最优，打造为健康运动绿色养生区；北部更低较为集中，景观环境良好，打造为健康农业滋补养生区。结合乡镇的核心资源分布，乌当区集中打造三个各具特色的产业发展片区，具体为水田—新堡的文化和温泉度假产业片区、下坝—偏坡的休闲养生产业片区、羊昌—百宜—新场的康体养老与滋补养生产业片区。

3. "三带多点活全域"

"三带"是沿着南明河下游、贵开公路及新羊百公路三条主要的产业发展带。"多点"指多个重要发展节点，包括水田、新堡、羊昌三个点以及下坝、偏坡、百宜、新场四个二级节点。

二、乌当区大健康产业发展现状

（一）医药产业发展迅速

乌当区于 2012 年率先提出要打造医药食品（健康）产业集群示范园区，2015 年获批成为贵州省大健康医药产业发展示范区，医药产业领跑地位持续巩固。截至 2016 年，乌当区大健康产业 12 家规模以上医药制造企业中有 3 家是全省领军龙头企业、5 家是全省医药骨干，医药流通企业中有 5 家线上药品经营企业，国家批准文号的药品 140 个，其中，中成药 84 个、化学药 56 个；实际投入生产药品 112 个，其中，中成药 66 个、化学药 46 个；单品销售上亿元 10 余个，进入国家医保目录 44 个、基药目录 15 个，拥有专利 93 个。有国家级博士后工作站和企业技术中心各 1 个，省级重点实验室和院士工作站各 1 个，省级企业技术中心 25 个，省市工程技术研究中心 26 个，23 条新版 GMP 生产线。经省认定的医药和食品省市名牌产品 28 个、驰名和著名商标 22 个。尤其苗药近年来得到了较快的发展，全区持有批准文号的苗药 18 个，年产值 30.54 亿元。

（二）医疗服务能力逐步增强

乌当区现有医疗卫生机构 155 家，床位数 1409 张，其中三级医院 1 所、二级 3 所、一级 4 所。2017 年新增项目 7 个，主要是贵州数字医学转化中心、贵阳微医互联网医院、贵黔国际总医院（贵州妇女儿童国际医院）、贵州阜安国际心血管医院（西南心血管医院）、贵州温新民中医骨科医院、贵阳精康脑科医院、乌当区中医院及妇幼保健院等医疗产业项目。到 2018 年乌当区可实现三级医院 4 所、二级 4 所、一级 4 所。上述医疗卫生机构建成运营后，将与现有公立医疗卫生机构形成互补，极大地提高乌当区医疗服务能力，进一步缓解群众"看病难"问题。乌当区已建成了全省第一家县级智慧医疗健康云平台，发放居民健康卡8万余张，建立居民健康档案19万余份。同时，友乐活大数据医养健康中心项目、韩国大健康管理事业项目等"大健康+大数据"项目持续推进，逐步实现了大健康与大数据的融合发展。

（三）健康药食材产业初具规模

乌当区现有药材规范化种植基地3个，建有头花蓼、铁皮石斛等名贵中药材种植基地2.5万余亩。区域内苗药资源丰富，全区已探明中草药品种1058种，分别占贵阳市和贵州省的53.4%、22%，现重点发展天麻、石斛、头花蓼、白芨、白术、桔梗、辛夷、丹参、杠板归等当地特色中草药和苗药材种繁。目前，乌当区正与贵州大数据中心、重庆现代农业协会等筹备共建集中药材物流、电子商务平台、大数据分析中心为一体的中药材全产业链企业。普渡半岛大健康生态产业园古风禅韵项目开工建设，天麻、樱桃、红米、黄金梨等特色健康食品种植业快速发展，五阿哥、贵州龙、黔五福、苦荞茶等特色食品加工不断壮大。乌当区已完成"三品一标"农产品产地认证41个，其中，省级以上优质农产品27个，并且引进和培育农业企业92家。

（四）养生养老产业不断壮大

乌当区以4A级旅游景区贵御温泉、保利国际温泉为标志的温泉疗养蓬勃发展，全区已探明温泉点14处，开发温泉点5处共8口井。2016年，康体旅游接待游客1072.94万人次，同比增长32.2%，旅游总收入57.41亿元，同比增长35.3%。目前，乌当区已拥有养老机构37家、床位1335张，养生保健专业机构3家，全面启动医养结合试点，曜阳老年养护院、乐湾国际老年养护院两个项目获得国家专项资金支持并加快启动建设，景峰医药产业园、恒大健康农业田园综合体、贵阳健康城国家科技文化产业园等重点项目正抓紧对接落地事宜。

（五）持续打造康体运动

乌当区坚守发展和生态两条底线，围绕"推进产城良性互动，打造生态健康之区"目标，紧扣"山地旅游·绿色发展"主题，加快构建"快旅慢游"服务体系，打造多元化的山地生态旅游与乡村旅游产品体系。省级风景名胜区香纸沟景区将建成世界知名、国内一流的山地运动与生态旅游目的地。集休闲娱乐为一体、娱乐设施配备齐全的枫叶谷欢乐园、花画小镇花卉养生基地等项目投入营运，节假日游人如织。乌当区已成功承办 2016 贵阳国际马拉松赛。目前，正依托生态健康之区建设，着力培育健身运动，体育赛事开发，康体休闲运动新业态，倡导健康文化，推动大健康、大运动、大旅游和民族文化深度融合，打造"康体休闲旅游基地"。盘龙山森林公园和"泉城五韵"旅游度假项目加快提等升级，香纸沟金孔雀 5A 级景区正在稳步推进，松溪河、环溪河湿地公园投入运营，水东文化公园加快推进。

（六）园区建设规模凸显

乌当区获批开发建设贵州乌当经济开发区，已建成火石坡特色食品工业园。现有 1 个国家级现代高效农业示范园区——贵州贵阳国家农业科技园区（羊昌）和 8 个省级现代高效农业示范园区，高标准农业产业基地建设面积达 19.13 万亩，引进和培育农业龙头企业 76 家。洛湾云锦医药食品新型工业园已投入使用，建成工业园区面积 7.9 平方千米，入驻企业 85 家，规模以上工业企业 79 家。以医药研发、成果展示、产业孵化为一体的智汇云锦孵化基地项目基本建成，大健康医药产业发展展示中心、苗医苗药馆、北京阜康仁医药研发中心、黔龙医学检验中心等引领示范项目建成运营。加快推进建成 4 个大数据产业创业孵化基地，入驻 172 家关联企业。同时，贵阳（乌当）医疗健康城正在完善编制规划，已启动招商引资工作。

三、乌当区大健康产业发展的比较优势

乌当区土地资源丰富，温泉分布较广、生态环境优美，被誉为"黔中秘境，生态乌当"，有着天然"氧吧""大空调"之称，为大健康医药、养生、康体等产业发展提供了良好的自然资源。乌当得天独厚的地缘区位优势、气候环境优势、自然资源优势集合在一起，加上近年来交通基础设施的跨越式发展，具有发展大健康产业独特的、难以比拟的比较优势。

（一）区位优势愈发凸显

乌当区位于贵州省中部，贵阳市区东北部，是贵阳市下辖的六个市辖区

之一，是贵州省首批经济强区（县），下辖5个社区、6个乡镇和2个民族乡，总人口26.7万，境内有汉、布依、苗等33个民族，全区行政区域面积为686平方千米。乌当区交通便利，四通八达。乌当区东面与龙里县接壤，南面与云岩区、南明区相接，西面同白云区相交，北面与开阳县、修文县毗邻。作为贵阳市东北城市组团，东邻南明区、南融云岩区、西接观山湖区和白云区、北连开阳县，与贵州航空港经济区、贵阳综合保税区联袂成带，与贵阳龙洞堡国际机场和贵阳火车站北站毗邻，贵阳火车东站坐落境内，高速公路、高速铁路与城市干道纵横交错。目前全区"三环八射线"交通骨架基本完成，区位交通优势进一步凸显。

（二）资源优势和开发潜力巨大

乌当区享有"林中泉城"的美誉，是一块适宜人类居住和休养生息的风水宝地，具有发展大健康医药产业的天然优势。全区森林覆盖率达52.13%，空气质量达标率100%。纬度适宜（26°N），海拔适中（在506~1400米），气温适度（年平均气温14.6℃），境内地热资源富集，已探明的温泉点共14处，目前已成功开发5处共8口井。绿色农产品质量好，依托周边农产品资源优势已成功打造了贵州龙、黔五福、老干爹、味莼园等多个享誉省内外的著名食品品牌。中药材人工栽培历史悠久，全区建有头花蓼、铁皮石斛等名贵中药材种植2.5万亩，可为发展医药产业提供优质资源。富硒资源开发潜力较大，北部乡镇地下埋有十几米厚的富硒岩层，风化而成富硒肥和富硒土壤，现有富硒茶、大米等农产品，可望发展富硒健康长寿产业。乡村旅游资源独特，拥有香纸沟等省级名胜风景区，以"泉城五韵"为代表的乡村旅游和温泉度假旅游相得益彰，贵阳市民的"周末花园"初具雏形。

（三）大健康产业政策支撑有力

政府大力支持健康医药企业在乌当区落地发展。基于《关于促进医药产业健康发展的实施意见》（黔府办发〔2016〕39号）和《关于支持贵阳市大健康医药产业加快发展的意见》（黔府办发〔2016〕45号）文件，建立了财政投入与产业发展同步增长机制。

政府主要在区域建设、精准扶持、创新能力、搭建平台、药材种植、资金人才等方面倾斜。具体的政策支持体现在以下若干方面。区域建设上依法实行并联审批,提高一次性办结的行政审批效率。市政府在园区基础配套实施及标准厂房建设上给予资金支持,园区内用地由市政府采取"一事一议",医药产业园区规划范围内工业用地与配套性商业用地比例可按 5∶5 匹配,从而达到生产、生活性服务业与工业发展规划建设协调。对云锦洛湾医药食品新型工业园、贵阳医疗健康城项目、贵州韩国产业园大健康分园、景峰医药产业园以及贵阳国家农业科技园等规划用地实施倾斜政策。投资规模不低于 5 亿元作为标志性项目的引领型企业,实行"一企一策"精准扶持,企业进行产品研发和创新,取得国家新药认证书、临床批件的品种后给予资助。在企业研制健康智能终端产品开发医药健康软件,搭建健康服务网和药品电子交易平台,搭建大数据为核心的"贵州省医药(健康)产业公共服务窗口平台"和智能化医药物流、医药电子商务、大健康呼叫中心等平台都给予政策和资金支持。统筹发展改革、科技、经济和信息化、扶贫、商务等部门的相关专项资金,集中支持优势企业、高新品种、著名品牌和中药材基地建设;奖励政策有外省并购、省内并购、国家中药评价、取得新药证书、首仿专利、休眠状态、外包研发等 7 类。专门开设制药企业申报进入国家药典、国家基药目录和国家、省医保目录"绿色通道"。结合省的政策,为鼓励新医药产业创新创业,实施了"百千万人才引进计划",并对在医疗领域有突出贡献的给予奖励。按照《贵阳市高层次人才认定展现办法》规定,大健康医药产业支撑方面的高层次人才和急需紧缺人才,统一发放"贵阳市人才服务绿卡",享受适当标准住房、落户、社保、医疗保障、子女入学、配偶就业等公共服务方面的优惠政策。鼓励医药产业优秀青年人才培养,推荐领导人才、核心人才申报省级以上人才计划项目和市级以上专家评选。由社会资本共同发起设立贵州省医药产业投资基金,与天使投资基金、风险投资基金、私募股权投资基金、产业投资基金等共同构建多层次投资体系。鼓励金融机构加大信贷支持力度,对新医药产业贷款利率不上浮,创新金融产品,延伸服务网络。鼓励开展医药产业知识产权质押贷款业务。支持医药企业利用多层次资本市场进行融资。

(四)"招大引强"成效显著、产业发展竞争力不断增强

2015 年 8 月以来,乌当区共引进大健康产业项目 28 个,引进资金 116 亿元;重点实施大健康产业项目 58 个,总投资约 219 亿元,截至目前累计完

成投资 68.51 亿元。聚集度逐年攀升，医药产业连续十多年保持快速发展的强劲势头，医药制造业企业数和总产值均排列全省县级行政区首位，是贵阳市重点规划发展现代制药的主要区域，是贵州省医药产业最集聚、优势最突出、潜力最巨大的地区。全区共有规模以上制药企业 12 家，其中景峰、健兴、新天、威门 4 家药业属于全省领军型龙头企业，天安、远程、宏宇、万顺堂及永乐药业等属于全省医药骨干企业。同时，乌当区医药物流、包装产业优势突出。例如，康心药业为全省最大的药品批发流通企业，千叶塑胶为西南地区最大的药品包装材料和容器生产企业，新洋诚义齿公司为西南地区重要的烤瓷牙生产基地和美容培训基地，普及生物为国内首个获得特殊用途化妆品生产企业。

2017 年，乌当区先后成功引进北京阜康仁、黔龙医学检验中心、北京微卓致远、友乐活（北京）网络科技有限公司、韩国 3UP Plus 公司、安徽省外经建设（集团）有限公司、修正（乌当）健康产业园、天鹿华腾、贵州温新民中医骨科医院、贵州海峡健康产业园、贵阳精康脑科医院、北京理工大学贵阳创新研究院等一批重点企业及项目。洛湾云锦医药食品新型工业园建设步伐加快，现有 11 家企业入驻。贵州大健康医药产业智汇云锦孵化基地如期推进，5 家企业入驻。2017 年，乌当区重点实施大健康医药产业项目 43 个，占全市 22.47%，总投资约 369.57 亿元，占全市 36.4%。目前，引进大健康产业项目共计 13 个，总投资 188 亿元，主要包括恒大集团、海峡产业园、韩国产业园、上海景峰制药、修正药业集团等企业拟投资各类医药产业园区、生产基地及医疗养生服务机构。伴随着上述项目的建成达产，乌当区产业集聚优势将进一步凸显。

（五）大数据支撑优势突出

乌当区抓住国家首批智慧城市创建试点机遇，实施"互联网+工业、+农业、+服务业"行动计划，加快推进大数据产业和智慧城市应用聚集，不但在主城区实现电信、移动、联通及广电宽带 100%覆盖，行政村通宽带率达 95%以上，而且通过融资租赁方式，搭建了分布式云数据中心，现存储数据量为 500TB（最大可存储量 5PB）。共建成 4 个大数据创业孵化基地，在教育、医疗、市场监管、社会治理等领域率先开展数据共享开放融合试点，大数据产业规模总量达 80.13 亿元。其中，贵州乌当智源大数据服务产业集聚区获批省级现代服务业聚集区。围绕智慧医疗、智慧教育、智慧停车、公共文化服务共享平台等项目推进,切实将大数据应用为民生服务落到实处,天安之家慢病管理系统、众致合一远程动静态心电监护网络服务等"大数据+大健康"业态应运而生,增强了大数据应用社会感知。

乌当区通过推动中国数谷·智客小镇、贵阳医疗健康城等平台建设,培育基于大数据的大健康产业,推进大数据、云计算、物联网、移动互联网等信息技术在医药医疗、养生养老、康体健身、健康管理等大健康领域的应用,不断培育催生大健康新业态。运用医疗健康大数据服务试点这一平台,形成本地区大数据医疗系统解决方案,来提升全区医疗服务水平。支持天安之家、威门堂大数据电子商务平台、远程动静态心电监护系统、贵州微医互联网医院等项目建设,将大数据应用充分融入大健康产业发展,打造大健康和大数据姊妹篇。以"互联网+特色食品"发展模式,引导、支持区内五福坊、贵州龙等特色食品企业开展电子商务。

(六)全方位着力,注重统筹协调,项目建设有序推进

乌当区率先成立大健康医药产业办公室,专班统筹推进项目建设,制定"两周一专班,一月一调度,两月区委常委会听汇报"的"212"工作机制,定期进行结果督查。建立项目推进分工量化考评奖惩制度体系,营造争先创优的干事氛围。坚持主动服务,在项目引进、签约、开工、投产等环节进行政策引导。强化依法行政,导入公检法参与项目推进工作机制,使企业在各环节享受高效优质的服务和法治环境。着力完善基础设施,全区"三环八射"互联互通交通格局基本形成,基础设施承载力大幅提升。在授牌全省大健康产业发展示范区的基础上,申报省级大健康医药产业发展聚集区、泉韵健康养生产业省级示范基地以及以区内园区、企业为主体申报省级试点、基地,同时,正积极筹备申报国家中医药综合改革试验区、国家中医药健康旅游示范区、国家康养旅游示范基地等国家级示范,全力争取国家医疗科技文化产业园落户贵阳(乌当)医疗健康城,打造集教育、科研、临床、康复、旅游为一体的健康生态示范园区。2017年,区委、区政府也拟定出台了《乌当区大健康产业发展五年行动计划(2016—2020)》《乌当区大健康产业发展2017年工作要点》《乌当区关于加快推进大健康产业发展的若干政策措施》等一系列文件,全力发展大健康产业。

四、乌当区大健康产业发展的影响因素及原因分析

乌当区在大健康产业的发展和升级过程中，也受到一些不利因素和条件的制约和限制，面临着一些急待解决的问题。

（一）创新能力不足，龙头企业不够强

药品结构单一，缺乏具有核心竞争力的产品。乌当区目前主要以中成药、民族药口服制剂为主，具有独立知识产权和较高技术含量的首仿化学药、生物制品、医疗器械发展相对滞后，且有相当部分药品批号闲置。现有制药企业中，因缺乏高层次人才，普遍存在研发机构缺乏、研发能力不足、新药研发、自主创新能力水平不足等问题，主要采取"引进""合作开发"等借助外力的方式进行医药品研发。目前，全区仅有新天和景峰2家企业建有药品研发机构，4家企业建立省级技术中心，建立技术研发机构的企业不到30%，远低于全国50%的平均水平，导致新药研发、专利药首仿和关键共性技术自主创新能力不足，产品更新换代和技术升级慢，缺乏在全国有影响力的医药知名品牌和优势品种。此外，区内龙头企业实力不强，区内最大制药企业年产值也不超过20亿元，超过10亿元的企业仅有两家。

（二）养生养老产业发展相对滞后

乌当区在健康养生领域，主要以温泉养生为主，与医药产业、养老产业未形成全产业链的统筹开发。健康医疗、健康养老和健康运动产业产值规模均未超过10亿元。受技术、资金、人才、政策等产业要素资源的影响，乌当区健康养生产业仍处于发展的初级阶段，无论是呈现出的点状式、局部的发展布局状态，还是相关配套产业的发展不足，与之相关的技术研发、支持政策、管理人才、产品体系等都表明当前健康养生产业发展水平和层次都还比较低。相对于国内广西巴马、海南三亚等已经初步形成长寿养生品牌和市场效应的区域，全区发展健康养生产业面临着诸多内部和外部压力。

（三）基础设施建设滞后

城乡道路交通、环卫、市政等基础设施较为滞后，医疗、养老等健康服务设施严重不足，内部交通基础设施较为落后，是乌当区大健康产业发展主

要瓶颈之一。乌当区与主城区的联系通道主要依赖新添大道、水东路，对外联系通道主要借助贵开二级公路、绕城高速，但新添大道、水东路、贵开路等级不高，通行能力有限，不能满足大健康医药产业大发展的需求。

（四）扶持政策落地难

省、市党委、政府虽出台了《关于支持贵阳市大健康医药产业加快发展的意见》（黔府办发〔2016〕45号）、《关于支持乌当区建设贵州省大健康医药产业引领示范区若干政策的意见》（筑府发〔2015〕32号）文件，但未明确指出支持的具体内容，操作难度较大。大健康项目落地建设配套优惠政策、人才引进优惠政策等需进一步探索完善，对优强企业、人才入驻尚未形成吸引力。部分政策门槛较高；新增医药项目投资规模有限，不能满足省、市投资规模不低于5亿元的要求，导致项目不能纳入省、市"一企一策"支持范围；土地"点供政策"没有有效落实；站在区级层面，对于国家、省、市的资金争取难以落地，相关文件政策扶持多为定性描述，难以量化倾斜落地。

（五）融资及土地瓶颈突出

企业由于融资难、资金不足等原因导致投资主动性、积极性不高，个别项目因投资主体是市直部门，协调难度大。大健康产业业态多，投入产出周期较长，具有开发投入大、周期长、风险大的特点，发展资金需求大。目前，仅靠政府补贴和引入投资难以支撑大健康企业发展，而在目前的融资环境下，大健康产业企业发展普遍面临着融资难融资贵的突出难题。在大健康企业之中，除了少量上市医药企业通过资本市场直接融资以外，大部分企业都是抵押贷款融资。部分小微企业财务管理不规范，金融机构难以对其征信情况进行调查，导致融资贷款难。

乌当区地形起伏，地块分散，土地储备资源不足。受土地条件影响，土地成本相对偏高，征地、拆迁等瓶颈问题突出，导致成熟的产业备用地少。受建设用地审批限制，引进项目难以快速落地投产。受土地资源限制和地表破碎片化影响，现有产业布局较为分散，产业发展集群化、规模化不够，空间布局亟待调整优化。建设用地不能满足长远规划。根据2014年土地利用变更调查数据，乌当区建设用地总规划为5107.29公顷（1公顷=10 000平方米），已突破预期指标87.29公顷。新增建设用地总量为1838.25公顷，临界下达指标，仅剩 165.545 8 公顷，用于大健康医药产业发展项目土地存量较少，不能满足长远规划用地需求。

（六）项目建设问题多

项目建设手续办理难，周期长。由于国土、城乡、林业等规划权限向上集中，规划的统一及审批往往滞后于现实项目落地的需要，一定程度上导致项目落地难度加大。一方面，部分项目选址不符合规划，需要国土、规划、林业等手续部门协调解决"多规融合"。另一方面，部分项目责任单位与区属手续办理部门及市级主管部门对接协调不够，导致手续办理缓慢、项目难以落地。部分项目多次变更投资主体、企业主动性差、投资意愿不强，迟迟未开工。部分项目业主建设资金缺位，部分企业资金实力有限，贷款难、融资难，项目推进缓慢。项目质量不高，竞争力弱。促进我区现有企业产品升级换代，延长产业链条结合得不够好，引进的域（境）外的项目中外向型经济所占比重小，没有成为带动我区外向经济健康成长的促进因素。由于我区经济的外向度总体偏低，产业结构单一，造成所生产产品受市场调节的影响大，竞争力弱。此外，项目具体推进中时有出现挡工堵路、强揽工程、抢栽抢种等违法行为，也严重影响项目推进进度。

五、乌当区大健康产业发展升级对策探析

近年来，乌当区在大健康医药产业方面做了大量卓有成效的工作，取得了一定成绩，但放眼全国，乌当区大健康产业在产业规模、产业布局、创新力、产业业态、基础设施等方面还需升级。健康医疗、健康养生养老、康体运动、健康食药材几个板块较快发展，但离省市的要求以及人民群众的期盼仍有一定差距。从大健康产业实践的发展来看，整合了医药制造、健康养老、医疗服务、康体旅游、园区等产业，在结构上形成了完整的产业体系，在内容上形成了全产业多业态发展，可以说在全省率先突破，引领示范的格局初步形成。但由于大健康产业体系中相关产业链条、政策、医药企业研究能力等这些制约因素多处于大健康产业链的基础位置或者后端位置，"健康医药一枝独秀"的格局仍未实质性打破，因此，要想在全省大健康产业实现引领示范仍然还要很长一段过程，需要创新探索、质量提升。

（一）围绕"大健康与大生态融合发展"，推进富美乡村建设

乌当区深入贯彻落实市委十届二次全会"打造公平共享创新型中心城市，共商共建共治共享百姓富、生态美的爽爽贵阳新未来"和区委十届三次全会提出的"大健康与大生态融合发展"要求，推进富美乡村建设，实施《贵阳市乌当区"爽爽的贵阳·富美乡村"建设行动计划（2018—2020年）》，围绕旅游发展大道、贵阳新环二环、云开线和马百线，按乌当区域内的两环三射线两侧，一公里范围内整体推进"富美乡村"建设，突出以二级公路沿线、田园综合体、农业园区、旅游点，加强北部城乡统筹，连线成片打造富美乡村示范带。

（二）围绕大健康产业产值，推进"四个方面"加快突破

一是在发展方法路径上加快突破。按照《乌当区大健康产业发展引领示范区总体规划（2017—2030）》明确的发展方向、重点策略和重点项目，对标对表，切实抓好落实，提高执行力。二是在重点发展平台上加快突破。积极搭建科技创新、金融服务、产业发展、人才交流等方面的平台，建立产业扶贫子基金，切实推进大健康产业发展在量和质方面的大幅提升。三是在基础设施上加快突破。完善城乡路网、园区路网和网络基础设施，在北京东路沿线贯通的基础上打通奶牛场片区北二环至航天路的连接线，加快推进"两纵三横"路网、振华中路、振华东路以及马东路、云锦路、东山路等园区路网及市政基础设施建设，加快推进无线网络和光纤网络建设，以大数据为引领，助推大健康产业发展。四是在思想认识上加快突破。进一步统一全区上下对发展大健康产业的思想认识，凝心聚力，坚定目标，奋力建设全省大健康产业发展引领示范区。

（三）围绕产业项目布局，发展壮大实体经济

求木之长者，必固其根本；欲流之远者，必浚其源泉。实体经济是经济之根本，对增加就业岗位、提高收入水平、改善人民生活以及保持社会稳定、提升国际竞争力等具有极其重要的作用，而大健康产业具备实体经济形态，乌当区将抢抓大健康产业统筹第一、二、三产业发展的契机，引进一批重点龙头企业和重点项目，积极推动全区实体经济的良性健康发展，全力打好扶

贫攻坚战。在"医"方面，加快推进景峰、新天、健兴、远程、威门等企业的扩能技改，推进景峰产业园、威门工业园、格致医疗、维康子帆、联科中贝等项目加快开工建设；全力推进医药物流项目建设，力争把乌当区建成全省药品流通企业最多、规模最大、效益最好的医药物流聚焦区；加大贵黔总医院、贵州阜安心血管病医院等几个重点医院项目的建设，聚合形成标准的医疗健康城。在"养"方面，全力做好已有温泉的建设和运营，引进知名企业开发金螺湖温泉、黄花哨温泉等，抓好曜阳养老二期、乐湾国际老年养护院、贵御温泉酒店等支撑性项目建设，形成乌当区健康养生养老体系。在"健"方面，积极做好已有体育设施、休闲公园等的管护，加快推进"一场一馆一中心"和水东文化公园项目的建设。在"管"方面，积极做好海峡产业园、韩国健康产业园落地智汇云锦孵化基地的各项工作，引进穿戴设备、人工智能制造、美容保健、治未病管理等方面的企业入驻；探索"大数据+大健康"发展的新模式，建立医疗健康大数据云平台，发展衍生、关联业态，为居民提供优质健康服务。在"游"方面，加大香纸沟、金螺湖、泉城五韵、花画小镇等景区开发力度，全力推进恒大农业现代小镇项目，将旅游景区开发与农业园区、特色小镇、田园综合体有机结合，将各个乡镇打造成为健康休闲旅游与现代观光农业融合发展的示范。在"食"方面，加快推进普渡半岛大健康生态产业园古风禅韵、遵安农旅木瓜项目建设。

（四）围绕试点示范，推进政策红利落实

争取一批国家重点示范项目，争创一批国家级产业创新基地和实训基地，力争国家、省、市层面最大的支持，在"国家健康旅游示范基地、国家康养旅游示范基地、国家中医药健康旅游示范区、国家综合养老示范基地、国家居家和社区养老服务改革试点"等方面取得突破。以通过申报试点示范争取政策红利，确保资金支持、市场机遇争取等优惠政策落到实处。

（五）围绕产业升级，构建要素保障体系

一是实施大健康人才引进工程。重点引进医疗、制药等方面的知名专家、产业领军人才及创业团队，加大高层次人才联合引进的力度。对高层人才落户、住房、配偶安置、子女就学等方给予政策优惠，通过体制机制创新吸引人才，努力形成适宜乌当区大健康医药产业发展的人才引进环境。

二是实施平台建设工程。建立"乌当区中小企业创新杰出人才基金",加大专项资金投入,鼓励企业人员自主创新,把高质量科技人才的凝聚比例作为政府科技奖励的一项指标,对大力培养、引进科技人才的企业进行重奖;建立"乌当区中小企业自主创新基础条件公共服务平台",建立能够实现企业共享的科研实验基地、科技文献资料库、科学数据、科技成果转化平台,为中小企业自主创新提供设计、研发、试验、检测、新技术推广、技术培训等全方位的服务。同时,还要为中小企业自主创新提供场地、仪器设备、技术人才等技术支持,帮助中小企业提高技术水平,降低资源消耗,实施环境友好型生产;共同创立"乌当区中小企业自主创新联盟",优势互补,扬长避短,借助创新联盟的整体力量弥补他们各自在自主创新方面的缺陷,提升自身竞争优势。引导贵州省内高等院校或科研机构的科技人才到中小企业从事科技创新,结合博士后流动站、技术研究中心、重点实验室等重大项目的实施,加强对企业自主创新人才的培养,走高层次高水准的"产学研结合"之路。

三是实施政策优惠。对列入大健康医药产业发展引领示范区规划的重点园区和重大项目,在省、市权限范围内新增建设用地规模、优先安排土地指标,并在城乡规划中支持乌当区开展土地整治、村庄建设整治、建设用地占补平衡实践,统筹安排乌当区建设用地指标,落实用地布局。支持符合条件的企业到中小板、创业板、新三板和贵州股权金融资产交易中心直接融资。鼓励社会资本发起设立投资基金,探索通过使用政府预算内投资认购基金份额方式支持健康医药产业投资基金。积极引导企业和社会资金投向医药,对医药产业风险投资给予税收优惠政策,通过税收政策鼓励风险投资机构解决生物医药技术科研和产业化过程中的资金短缺问题。同时,整合省、市直部门相关产业项目政策资金,加大对示范区重大基础设施、重点产业项目、示范园区的投入力度。

(六)围绕项目推进,多措并举提高执行力

执行力是项目推进的关键因素,对于党政系统运行而言,执行力是衡量政令道畅与否的核心,对于项目建设一线来讲,执行力是具体事项能否按时落实的保障。要提高执行力应从以下方面着手:

一是严格问责问效,实行项目清退。对乌当区委、区政府工作部署实施常态化跟踪、督查。对书记办公会、区长办公会、区政府常务会、各类专题

会、调度会等重要会议议定事项开展及时督查，对"有令不行、变相执行、逾期执行"等执行不力问题严格问责，保障政令畅通。严格执行"奖惩制度"，按照"赏罚有据"原则，尽快试行项目建设考核奖惩办法，通过"立木赏金"，挖掘和激活各部门融资人才和管理人才。加强督查、监督力度，加大考核结果的执行力度，激励先进、惩罚落后，营造干事创业氛围。建立项目动态管理机制，按照优胜劣汰的市场规则，对在建项目进行跟踪评价，对没有实质性进展的项目进行及时清理并要求企业退出。通过项目推进成效评价招商"选"资工作成效，对项目引进单位和人员进行连带责任赏罚，提高招商引资质量。

二是优化组织人才建设。围绕大健康产业项目的推进，加强经济、管理岗位的编制流动，让人才活起来、动起来，最大限度地服务乌当区经济、社会发展。配强综合协调部门。充实"大健康办"现有队伍、实现科学的分工合作，在项目信息收集与报送、统筹协调、要素保障对接、高质量办文办会中发挥中心枢纽作用，为全区大健康产业项目高效推进提供有力的人力保障。配强项目建设重点环节，主要涉及招商引资、投融资、手续办理（规划、国土、生态、住建）、土地征收与房屋征拆、督办督查等。运用编制名额保留的方式，每两年或三年之间面向整个市级或者省级区域进行一次人才招揽，限定合理的报考条件，提拔一支年轻的队伍，给乌当区注入一股新鲜的血液。面对整个乌当区定时对内部事业人员进行招考选拔，从乡镇、社区不同岗位中选调人才，实现人才岗位流动，从而最大限度地服务于乌当区当地经济的发展。

三是加强干部学习与交流。建设贵州省大健康医药产业引领示范区是"十三五"期间乌当区产业发展的重要目标，是一项复杂的系统工程，要求各级干部职工，尤其是直接从事项目建设的参与者加强学习与交流，对"医养健管食游"六大领域多种业态的内涵、发展、趋势等专业知识展开学习；对大健康产业发展特点、最新政策进行及时充电。积极学习和借鉴发达地区成功发展大健康产业的模式和经验；对大健康产业发展中涉及的投融资、要素保障（规划、国土等）以及与大数据融合、应用"互联网+"实现产业转型升级等有所了解，全面落实建设贵州省大健康医药产业示范区的发展要求和目标。

综上所述，大健康产业已经成为越来越多的国家和地区谋求可持续发展的焦点产业之一。乌当区作为贵州省大健康产业发展引领示范区，必须抢抓健康产业发展先机,掌握发展主动权,强化大健康产业作为战略性产业的可持续发展竞争力,实现超越、持续、创新发展。当前,乌当正抢抓大健康产业蓬勃发展的市场机遇,把握国家、省、市关于大健康方面的政策红利,积极准备申报国家中医药综合改革试验区、国家中医药健康旅游示范区、国家康养旅游示范基地等国家级示范,为全区大健康产业转型升级提供支撑。

发展大健康产业是贵州省委、省政府贯彻习总书记"守住发展和生态两条底线"重要指示和践行"健康中国"的战略选择,是贯彻落实省十二次党代会提出的开创百姓富、生态美的多彩贵州新未来的具体体现。在下一步发展中,乌当区将按照国家、省、市的要求,做好借势、筑基、聚合、统筹,到2020年,形成乌当大健康医药产业创新发展模式,建成贵州省宜居颐养的生态健康之区和西南地区医药产业中心。到2020年,实现大健康医药产业总产值800亿元,力争达到1 000亿元。争取在2020年建成以全产业链、示范园区、创新平台、龙头企业、千亿规模为支撑,大健康、大数据、大生态新兴业态高度融合发展的全省大健康医药产业发展引领示范区。

(执笔人:原中共乌当区委党校　何　蓉　陈园园)

第五章

大数据驱动乌当区产业升级路径分析

一场数字革命正在全球、中国、贵州、贵阳如火如荼地进行。大数据既是大机遇、大变革,又是大产业、大红利。当今世界,新一轮科技革命和产业变革席卷全球,以大数据、云计算、物联网、人工智能、区块链等为代表的新技术不断涌现,科学技术在广泛交叉和深度融合中不断创新,群体跃进,特别是以信息、生命、纳米、材料等科技为基础的系统集成创新,正以前所未有的变革突破的力量驱动着经济社会发展,深刻地改变着人类的生产和生活方式。乌当区目前正处于产业结构升级转型的关键时期,贵州、贵阳大数据产业的蓬勃发展对乌当区产业结构产生了十分巨大的影响。乌当区正紧紧地抓住贵阳市大数据产业发展带来的契机,在传统产业中积极地推广先进的大数据技术,使传统产业在提升科技水平的基础上形成更加强大的活力,对经济的增效升级和社会发展进步产生极大的推动作用。

一、大数据的含义、特征及战略价值

大数据(Big Data)是指无法用现有的软件工具提取、存储、搜索、共享、分析和处理的海量的、复杂的数据集合。大数据不仅是一场技术革命,一场经济变革,也是一场国家治理的变革。

(一)大数据的含义

2015年8月19日,国务院常务会议通过的《促进大数据发展行动纲要》(以下简称《行动纲要》)对大数据进行了全新界定:大数据是以容量大、类型多、存取速度快、应用价值高为主要特征的数据集合,正快速发展为对数量巨大、来源分散、格式多样的数据进行采集、存储和关联分析,从中发现新知识、创造新价值、提升新能力的新一代信息技术和服务业态。《行动纲要》

是到目前为止我国促进大数据发展的第一份权威性、系统性文件,从国家大数据发展战略全局的高度,提出了我国大数据发展的顶层设计,是指导我国未来大数据发展的纲领性文件。这是国家层面对大数据最具权威的官方解读。

(二)大数据的特征

数据即时处理的速度(Velocity)、数据格式的多样化(Variety)与数据量的规模(Volume)被称为大数据"3V"。但随着近几年数据的复杂程度越来越高,"3V"已不足以定义新时代的大数据,准确性(Veracity)、可视性(Visualization)、合法性(Validity)等特性被加入大数据的新解,从"3V"变成了"6V"。[①]这是大数据区分于传统数据挖掘的最显著特征。大数据核心价值在于应用,在于其赋值和赋能作用,在于对大量数据的分析和挖掘后所带来的决策支撑,能够为我们的生产生活、经营管理、社会治理、民生服务等各方面带来高效、便捷、精准的服务。

大数据是一种资源,一种技术,一种产业。大数据与云计算、物联网、人工智能等新一代信息技术之间相互影响、相互促进、相互融合。

(三)大数据的战略价值

大数据是云计算、物联网、移动互联网、智慧城市等新技术、新模式发展的产物。《大数据贵阳宣言》指出,大数据在经济社会发展各领域的深化应用和融合创新将为我们创造更大的价值和更多的财富。时下,数据资源已成为国家重要的基础性战略资源和核心创新要素。大数据重新定义了各个大国博弈的空间。在大数据时代,世界各国对数据的依赖快速上升,国家竞争焦点已经从资本、土地、人口、资源的争夺转向了对大数据的争夺。

大数据具有海量、多样、快速、真实等典型特征。大数据正在成为各行各业一种最重要的创新资源,新动能、新增长点。如果说数据库时代的数据管理是"池塘捕鱼",大数据时代就是"大海捕鱼",大数据正在以前所未有的速度颠覆人们探索世界的方法,变革着人类社会的各个领域,引起社会、经济、学术、科研、国防、军事的深刻变革,包括我们理解世界的方式。大数据应用在国家治理、社会管理、便民服务、医疗卫生等方面,它无时无处

---

① 黄鑫. 多"大"才算大数据[N]. 经济日报,2017-07-04.

不。大数据具有发现规律、预测未来、趋利避害的功能,它催生了众多的新型商业模式。大数据是资源、技术、生产力和思维方式,对大数据的应用已融入我们生活的各个方面。大数据连通第一二三产业,将加快产业之间及产业链之间的垂直整合速度,掀起企业内部的组织架构、管理模式等变革,发展空间无限。大数据解放了人类的体力,极大地提高了劳动生产率。从人工智能到机器人,新兴技术的商业化正在重新定义各行各业并重塑市场交易方式、人们的行为方式、社会准则。无论是传统企业还是新型企业,都在积极通过数字技术寻求新的动力,以实现业务的增长、组织变革和效率提升,发展大数据已成为驱动行业和企业转型升级的重要引擎。

大数据的实时、感知和预测等特点可以在企业降低成本、缩短生产周期、提升效率、细分产品定位、优化流程和决策等方面扮演重要角色,这使大数据成为推动经济转型发展的新动力。大数据以数据流引领技术流、物质流、资金流、人才流,将深刻影响社会分工协作的组织模式,促进生产组织方式的集约和创新。大数据推动社会生产要素的网络化共享、集约化整合、协作化开发和高效化利用,改变了传统的生产方式和经济运行机制,可显著提升经济运行水平和效率。

移动互联网和物联网的应用需要云计算支撑,大数据的深入分析和挖掘反过来助推移动互联网和物联网的发展,使软硬件更加智能化,作为经济增长新动能的作用日益凸显,推动传统制造业向"智能制造"转型升级的趋势日益明显。电信、金融等行业利用已经积累的丰富数据资源,正积极探索客户细分、风险防控等应用,加快服务优化、业务创新和产业升级的步伐。[①]

大数据大部分都是分散型存在,是非结构化型数据,大数据一旦集中管理,那么拥有者将会形成无所不能的"资源垄断者",直至拥有"垄断决策权"。互联网上,每天新浪微博用户发博量超过 1 亿条,百度大约要处理数十亿次搜索请求,淘宝网站的交易达数千万笔,联通的用户上网记录一天达到 10 TB 等。Google、Facebook 依靠着上亿甚至几十亿用户的"数据资产"而获得了千亿级市值。它们牢牢占据着"大数据产业链"的最高端,其地位正如同石油时代的洛克菲勒,传统企业却面临着商业命脉落于他人之手的危险。

近几年,大数据应用在我国也迅猛发展,很多金融机构开始利用数据仓

---

① 黄鑫. 大数据如何影响传统产业[N]. 经济日报,2017-07-07.

库在市场上寻求商业效益，淘宝网、京东商城等电子商务网站则利用数据挖掘技术推送产品信息、发现潜在消费客户。我国吉林省的一些地方，还开始利用大数据指导农民进行测土配方施肥。在2014年广交会上，不少卖医疗设备的厂商都表示，"大数据"标签，已经成为健康设备扩大出口的有力"敲门砖"。

二、大数据产业的含义及特征

大数据产业作为一种新型业态，其重要的战略地位和巨大的发展空间获得了世界各国政府的高度关注和大力支持，产业政策不断优化、市场规模日益扩大、产业增长持续稳定，开始步入快速发展轨道。较之欧美等发达国家，中国大数据产业发展虽然还处于探索起步阶段，但在对大数据的社会认知、政策环境优化、市场规模扩大、产业支撑能力强化等方面也取得积极进展，为大数据产业的可持续发展创造了良好条件。

（一）大数据产业的含义

大数据产业是指建立在互联网、物联网等渠道广泛、大量数据资源收集基础上的数据存储、价值提炼、智能处理和分发的信息服务业。[①]它是云计算、移动互联网和物联网等新一代信息技术创新和应用普及的产物。大数据产业已成为经济增长新的制高点，呈现良好高速发展态势和巨大的发展空间，深刻改变着宏观经济发展环境，增强了产业发展的融合性、创新性和联动性。面对大数据产业的重要战略地位和世界各国的激烈竞争，客观、全面审视产业发展态势，优化产业发展政策和构建良好的产业生态体系，是中国大数据产业健康可持续发展的必然选择。

从总体规模看，2016年，全球大数据市场规模实现16.5%的增长，预计连续3年保持在15%左右的增速。同时，大数据成为全球IT支出新的增长点，2016年，有近40%的企业正在实施和扩大大数据技术的应用，另有30%计划在未来12个月内应用大数据。[②]

2016年我国大数据核心产业规模达到3100亿元，按照工信部2017年年初发布的《大数据产业发展规划（2016—2020年）》，预计到2020年大数据产

---

① 迪莉娅. 我国大数据产业发展研究[J]. 科技进步与对策，2014（4）.
② 王轶辰. 大数据怎么赚钱[N]. 经济日报，2017-07-06.

业规模将达到1万亿元。2016年，我国两批次8个国家级大数据综合试验区开始建设，大数据集聚发展布局初步形成，各区域特色化发展态势初现。以阿里巴巴为代表的大数据企业不断创新，开源技术成为大数据技术创新和产业进步的重要力量。大数据在金融、电信、交通等行业领域不断深化应用，催生着新业态，加速着产业升级。①

大数据产业发展空间非常广阔。大数据产业包括大数据硬件、大数据软件、大数据服务等在内的大数据核心产业环节，2016年达到3100亿元，将在2020年超过1万亿元。大数据关联产业规模2016年超过5万亿元，将在2020年超过10万亿元。大数据融合产业规模2016年达到3.5万亿元，将在2020年超过20万亿元。②

（二）大数据产业的特征

大数据产业是推动数据资源实现有效整合、促进数据处理信息技术和数据资源充分利用的全新业态。大数据产业具有以下四个方面的典型特征：

1. 产业数据资产化

伴随着大数据时代的到来，不同类型、不同大小的数据融入各行各业，这也成为各个企业部门不可缺少的资源，也成为通过创新方式进行的产业升级的核心驱动力因素。③如果企业自身能够独自生产数据，那么此类企业就具有最初的巨大优势，比如互联网企业，它可以利用自身丰厚的数据资源，挖掘它的价值，掌握用户的行为信息，使精准和个性化的生产、营销和获利模式成为企业发展的重要动力。

目前国内大数据公司分为两类：一类是已有获取大数据能力的公司，如百度、腾讯、阿里巴巴等互联网巨头及华为、浪潮、中兴等企业，涵盖了数据采集、数据存储、数据分析、数据可视化及数据安全等领域；另一类则是初创大数据公司，依靠大数据工具，针对市场需求，为市场带来创新方案并推动技术发展。

---

① 黄鑫. 多"大"才算大数据[N]. 经济日报，2017-07-04.
② 王轶辰. 大数据怎么赚钱[N]. 经济日报，2017-07-06.
③ 赵国栋. 大数据时代的历史机遇产业变革与数据科学[M]. 北京：清华大学出版社，2013.

不同的大数据公司，盈利模式也不相同。如果把大数据产业比作房地产开发，那么海量数据就是地产开发时的土地资源，数据挖掘开发就是地产搭建盖楼。大数据主要的盈利模式也是围绕这两方面展开，一是通过直接"搬运"数据赚钱；二是通过数据加工分析盈利。①

2. 产业技术创新性

数据产业能够高速发展最重要的动力就是创新。世界各地每时每刻都在产生海量的数据，怎么能够合理地去得到、储存、整合并且服务客户，这就需要数据产业技术的不断创新。详细来说，它包括降低数据干扰技术，对低成本的数据进行充分合理利用，存储技术的更新，结构化或者半结构化的数据处理方式的变化，针对数据所用到的挖掘设备以及软件这些刚性条件，降低数据处理时候的烦琐程度，通信设备技术的改进变化等，最后会让终端客户享受到快速的、高质量的、个性化的服务。

数据分析可大致分为直接提供数据分析工具和输出解决方案两种模式。数据分析工具通常可以实现情报挖掘、舆情分析、销售追踪、精准营销、个性化推荐、网站/APP分析等功能，收费方式采取按需购买，部分功能服务免费，部分功能服务收费。②

阿里云的"数加"平台就是典型的数据工具盈利模式。"数加"平台承载着阿里巴巴集团、蚂蚁金服的数据，可提供一站式的数据计算、加工、处理等服务，用户不用自建计算平台。基于"数加"平台，阿里云还提供数十款应用工具，覆盖数据采集、计算引擎、数据加工、数据分析、机器学习、数据应用等数据生产全链条。③

3. 产业决策智能化

各个产业中的数据技术在推动企业智能化决策方面同样发挥着领头羊的关键作用。一就是产业本身的决策智能化的发展经历；二是该产业为整个行业的智能化决策提供可靠的数据和相对成熟的技术以及有效的管理方式。赛迪的研究报告指出：以前大部分的企业只是注重对数据的存储和传输方面，

---

① 王轶辰. 大数据怎么赚钱[N]. 经济日报，2017-07-06.
② 王轶辰. 大数据怎么赚钱[N]. 经济日报，2017-07-06.
③ 王轶辰. 大数据怎么赚钱[N]. 经济日报，2017-07-06.

这些企业能够合理使用的数据还不到它们储存数据量的5%，但每年的数据量增长速度是60%左右。在这种情况下，企业获取的数据只是这些数据的25%～30%，如果企业想获得长期的发展，那么这些数据的利用对于企业战略而言是远远不够的。数据产业向前合理发展和分布式计算的大数据已经给予了企业组织发展巨大推动力。大数据使企业向中心化、扁平化、自我调控、自我管理方向演化，劳资一体化成型，决策过程能够避免管理者的有限理性，从而促使企业决策向智能化、科学化的方向加速发展。

4. 产业服务个性化

数据分析能够为大数据产业的发展提供有力的支持，并且它是个性化服务的重要工具之一。产业通过对获取数据进行分析，研究获得用户的兴趣和偏好，对这些兴趣和偏好定向地进行个性化定制和云推荐服务，从而有针对性地提升产品服务速度和质量，使这些用户高级别的需求能够得到满足，最终获得利润以及占领市场。

三、大数据驱动产业升级的机理分析

《行动纲要》指出，大数据的高容量、多样性、存取速度快、应用价值高等特性都有助于传统产业转型升级。大数据产业正在成为新的经济增长点，将对未来信息产业格局产生重要影响。大数据持续激发商业模式创新，不断催生新业态，已成为互联网等新兴领域促进业务创新增值、提升企业核心价值的重要驱动力。大数据和云计算技术能够迅速集成物流、资金流、人流各方面信息，快速分析行业、企业和消费者的相关信息及其未来走向，为决策者把握宏观调控的方向提供参考，为企业制定生产经营的战略和策略提供依据，为城乡居民作出消费选择提供参照。[①]大数据在加速向传统产业渗透，驱动生产方式和管理模式变革，推动制造业向网络化、数字化和智能化方向发展。[②]我们认为，大数据技术驱动产业升级，具体是由企业来实践的，机理如下：

---

① 李伟. 发挥信息化在转型中的关键作用[N]. 经济日报, 2016-05-12.
② 黄鑫. 大数据如何影响传统产业[N]. 经济日报, 2017-07-07.

（一）大数据助力企业进而带动产业决策变革

大数据之大颠覆了传统企业既往的经营决策过程，使企业的决策主体、决策环境、决策方式方法、决策技术等发生了根本性的改变。大数据环境下的管理决策对于企业不仅是一门技术，更是一种全新的模式。

比如，数据模型和数据资源在经过淘宝商城的挖掘和分析之后，向用户和商家开放了查询 APP。通过数据挖掘和分析为淘宝提供了定向广告投递的能力。开放查询 APP 则为用户和商家提供了便捷的选择服务。淘宝网还建立了"淘宝 CPI"，通过采集、编制淘宝上 390 个类目的热门商品价格来统计 CPI，比国家统计局公布的 CPI 提前半个月预测经济走势。①

大数据带来更理性、更可靠的决策。企业决策是企业管理全部工作的核心内容，企业经营决策是市场调查、市场预测、经营决策和经营计划的有机结合的统一过程，决策的有效性直接决定着企业的兴衰成败。在这个统一过程中，经营决策是中心，决策正确与否直接关系到企业兴衰成败和生存发展。市场调查和市场预测，是决策的基础和前提，没有市场调查和市场预测就不可能做出科学的决策，经营计划是决策方案的具体落实，没有经营计划，经营决策就不能付诸实施。所以现代企业经营的基本特征就是市场调查、市场预测、经营决策和经营计划的有机结合。②

大数据作为决策依据的属性，能够精准分析供给与需求，减少生产经营中的盲目性，让传统产业创新经营模式，实现智能生产。③大数据帮助企业了解用户，颠覆传统企业在用户调研过程中，过分依赖主观臆断的市场分析模式。比如得力集团的文具工厂通过分析市场大数据，可以预测出未来市场对文具的需求量、需求类型、消费群体的变化，从而调整文具的生产计划，规避风险创造利益。对于企业内部而言，大数据对于协助企业标准化管理也功不可没。如假设通过数据收集得知得力目前有 500 个削笔机货号，大概 400 种不同款捏手。这意味着模具仓库里放着 400 个捏手模具以及频繁地换模次数。那么通过标准化管理，将捏手进行同规格拼用，将捏手减少为 200 款，就

---

① 奔跑吧，大数据！[OL]. 飞马网，http://www.fmi.com.
② 吴桂华. 商业企业管理教程[M]. 贵阳：贵州人民出版社，2003.
③ 黄鑫. 大数据如何影响传统产业[N]. 经济日报，2017-07-07.

可以节约一半的模具保管费用、放置模具的空间、换模费用以及其他。

大数据下的决策环境发生了巨大改变。大数据时代，数据资源日趋丰富，数据应用层出不穷，知识总量呈几何级数增长，知识更新速度大大加快。近五十年来人类社会所创造的知识比过去三千年的总和还要多，海量数据的产生与流转成为常态。有人研究过，18世纪以前，知识更新速度为90年左右翻一番；20世纪90年代以来，知识更新加速到3至5年翻一番。谷歌每天要处理大约24PB的数据，百度每天大概新增10 TB的数据，腾讯每日新增200~300 TB的数据，淘宝每日订单超过1000万，阿里巴巴已经积累的数据量超过100个PB。①预计到2020年，全球数据使用量将达到约400亿TB（40ZB）。华为预测，到2025年，物联网设备的数量将接近1000亿个。在如此海量的数据面前，处理数据的效率就是企业的生命。全球所掌握的数据，每两年就会翻倍。这些数据将涵盖经济社会发展各个领域，成为新的重要驱动力。

决策环境的变更在给企业决策带来前所未有的机遇的同时，也加剧企业决策的风险。信息大爆炸、开放式共享和分散式合作形成了企业决策的不确定性和不可预测性，如何有效地收集数据、洞察数据，如何将数据转化为知识、将知识付诸行动，已经日益成为企业决策者必须面对的课题。

大数据使企业决策主体易位。传统的决策主体是对应的"业务专家"，对应的"精英高管"，而非普通大众人物。随着社会化媒体和大数据应用的深入，决策主体正从"专家和精英高管"转向拥有数据的"普通大众"。大数据导致管理决策数据和知识获取方式、决策参与者、决策组织和决策技术都发生了巨大改变，为企业管理决策创新提供了新的思路和途径。《时代杂志》断言："依靠直觉与经验进行决策的优势急剧下降。在政治领域、商业领域、公共服务领域等，大数据决策的时代已经到来。大数据下丰富的数据和知识使得决策参与者的决策能力大大提高，决策参与者角色发生了改变，进而影响到企业的管理决策组织。"

大数据颠覆传统决策模式。大数据时代关注的是全部数据，面对如此多的数据时，精确性要求下降，因果关系也并不重要，而重要的是相关关系的分析。这在很大程度上改变了人们固有的因果关系分析的思考方式：只要知道"是什么"，不用知道"为什么"。大数据背景下的决策方式最大的转变就

---

① 李文杰. 大数据对企业决策影响的研究[D]. 太原：山西医科大学，2010.

是分析决策思维方式的改变:"不要随机样本,而是全体数据""不是精确性,而是混杂性""不是因果关系,而是相关关系"。

大数据使决策方式从"业务经验驱动"向"数据量化驱动"转型,从"事后诸葛"向"事先预测"转变。在互联经济时代,原材料、生产设备、顾客和市场等因素越来越变得没有固定的定义。传统决策过程的"被动式事后诸葛"难以适应这一变化。全球复杂网络权威巴拉巴西通认为,93%的人类行为是可以预测的。

大数据时代,数据渗透至各个行业,数据成为核心资产和创新驱动力。拥有数据的规模、质量以及收集、分析、利用数据的能力,将决定企业的核心竞争力。掌控数据就可以支配市场,意味着巨大的投资回报。如果管理者只依靠业务现状与主观经验对市场的估测进行判断,将导致战略与决策定位不准,存在很大风险。

大数据时代,让人类决策思维已经是基于"已经发生的未来"。在许多情况下,我们可以仅仅寻找"是什么",而不必完全理解"为什么"。凡事不问原因,只看数据所呈现出来的结果,直接做出判断。由于大数据的数据分析更多的是依赖于数据的相关性分析,而不是业务特性的因果分析,常常关注的是数据敏感性分析。因此,大数据分析者甚至可以对业务完全陌生,一样也可以借助于大数据分析,直接发现"是什么",直接做出正确决策。

大数据技术成为决策的重要工具。大数据的出现也对企业管理决策技术提出了更高的要求。运用大数据技术对企业乃至产业海量数据进行收集、存储、挖掘和分析所隐藏的深度价值,可以帮助企业了解用户、锁定资源、规划生产、做好运营、开展服务,为企业的业务拓展、产品研发、客户维护、日常运营管理提供基于数据的科学性指导。运用大数据技术在三次产业中的渗透融合,助力企业进而带动产业决策科学化,为企业未来发展战略规划提供科学依据;助力企业进而带动产业营销精准化,优化企业管理;助力企业进而带动产业优化配置资源,优化产业结构,提升产业整体竞争力,还可以全面提升产业的运营效率。最终推动经济发展走上创新驱动的轨道。

(二)大数据助力企业进而带动产业流程再造

流程再造由美国的企业再造之父迈克尔·哈默(Michael Hammer)和公认的研究业务重组、组织变革和企业复兴等管理问题的世界权威詹姆斯·钱皮（James.A.Champy）提出，在20世纪90年代达到全盛。流程再造的核心是面向顾客满意度的业务流程，而核心思想是要打破企业按职能设置部门的管理方式，代之以业务流程为中心，重新设计企业管理过程，从整体上确认企业的作业流程，追求全局最优，而不是个别最优。

大数据背景下，企业面临全新的竞争环境，要引入和利用大数据时代带来的新的管理理念和技术手段，则必然会对企业原有的管理运营模式、组织业务流程等提出挑战，这时便会产生企业流程再造的需求。

零售巨头沃尔玛每天都要处理庞大的数据信息，所有店面的销售情况都实时反映到大数据中心，通过对比分析可以准确发现隐藏的问题。比如，他们会从手电筒等救援设备的销售数据中找到发生自然灾害的规律，做出预测并对环境变化做出反应，防止商品脱销。沃尔玛相关负责人表示，运用大数据工具之后，出现问题到解决问题的时间从两到三周缩减为20分钟。

零售业运用大数据调整销售策略，制造业运用大数据加强售后维护，农业运用大数据制定收割路线，电信业运用大数据加强精准营销……显然，大数据对传统产业的改变不只是某个环节，而是从设计研发、生产管理到售后维护的全流程。[①]

企业大数据下的流程再造是一个系统工程。企业备战大数据，进行相应的流程再造，这不是单纯的技术改造或者传统的流程再造，它是将大数据带来的新的管理理念和新型技术引入企业运营管理的一项系统工程，它涉及整个企业、整个行业的经营管理系统。因此，企业进行局部的再造并不能代表整个企业的再造，企业自身的大数据流程再造，往往也不是企业能够独立解决好的，它需要借助大数据席卷而来的浪潮，借助社会多方的力量。如专业的大数据咨询公司的力量来共同打造企业大数据流程再造的可行方案。企业跟随时代前进步伐的同时，也要对上下游的合作伙伴提出要求，争取协同共进，这样才能发挥大数据时代的最大魅力和企业大数据下流程再造的最大价值。[②]

京东通过建立PB级大数据平台，将每个用户在其网站上的行为数据进行记录和分析，提高与用户间的沟通效率、提升用户体验，从而实现了向不同用户展示不同内容的效果，带来了10%的订单提升。比如提供给推荐搜索调

[①] 黄鑫. 大数据如何影响传统产业[N]. 经济日报，2017-07-07.
[②] 李海燕. 大数据背景下的企业流程再造研究[D]. 合肥：安徽理工大学，2014.

用，针对不同用户属性特征、性格特点或行为习惯在他搜索或点击时展示符合该用户特点和偏好的商品，给用户以友好舒适的购买体验，大幅提高用户的购买转化率甚至重复购买，提高用户忠诚度和用户黏性。

（三）大数据助力企业进而带动产业营销精准化

营销精准化是指企业充分利用多种技术及媒体手段，将营销信息推送到比较准确的受众群体中，达到低营销成本，高营销成效的过程。大数据时代最显著的变化是从数字化转向数据化，数字化是把模拟数据变成计算机可读的数据，而数据化是通过记录和分析对一切社会现象进行量化。① 大数据形成了一个"万物皆联网、无处不计算"的世界，全球数据总量呈现指数级增长，企业级用户拥有的数据量在快速增加。互联网的社会化生产出巨量数据。百度通过对每天60亿的检索请求数据分析，可以发现检索某一品牌的受众的行为特征，进而反馈给企业的品牌、产品研发部门，使企业能更准确地了解目标用户，并推出与用户要求相匹配的产品。大数据时代能通过传感器监测机器的运行状态，通过计算确认各类设备的良好程度，算准时间对设备优化和维修更新，从而可以控制生产过程中的不确定性，减小由于意外情况带来的损失。全球最大的工业制造商通用电气将这种运营效率的提高总结为"1%现象"。该公司经过估算指出，如果全世界的飞机引擎维护效率提升1%，全世界每年就可以节省2.5亿美元；能源行业的发电设备每提高1%的效率，就可为全球经济贡献40亿美元；而医疗行业效率如果提升1%，则可以帮助全球医疗行业节约630亿美元。以此类推，全世界的机器只要提高1%的效率，就能带来非常可观的收入。②

云计算大数据分析平台，不仅能让众多企业从数据中发掘出适应企业发展环境的社会和商业形态，还可以用数据对用户和客户对待产品的态度进行挖掘和洞察，比如通过相关性分析，将客户、用户和产品有机串联，准确发现并解读客户，对用户的产品偏好、诸多新需求和行为特征，客户的关系偏好进行个性化定位，帮助企业快速了解消费者的需求，生产出用户驱动型的产品，准确投放相应的商品，提高顾客的活跃度，降低顾客的弃单率，提供

---

① 刘力锐. 数据推动政府治理变革[N]. 学习时报，2015-09-14.
② 涂子沛. 把握万物互联时代的中国机遇[N]. 经济日报，2015-05-21.

客户导向性的服务，从而做到精准营销。服务型数字经济，包括数字技术与服务业融合发展，积极培育数字化、网络化的现代服务产业新业态。比如，阿里巴巴从业务数据化到数据业务化的过程，就是大数据帮助传统产业升级转型的一个典型案例。业务数据化是围绕传统电子商务业务来提升整个流程相关的数据，服务业务部门和管理层为主，总的目标是降低成本，提高营运效率和质量。比如个性化推荐、搜索优化等。阿里巴巴以"阿里的数据+外部数据+大数据技术能力"的输出，产生很多新的商业模式，不仅服务于阿里生态，逐渐赋能和服务于越来越多的各行业用户，比如蚂蚁微贷是基于商家的信用数据提供贷款服务，芝麻信用是基于个人的消费、理财以及社交等数据提供个人信用服务。这些新的商业模式在数据业务化方面进行了很多有益的探索，在整个探索的过程中，我们看到数据的在线性保证了数据实时都会更新，数据的外部性通过数据共享、融合体现了数据的价值。

美团点评每天有 700 万笔订单，但送一个外卖平均时间只有 28 分钟。速度来自同城即时调度配送系统，通过大数据分析，美团点评一方面对送货员的状态和分布有清晰了解，一方面会对消费者的需求有清晰统计和预测，并根据这两点来智能调配运力资源。①

招聘网站领英在美国犹他州、英国曼彻斯特都根据公司的需求数据和网站上的简历数据帮助城市进行分析，现在哪些行业能够提供工作岗位，未来的工作岗位是什么形态，目前失业人士又有哪些技能等。通过这些分析，城市就能够拿出有针对性的就业资源帮助大家重新就业。

卓尔为了获得数据建立了目前年交易额超过 430 亿元的批发市场线上交易平台。依靠这些来自线下线上的数据资源，开始提供智能货运服务和基于供应链的金融服务，利用手中传统产业沉淀的数据资源，完成了传统企业的转身，形成了自己的生态闭环。②

运满满通过车联网设备和信息平台，每天获取 3TB 至 4TB 的数据，运用先进的大数据算法模型，实现了智能车货匹配、智能实时调度等。③

"互联网+"向改造生产、产业协同纵深方向发展。在改造生产方面，调整生产管理经营，利用互联网"以用户为中心"的理念改造自身体制来适应

---

① 陈静，崔国强. 大数据拥有大智慧新技术催生新生态[N]. 经济日报，2016-11-18(5).
② 陈静，崔国强. 大数据拥有大智慧新技术催生新生态[N]. 经济日报，2016-11-18(5).
③ 黄鑫. 多"大"才算大数据[N]. 经济日报，2017-07-04.

互联网经营的需要。在产业协同方面，企业通过在供应链上的互联网化，逐步实现产业协同。

在工业生产领域，网络化和智能化将极大地提高制造系统的柔性化、自动化和智能化水平，使整个生产系统具有更完善的判断与适应能力，提升现代制造业的工艺水平和技术。这种变革使传统的自动化控制系统和装备生产转向数字化、智能化、网络化，工业产品的智能化水平、信息技术含量和附加值将会不断提高。

大数据能让生产方式个性化。传统的大规模生产方式下，企业生产什么，用户就购买什么。而在个性化定制生产模式下，用户需要什么，企业就生产什么，产品的生产过程发生了颠倒。比如海尔，结合了内部和外部数据的能力，把社交数据中获得的客户反馈融入新产品研发中，大数据创新了商业模式，以消费者数据为基础的消费者喜好和需求正倒逼到产品的设计、研发、生产、供应链、营销等制造业供给侧的多个环节。①大数据技术帮助电子商务行业发现新的商业模式，基于云计算电子商务应用的发展，能更好地挖掘到客户购物行为数据，结合大数据技术做数据分析，尤其是购物行为预测分析和购物商品关联分析已经在电子商务领域得到了很好的应用。电子商务企业从数据价值中挖掘到很多有价值的信息，凭借这些信息实现了主动服务、主动出击的理念，实现精准营销，电子商务应用与大数据形成有机的产业生态圈。

（四）大数据助力企业进而带动产业配置资源优化

大数据技术的发展和广泛应用，有助于弥补市场的缺陷，促进资源要素的合理配置，提高宏观经济管理的精准度。大数据和云计算技术能够迅速集成物流、资金流、人流各方面信息，快速分析行业、企业和消费者的相关信息及其未来走向，为决策者把握宏观调控的方向提供参考，为企业制定生产经营的战略和策略提供依据，为城乡居民做出消费选择提供参照。

2015年《国务院关于积极推进"互联网+"行动的指导意见》明确提出到2025年，网络化、智能化、服务化、协同化的"互联网+"产业生态体系基本完善，"互联网+"新经济形态初步形成，"互联网+"成为经济社会创新发展的重要驱动力量。"互联网（大数据）+"不仅改进了传统行业，如工业制造

---

① 黄鑫. 大数据如何影响传统产业[N]. 经济日报，2017-07-07.

业、传统服务业的生产（服务）方式、组织形态和思维理念，还拓宽了产品（服务）的销售渠道，最大限度地释放了生产力，使其更好地满足市场需求。"互联网（大数据）+"还影响着政府的决策手段和决策方式。如在"数字城市"等信息化手段支持下，政府可以更准确地通过大数据发现经济社会发展需求，从而保障决策的科学性、及时性和有效性，推动经济稳步增长和结构不断优化。

大数据应用的主战场之一是制造业，大数据能推动制造业在更大范围、更深层次实现更有效率、更加精准的资源配置，加速驱动制造业生产、管理、营销模式的全面变革，显著提升制造业发展的质量和效益。智能制造是《中国制造2025》的主攻方向，而大数据正是智能制造的重要内容。[①]

大数据能够有效促进资本要素的使用效率。运用大数据技术对企业的行为数据、经营数据等进行分析，使得资本有效流入真正有技术实力、有生命力的创新企业，激发中国经济的活力。阿里云蚂蚁金服的信贷通用决策系统通过对千万家淘宝商铺的30 000多个指标的分析，筛选出财务健康和讲究诚信的企业，对于无需担保的贷款，目前已经放贷300多亿元，坏账率仅为0.3%，大大优于商业银行。

《中国互联网络发展状况统计报告》指出，截至2017年6月，我国网民规模达到7.51亿，占全球网民总数的五分之一。我国手机网民规模达7.24亿，手机网民占比达96.3%。我国互联网、大数据等技术与各领域的融合发展具有广阔前景和无限潜力，已成为不可阻挡的时代潮流，正对经济社会发展产生着战略性和全局性的影响。

（五）大数据助力企业进而带动产业供给侧结构性改革

供给侧结构性改革是党中央统筹国际与国内、着眼当前与长远、兼顾战略与战术做出的战略决策。其重点是解放和发展社会生产力，是要用改革的办法推进结构调整，减少无效和低端供给，扩大有效和中高端供给，增强供给结构对需求变化的适应性和灵活性，提高全要素生产率。正确把握大数据与供给侧结构性改革的关系，各产业要积极顺应大数据融合发展的趋势，以大数据的广泛应用，助力产业转型升级，优化政府治理，服务社会民生，增

---

① 黄鑫. 大数据如何影响传统产业[N]. 经济日报，2017-07-07.

强供给体系的质量和效益。

推进供给侧结构性改革，离不开政府这只"有形之手"。要积极借助大数据技术，正确认识和把握市场规律，着力提升政府决策科学化、管理精准化、服务便利化水平。要使大数据助力企业进而带动产业供给侧结构性改革，政府要做好以下工作：

一是要切实增强对投资、工业、服务业、农业、财税、金融等领域数据资源的获取和利用能力，更多地采集客观数据和运用大数据分析方法，及时追踪企业乃至整个行业的发展动态，实现对经济运行更为准确、更为高效的监测预警和研判预测，在此基础上完善政策、精准施策、精准助力改革。①

二是要大力推行"互联网+政务服务"，围绕"数据多跑路、百姓少跑腿"目标，努力打造全覆盖、全联通、全方位、全天候、全过程的服务模式，提升政府服务效率。

数据是资源，应用是核心。供给侧结构性改革的重点是减少无效和低端供给，扩大有效和中高端供给，这必定会加快发展的"动力切换"，推动经济的"升级换挡"。推动供给侧结构性改革，落实"三去一降一补"，并不是忽略需求的作用，而是要坚持以市场需求为导向，增强供给结构对需求变化的适应性和灵活性。要使大数据助力企业进而带动产业供给侧结构性改革，企业要做好以下工作：

一是要积极利用大数据技术，挖掘和利用海量数据资源中蕴含的巨大价值，帮助企业找准市场需求、明确发展定位，进而创新产品、优化流程、降低成本、提升效益，以大数据等现代信息技术的发展，打通供需之间的内部联系，改善供给结构、提升供给质量，总结规律、预测趋势、辅助决策，为改革提供精细化服务。

二是要运用大数据改造提升传统产业，加快技术改造、流程再造、信息化建设等进程，着力提升竞争能力和综合效益。②

三是运用大数据加快发展新经济，助力企业进而带动产业管理模式创新。通过"大数据+智能终端""大数据-智能制造""大数据+现代物流"等方式，培育壮大更多新产业、新业态、新模式。

---

① 陈清. 以大数据助力供给侧结构性改革[N]. 光明日报，2016-12-24.
② 陈清. 以大数据助力供给侧结构性改革[N]. 光明日报，2016-12-24.

四是发挥大数据的牵引作用,推动大数据与各行各业实现深度融合,促进产业结构向中高端迈进,塑造更多依靠创新驱动、更多发挥先发优势的引领型发展。

大数据还能让研发设计知识化、生产制造敏捷化、生产管理透明化、产品售后服务化。随着智能工厂、智能车间的建设,生产线上将安装数以千计的传感器,来监测温度、压力、震动、噪声等参数,通过大数据应用调整参数将显著提高生产效率、提升产品质量、降低生产成本,实现敏捷制造。而大数据与供应链的融合,将更清晰地把握库存量、订单完成率、物料及产品配送情况等内容,进而提高反应速度、降低成本、优化库存。[①]

传统的生产模式以"产品"为中心,产品一旦销售出去,其价值链就意味着结束,而服务型制造则以"人"为核心,产品销售出去意味着服务才刚刚开始,"产品+服务"成为提升企业竞争力的关键。传感器、互联网、大数据技术的应用,将使产品售后服务变得更加智能和高效,有利于进一步提升产品售后服务水平、优化产品设计。[②]

四、大数据驱动乌当区产业升级的概况

大数据之于乌当区,是机遇,是助推器,亦是生产力。2013年以来,乌当区依托电子信息产业发展及网络建设基础,全面启动大数据产业发展及智慧城市创建工作,以实现"生态健康之区"为总目标,围绕"建设全省大健康医药产业发展示范区、贵阳创新型中心城市腹地、更高水平的全面小康社会"三大任务,以大数据智慧应用为特色,全力推进大数据发展。抢抓大数据时代机遇,乌当区正着力建设智慧城市,抢抓发展先机,抢滩大数据产业,创新驱动发展,探索"云端"商务,掀起"熔铸"热潮,促使乌当区迎来加速发展的战略机遇期、重要窗口期,迈入加速发展新征程。

(一)大数据驱动乌当区产业升级的基本情况

乌当区围绕智慧城市试点创建工作,以"天地双网"建设为核心完善提升信息基础设施,以数据中心、呼叫中心为核心建设贵州(乌当)大数据智

---

① 黄鑫. 大数据如何影响传统产业[N]. 经济日报,2017-07-07.
② 黄鑫. 大数据如何影响传统产业[N]. 经济日报,2017-07-07.

慧产业基地,搭建大数据发展平台,并重点打造了智慧城市综合服务管理指挥平台、信息(智慧)产业孵化基地,"互联网+"应用全面推进,实现了大数据与区域特色产业融合发展,以及民生服务和政府治理能力的不断提升,大数据政用、商用和民用等各方面取得了显著成果。

贵阳市乌当区通过打造大健康医药产业集群和以大数据为重点的电子信息产业集群,促进了三次产业融合发展,全区紧紧围绕大数据"核心、关联、衍生"三大业态,搭建完善"一平台、二中心、三体系"(一平台是城市公共信息技术服务智慧云平台;二中心是统一管理服务中心和城市资源决策中心;三体系是政务管理体系、产业创新体系、民生服务体系)的总体构架,建成四个大数据创业孵化基地,入驻大数据关联企业243家,"天地双网"建成运营。以政府数据"聚通用"为抓手,以大数据应用为重点,不断挖掘大数据"政用、商用、民用"价值,积极探索推进引领经济转型升级、提升政府治理能力和改善民生服务。①

1. 抢滩大数据产业创新驱动发展

围绕智慧城市试点创建,乌当区全力推进大数据产业与区域特色产业融合发展,打造信息(智慧)产业孵化基地、贵州(乌当)大数据智慧产业基地,将大数据广泛融入产业提升、政务服务、城市管理、社会治理等各行业领域,创造更多新的经济形态。同时,加快"云、管、端"信息基础设施建设,建成"天地双网",规划建设大数据产业园,积极推进"互联网+工业""互联网+农业""互联网+服务业"等应用。

围绕"核心业态+关联业态+衍生业态",以政府数据"聚通用"为抓手,以大数据应用为重点,不断挖掘大数据"政用、商用、民用"价值,积极探索推进引领经济转型升级、提升政府治理能力和改善民生服务,乌当区将构建"1+N"大数据产业体系,实施"互联网+工业、互联网+农业、互联网+服务业"行动计划,重点发展数据中心云计算、大数据安全服务、呼叫中心与服务外包、电子商务、智能端产品制造等大数据产业,着力引进一批创新能力强、行业影响力大、服务水平高的标志性企业,加快贵州智源大数据创新创业基地、贵州(乌当)大数据智慧产业园区建设,创新大数据产业业态。

---

① 樊荣.拥抱大数据实现大跨越——乌当区纵深推进大数据产业发展扫描[N].贵阳日报,2017-05-09.

同时，落实大数据行动计划，运用信息化、服务化、绿色化手段，进一步改造提升特色食品、航空航天、装备制造、新材料新能源等传统优势产业，催生新产业业态，积极引入资源补链扩容，推动集群化发展。

"十三五"期间，乌当区将力争建成 3 万坐席规模的大数据呼叫中心，力争到 2020 年大数据及其关联产业规模总量达 200 亿元以上，信息消费规模突破 100 亿元。

2015 年 6 月，集呼叫中心、展示中心、数据中心于一体的贵州（乌当）大数据智慧产业基地投入使用，深圳网邦商务秘书有限公司、北京数字政通科技有限公司等一批企业入驻。同年，24 个项目入驻基地呼叫中心，一期 2000 坐席满负荷运营，大数据及关联产业实现销售收入 70.2 亿元，同比增长 39.98%。大数据，已成为乌当区新的产业支柱。

经过几年探索，乌当区已建成 4 个产业创业孵化基地，大数据产业发展初见成效。大数据及相关企业从 2012 年的 17 户增至 2016 年 144 户，大数据及相关产业总产值从 2012 年的 17.58 亿元增至 2016 年的 70.96 亿元。产业业态不断丰富、城市管理更加智慧、居民生活更加便捷，大数据正在成为乌当区跨越发展的内生动力。站在"互联网+"的时代风口上，乌当区积极构建电子商务新业态，初步形成了"十个一"的齐头并进式发展格局。以大数据为引领，乌当区奋力建设全省大健康产业发展引领示范区的步伐将更加坚实有力。

2. 抢抓发展先机打造智慧乌当

2013 年 1 月，贵阳市乌当区入选首批 90 个住建部创建国家"智慧城市"试点名单，成为贵州省首批申报成功的唯一的县级单位，开启了借助大数据产业建设智慧城市推动转型升级的探索。2013 年年底，乌当区智慧城市综合指挥管理平台一期建成并投入运行。同时，信息产业孵化基地建成，优化了中小企业创业环境，70 余家企业在一年的时间内实现产值 1000 多万元。

乌当区智慧城市建设围绕"一个平台、二个中心、三个体系"建设目标，推动信息化与新型工业化、新型城镇化和农业现代化深度融合，促进互联网、云计算、大数据等广泛应用，建设智慧政务、智慧民生、智慧产业，在城市运营管理高效、政府和社会管理透明公平、民生保障便捷高效、经济结构转型升级四个维度取得显著成果——城市管线等基础网络覆盖率达 95%以上，城市管理效能明显提高；通过政务办公系统使用和行政审批的压缩，行政效能显著提升；五个智慧社区建设工作全部完成，整合城市各种资源，有效解决城市发展面临的管理难题，让市民享有更加便捷、高效、舒适的生活；推进产业结构升级改造、政府数据融合，为城市发展提供动力和保障。

按照智慧城市创建任务的要求，乌当区先后启动了智慧城市综合指挥管理平台项目、智慧城市基础网络及数据中心（一期）、新型社区网格化管理信息系统、智慧医疗、智慧教育以及大数据智慧产业基地等16个项目，初步形成了智慧城市创建基础环境及信息产业聚集发展态势。

在政用方面，乌当区搭建了智慧城市综合指挥管理平台（一期），已完成城管12319、公安110视频信息、电子政务监察、社区网格化管理等六个系统接入并运行；智慧城市基础网络及数据中心（一期）建成，为打造"天地双网"，推进政务管理、产业发展、民生服务提效升级奠定了基础；完成了社区网格化管理信息系统及数据库建设；党政企事业单位实现智能政务系统全覆盖。

抓住现有的医药、旅游等传统产业，瞄准大数据，乌当区着力延伸产业链、提升政府管理效能、为个人创新创业提供平台，踏上了快速发展之路。

3. 探索"云端"商务掀起"熔铸"热潮

借助互联网，炙手可热的电子商务产业与其他领域融合和跨界，逐渐影响着物流业、金融业甚至整个传统产业的发展格局。农村电子商务、跨境电子商务、数据电子商务等诸多新业态相继萌芽成长，"电子商务+"成为下一个竞相追逐的对象。

在这场轰轰烈烈的电子商务产业"熔铸"热潮中，乌当区不甘落后，积极构建电子商务新业态，建设电子商务进农村综合示范区，引领经济新增长。

在乌当农村电子商务产业园，"夜郎宝藏""早锄碗归""天天快递""韵达快递"等22家公司（合作社）入驻并开始运行。在乌当电子商务示范街，64家餐饮企业进入平台扫码运营，实现了产品宣传推广、行业信用评级、需求精准推送等一体化建设。在乌当电子商务产业基地，富盛通、黔之驴、驴妈妈、淘菜网等电子商务企业相继入驻，实现了电子商务与大数据的融合发展。

乌当区还围绕"1+3+N"电子商务体系，以"三园一街一基地"电子商务产业园为突破口，将本地产业与电子商务相结合，站在"买乌当，卖全国"的高度，利用当前电子商务发展的有利契机，将乌当的农特产品、民俗商品、优势产品和旅游优势通过电子商务渠道向全国进行推广及营销。

随着交通路网不断完善、智慧城市建设不断加快,"天、地、人"三网不断融合,乌当区有针对性地布局电子商务产业,大力推动电子商务在乌当区产业、民生、贸易等方面的融合发展,已经探索并初步形成了"十个一"的齐头并进式发展格局。

截至 2017 年,乌当区 5 家单位获评省级电子商务示范培育点,成为贵阳市获评电子商务示范培育点最多的区县。全区共有电子商务企业 176 家、电子商务平台公司 3 家、农村电子商务企业 3 家、物流公司 20 家,初步形成了三类产业融合发展的良好趋势。

4. 大数据+大健康情况

乌当区大力推进大数据大健康融合发展初见成效。近年来,乌当区大力推进大数据大健康融合发展,紧紧围绕"核心业态+关联业态+衍生业态",构建"1+N"大数据产业体系,积极推进"大健康大数据融合发展基地"建设,将大数据应用充分融入大健康产业发展,打造大健康和大数据姊妹篇,推动大健康与大数据产业深度融合,在全省大健康医药产业发展中发挥了突出的引领示范作用。

在传统产业转型升级方面,威门药业依托威门大数据电子商务平台项目,2016 年实现威门大健康电子商务平台线上药品销售产值 3000 万元。康心药业通过互联网+,全面实现智慧医药物流配送管理与自动化物流控制的高效运营。传统优势产业的技术水平更具"智慧",转型升级动力更加强劲。[①]

通过网络系统完成诊断,仅需几分钟——远程心电诊疗项目的推出,为患者提供了利用基层医疗服务设施获取专业医疗服务的可能。目前,乌当区人民医院已建成远程动态心电诊断中心。两名心电专科医生每天可出 200 个心电诊疗报告。这相当于 5 个医院所有心电医生的工作量,节省了医院空间、人力和物力。乌当区所有乡镇、社区都将实现远程心电图诊疗。而这一项目的推动者,是位于贵州(乌当)大数据智慧产业基地的贵州众致合一科技发展有限公司。众致合一科技公司将完成乌当区心血管远程医疗全覆盖。

乌当区将分批分期实施原有政务数据资源集聚,并且大力引导和鼓励其他社会数据资源和应用汇聚,整合形成区域内的"块数据",促进数据商用、

---

① 樊荣. 拥抱大数据实现大跨越——乌当区纵深推进大数据产业发展扫描[N]. 贵阳日报,2017-05-09.

政用及民用。同时，将尽快完成基层医疗机构公共卫生数据、公立医疗机构的医疗数据、民营医院数据及区内所有村卫生室数据的采集工作，居民健康档案建档覆盖 19 万居民，加快推进社会医疗机构、互联网医疗机构接入智慧医疗云平台。

以大数据为引领，以大健康为核心，按照"全区域规划、全要素联动、全业态发展、全方位着力"的"四全"发展理念，全力建设全省大健康产业发展引领示范区。

根据乌当区制定的大健康医药产业发展目标，2020 年实现大健康医药产业总产值 1000 亿元以上，其中，现代制造药业实现产值 400 亿元以上，占全省制造药业总产值比重的 45% 左右，占全市 55% 以上。直接新增就业岗位万人以上、带动 5 万人就业。乌当区将打造"贵阳新医药产业圈"和"黔中综合养身圈"联动互融、转型升级的领跑者和创新成果展示区，成为宜居、宜业、宜游、宜养的贵阳市民"周末花园"，以及成为贵州"宜居颐养胜地"首选目的地。这是乌当区未来五年的发展目标。

5. 大数据+大旅游情况

大数据让旅游更"智慧"。在信息化水平迅速发展的今天，智慧旅游的发展离不开大数据，可以说智慧旅游想要更加"智慧"发展，就必须依靠大数据相关技术和政策，利用大数据提供有利的资源来进一步促进智慧旅游的发展。大数据能提升旅游管理智慧化，提升旅游营销精准化，提升旅游服务人性化。

乌当区以大数据为引领，不断驱动传统优势产业升级发展。在智慧旅游方面，乌当区在区内重要景区景点配置了 364 个摄像头，基本实现公共区域 24 小时可视化监控，同时与驴妈妈、淘宝旅游、携程旅游等旅游电子商务平台建立了长期合作，促使宾馆酒店加入了线上销售。在智慧农业方面，羊昌·花画小镇智能温室内部景观、信息采集、自动控制系统已完成。[①]

在发展全域旅游绿色生态方面，抓好"以旅促绿"启动两个绿色农副产品物流集散中心建设，依托羊昌·花画小镇"2021 年中国花卉博览会"申报工作，推进绿色旅游园区景区标准化、特色化、规模化、融合化发展，确保绿色生态旅游井喷式增长。

---

① 樊荣. 拥抱大数据实现大跨越——乌当区纵深推进大数据产业发展扫描[N]. 贵阳日报，2017-05-09.

6. 大数据+智能制造生产单元

中航力源液压股份有限公司于 2016 年 8 月正式投入运营的智能制造生产单元，包含了影像视觉识别、DNC 程序智能管理、测量分拣输出、机器人三维模拟编程控制、加工数据可追溯性管理、产品全流程大数据控制管理。据介绍，该智能单元用大数据统计分析功能，对"人、机、料、法、环、测"等制约产品效率、品质、成本的要素，可以实现精准分析、调整、执行。而且管理人员还可以通过移动终端查看设备状态、产品信息、产品质量、财务指标、销售数据等，节约生产和管理时间和成本，提高生产效率。

（二）乌当区以大数据驱动产业升级的比较优势

乌当区以大数据驱动产业升级具有区位、生态、政策、经验四个方面的优势，具体表现为：

1. 区位优势

乌当优势——贵阳要冲。乌当区位于贵阳市东北部，是贵阳市下辖六个市辖区之一，东接龙里县，南接云岩区、南明区，西临白云区，北临开阳县、修文县，毗邻贵阳龙洞堡机场。城际铁路站点，将进一步巩固乌当贵阳东北门户的区位优势（如图 5-1 所示）。

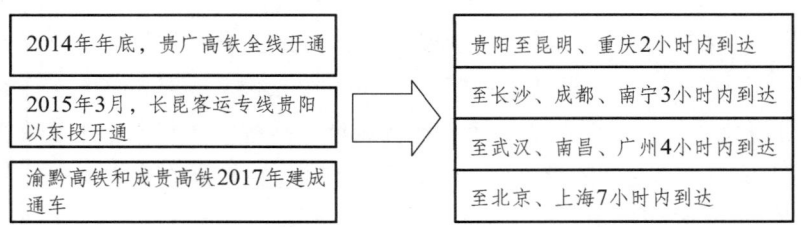

图 5-1 乌当区旅游健康线路

注：资料来自贵州省贵阳市乌当区全域旅游健康规划。

乌当区行政区域总面积为 686 平方千米。乌当区已与贵阳主城区基本形成了铁路、公路、城市道路、航空交通要素相结合、换乘接驳比较齐全的对外综合交通运输网络。

公路方面，贵阳绕城高速、贵开二级公路、遵贵复线、兰海高速、贵瓮高速、尖小线等高等级公路贯境而过，四条城市一级主干道纵贯南北，交通便利。

铁路方面，乌当区距贵阳火车站 12 千米，距贵阳火车北站 10 千米。境内贵开快速铁路已通车，设置三江站、羊昌站及相思河乘降所。与沪昆高铁、贵广高铁、成贵高铁、渝黔高铁将实现无缝对接，全面融入 3~7 小时经济圈。

航空方面，乌当区距离龙洞堡机场 8 千米，处于机场交通枢纽辐射半小时交通圈内，昆明、成都、重庆、武汉、长沙、广州、南宁等城市均可在 2 小时之内到达。

随着乌当区境内其他快速铁路、高速公路、城市干道以及客运站场建设的快速推进，乌当区成为贵阳市东北部重要的交通门户和贵阳市的物流节点。

2. 生态优势

乌当区山环水绕、生态环境良好，有着天然的生态积蓄优势。森林覆盖率达 54.93%，位居贵阳市首位，建成区绿化覆盖率达 44.86%，享有"林中泉城"的美誉；空气质量优良率长期保持在 90%以上；饮用水源地水质达标率 100%；城市生活污水无害化处理率达到 100%。在全面推进"千园之城"的工作当中，乌当区以市级示范性公园建设为典范，全面推进公园城市建设，让乌当区绿水青山积蓄的发展优势更加明显。2016 年 7 月 20 日，贵阳市首个生态环境大数据试点项目，即乌当区网格化生态环保大数据监测系统上线运行。乌当区范围内布设 266 个监测点，覆盖乌当地区所有的街道、企业、乡村。各个点位主要监测温度、湿度、噪声、PM2.5、PM10、臭氧、二氧化硫、一氧化碳等多项指标，形成点多面广、实时监控、污染溯源、防治一体的生态环保大数据应用体系。该项目系统的承建单位是国家环保工程技术中心，其推出的"空气医生"APP，通过环境监测点的实时数据，依托世界卫生组织和国家疾控中心的相关标准，对与百姓生活息息相关的"环境健康指数"进行科学计算和呈现，为用户的居家出行、生产生活提供必要支撑。2016 贵阳国际马拉松赛在乌当区举行，赛事组委会向来自世界各地的运动员推广使用"空气医生"APP。市民只需通过"空气医生"手机 APP，即可查询所在地的监测数据，以指导健康出行。

3. 政策优势

一是坚持规划先行。乌当区按照国家、省市出台的大数据发展规划及政策，与时俱进地不断对思路目标进行完善、调整。以规划明确顶层设计、工作目标和部门工作职责；以规划引领后续工作开展，做到整体布局、分步实施，有序推进。

二是强化政策保障。乌当区先后出台了《关于进一步强化创建国家智慧城市试点工作的推进意见》《关于推进大数据产业发展的若干政策》《乌当区促进电子商务产业发展扶持办法（暂行）》《关于以大数据驱动创新型中心城市腹地建设打造生态健康示范创新区的实施意见》，并结合新形势发展要求，编制了乌当区"十三五"大数据发展规划，同时制定了"一企一策"推进大数据应用，全要素、全方位地为乌当区大数据发展提供政策支撑。

三是组织领导保障有利。乌当区成立了由区委、区政府主要领导亲自挂帅的大数据发展及国家智慧城市试点创建工作组织领导机构，并设立国家智慧城市试点、创建领导小组办公室，统筹人、财、物等资源配置，及时解决工作推进中的重大问题，保障工作的顺利推进。

四是工作机制有效。乌当区建立了"智慧办"负责日常协调，按行业主管部门工作任务项目化，管理分层级调度，同时纳入目标督办督查。

4. 经验优势

一是搭建了完善的大数据网络基础及产业发展平台。乌当区通过构建自主可控的"天地双网"、搭建乌当区智慧城市综合指挥管理平台、贵州（乌当）大数据智慧产业基地及信息（智慧）产业孵化基地大数据发展平台，初步建成乌当区数据汇聚的高速公路、数据挖掘和应用的融合平台、产业聚集的发展平台，为大数据发展提供良好的基础支撑，并已成为招商引资的重要载体。形成了乌当区政务数据汇聚、数据应用的基础平台，为乌当区挖掘数据价值、形成数据资源、推进数据应用、建设贵阳市块数据创新示范区提供有力支撑。以"筑巢引凤，落地孵化"形成乌当区大数据企业培育、招商引智的基础平台。自2013年以来，乌当区相关大数据平台共接待省内外考察参观6000余人次，实现了对外宣传及交流的目标。

二是平台作用明显。乌当区通过组建智源公司，实行政企分开专业化运营，实现了大数据发展及智慧城市创建在技术咨询、项目指导、招商引智、平台搭建的有力推进,保障先行先试各项工作切实落到实处。

三是从四方面推进,打造全产业链。乌当区把发展服务外包及呼叫中心产业与大数据智慧应用产业园建设结合起来,从建设模式、运营模式、招商模式和保障机制四个方面着手推进。在建设模式上,乌当区采取委托代建的方式,由专业公司负责基地的专业设计与建设;在运营模式上,充分发挥智慧城市综合运营商的平台作用,实现"产业基地+平台公司+合作企业"的基地运营模式;在招商模式上,建立"一个企业、一个部门、一个方案、一个班子"的工作机制,对重点企业实行点对点精准招商;在保障机制上,建立大数据智慧产业发展基金,用于支持以大数据产业为主的电子信息产业发展。

(三)乌当区大数据产业发展的机遇

作为工信部授予的第一个国家大数据产业发展集聚区和科技部授予的第一个国家大数据技术创新示范区,贵阳在发展大数据产业方面具备得天独厚的优势,具体体现在以下三个方面:

(1)政策扶持持续加强。《促进大数据发展行动纲要》明确指出:"强化信息安全保障,完善产业标准体系,依法依规打击数据滥用、侵犯隐私等行为。"前任贵阳市委书记陈刚曾指出:"大健康产业,全省看贵阳,贵阳看乌当""乌当不活,贵阳难有大成格局,对于创新型中心城市来说,乌当无论是地理位置,还是产业格局,还是经济社会发展统筹的需要,都占据着重要的位置"。《"宽带中国"战略及实施方案》《关于促进信息消费扩大内需的若干意见》《信息化和工业化深度融合专项行动计划(2013—2018年)》《促进智慧城市健康发展的指导意见》《中国制造2025》《促进大数据发展行动纲要》《"互联网+"行动计划》《大数据+产业深度融合2017年行动计划》等一系列战略规划的提出和实施,为乌当区推进大数据产业发展提供了新机遇。

(2)大数据产业蓬勃发展。贵阳市作为首个国家大数据产业发展集聚区,充分利用与中关村的区域合作机会,吸引大批企业入驻,发展数据中心、呼叫中心和电子商务等产业,建设了数据汇聚平台和大数据交易中心,以及"数据铁笼""党建红云""社会和云"等大数据应用;成立了贵州省大数据产业发展研究院、数据观产业发展研究院、大数据技术与产业创新联盟等机构,为乌当区大数据产业发展创造了良好的条件。

(3)区域容错能力较强。乌当区具有较强的区域容错能力,可以作为贵州省发展大数据安全技术和产业的试验场,为贵州省乃至全国的大数据安全产业提供先行先试成功案例。通过结合乌当区的良好基础及突出优势,以大数据产业应用为导向,以大数据产业发展为基础,以市场需求和创新为动力,加快推进大数据应用体系、大数据产业基地和大数据产业基础设施的建设,加大信息资源开发利用力度,带动乌当区大数据产业建设整体发展,促进信息化与工业化、城镇化、市场化、国际化的融合,推动科学发展,把乌当区大数据产业发展推向新阶段。

(四)乌当区大数据产业发展面临的困难

乌当区目前具备了一些大数据产业发展的基础和发展优势,但仍然面临以下问题,制约着乌当区大数据产业建设的创新和发展。

1. 大数据核心业态产业薄弱

特别是大数据加工分析技术及数据安全保障实力不足。大数据相关衍生业态规模较小且分散,虽形成一定聚集度,但尚未形成完整的产业链条,整个产业链弧较短。乌当区高端产品产业基础相对薄弱,产业转移承接能力弱,缺少标志性的大项目、龙头企业落地。

2. 大数据应用未形成体系化、规模化

大数据研发及产业聚集资金投入严重不足,金融服务配套体系尚未完全建立。一是由于大数据发展及智慧城市建设特性,"筑巢引凤"推动建设和发展的前期基础设施配套类项目,主要由财政资金投入,造成乌当区财政压力较大。二是大数据专业平台公司——智源公司尚未形成造血功能,未能承担投融资服务职责,在项目建设、运营维护、企业培育等方面无法满足产业发展需求。三是大数据及相关企业大多属于轻资产企业,而企业发展前期对资金需求量较大,虽为高新技术企业,但可抵押资产较少,企业融资困难。

3. 大数据技术资源及运营人才缺乏

区内高等院校和科研机构缺少,科技基础设施薄弱。大数据产业发展对人才支撑的要求较高,然而目前乌当区在相关领域、相关部门及运营管理平台的专业人才缺乏,特别是高端、领军和复合型人才十分匮乏。信息技术资

源整合不够，产学研结合还不紧密，乌当区信息技术应用和发展支撑力度急待加强。

4. 大数据创新能力欠缺

大数据创新基础薄弱，尚未形成良好的大数据创新氛围。企业作为创新主体地位的认识还不到位，产、学、研结合不够紧密，自主创新能力和动力缺乏，自主研发和创新能力较弱。与外部合作还处于起步阶段，与知名企业利用信息技术开展协同设计、生产、营销的程度有待深化，与国内外科研机构和高等院校开展研发的合作有待加强。

5. 大数据新技术、新产品等方面的对外合作交流较少

大数据发展及智慧城市建设涉及各行各业，需要对政府部门、企业及社会各类资源进行整合，形成整体联动、协同推进的氛围。由于相关部门、企业参与度不够等原因，在相关工作推进过程中，数据资源、多方联动等协同效应尚需进一步形成。

6. 大数据产业附加值较低

大数据对传统产业和主导产业的渗透改造力度不够。乌当区的电子元器件、大流量电波比例泵等技术起步早，有一定的市场份额，具有相对优势，但因忽视了行业标准的建立，乌当区企业目前大都停留在制造产品的阶段。应密切关注先进技术的动态发展和革新，要力争占领制高点，在不断创新中建立新的标准。

7. 专业机构支撑不足

在大数据产业发展过程中，在研发、培训、项目咨询、融资等各个环节上，乌当区范围内没有专业第三方机构，专业服务能力欠缺，造成项目包装、落地支撑不足，政府政策支持在企业落实层面难以达到理想效果。

五、乌当区发展大数据产业的顶层设计

《乌当区国民经济和社会发展第十三个五年规划纲要》（以下简称《纲要》）阐明了区委战略意图，明确区政府工作重点，是未来五年全区经济社会发展

的宏伟蓝图,是各级政府部门依法履行职责、编制专项规划、制定实施年度计划和各项政策措施的重要依据,是全区共同的行动纲领。《纲要》第二篇(崇尚创新,构建特色产业新体系)第七章对大力发展大数据产业进行了顶层设计。

(一)大数据产业的战略定位及目标

《纲要》提出:到2020年,实现"一个目标,三大任务"。"一个目标",即打造生态健康之区;"三大任务",即建设全省大健康医药产业发展示范区、建设贵阳创新型中心城市腹地、建设更高水平全面小康社会。

《纲要》明确了大数据产业的战略定位:推进大数据与大健康产业融合发展,引领全市健康大数据产业发展。打造"互联网+"发展新业态。加快"云、网、端"信息基础设施建设,规划建设大数据产业园,着力打造贵阳市健康大数据产业中心。力争到2020年,全区大数据及其关联产业规模总量达200亿元以上,信息消费规模突破100亿元。[①]

(二)大数据产业创新发展重点

《纲要》强调了大数据产业创新发展四大重点:一是产业园区。乌当大数据智慧应用产业园、贵阳乌当电子商务产业园、乌当区农村电子商务产业园、乌当区电子商务孵化园。二是重点科技产业化项目。中国振华(集团)电子元器件产业化开发、嵌入式软件与网络化软件开发、中航力源智能制造大数据应用平台、智慧城市系统融合平台开发。三是大数据应用重点专项。智慧健康云应用平台、大数据外包服务产业平台、智慧城市基础网络及数据中心、健康数据服务中心、大数据诊疗服务系统、基于可穿戴与便携设备的医疗健康云平台、天安之友慢性病管理平台、威门大健康微信商城、北京精易博创贵州省大数据安全与监测体系建设项目、上海安黔贵州大健康产业交易网融平台、苏州极致远程动静态心电监护网络服务平台、北京怡凯居家智慧养老大数据平台。四是"互联网+"示范项目。包括乌当区(农村)电子商务物流园、乌当区电子商务示范街、乌当区电子商务产业基地、区级电子商务平台"午当锄禾"、乌当区电子商务运营服务中心、大数据智慧产业基地富盛电子商务"互联网+呼叫中心"、思迈网络"互联网+文化创意"、点线传媒"互联

---

① 乌当区人民政府.乌当区国民经济和社会发展第十三个五年规划纲要,2017-03-31.

网+智慧电梯"、智慧科技的网络安全监测监控等、黔五福、贵州龙、驴妈妈、贵州大数据旅游产业公司、黔之驴等电子商务平台。①

(三)推动发展健康大数据产业的路径

《纲要》对推动发展健康大数据产业做出了具体的安排:实施大数据"助飞"大健康发展战略,运用大数据、云计算、物联网、移动互联等信息技术加快整合健康医疗产业资源,推动大数据在公共医疗保障、个性化健康管理、远程医疗咨询、精准服务定位等领域应用,打造健康大数据全产业链。②

《纲要》对推动发展健康大数据产业的路径进行了顶层设计:借力"智慧健康云"平台,率先在健康、医疗、养老等领域开展健康大数据产业示范,全面引领健康大数据核心产业发展。面向健康需求,围绕智慧健康、智慧医疗、智慧养生等新业态,提升相关产业大数据资源的采集获取和分析利用能力,加快医疗健康大数据开发,着力建设贵阳健康大数据服务中心。构建全市(区)电子健康档案、电子病历数据库,完善覆盖公共卫生、医疗服务、医疗保障、药品供应、计划生育和综合管理业务的医疗健康管理和服务大数据子系统;构建涵盖预约挂号、分级诊疗、远程医疗、检查检验结果共享、防治结合、医养结合、健康咨询等各个环节的大数据诊疗服务系统。大力引进和培育国内外大数据软硬件企业,重点加强与国内先进地区健康大数据企业合作,发展健康大数据加工、应用、创意服务等核心产业。③

(四)"123+X"工程

《2017年乌当区人民政府工作报告》提出要以"123+X"工程为重点特色推进大数据战略行动。借助大数据发展先行优势,推动大数据产业和智慧城市应用业态聚集,加快建设块数据示范区。重点做好以下工作:一是加快建成大数据产业发展平台。启动贵州乌当智源大数据服务产业集聚区建设,加快中国数谷·智客小镇建设,加快大数据智慧产业园、贵州智源大数据创新创业基地等重大平台建设。着力扶持一批大数据企业进入全市"十百千"培育计划方阵,全区大数据及其关联产业规模总量增长25%。二是加快完善智

---

① 乌当区人民政府. 乌当区国民经济和社会发展第十三个五年规划纲要, 2017-03-31.
② 乌当区人民政府. 乌当区国民经济和社会发展第十三个五年规划纲要, 2017-03-31.
③ 乌当区人民政府. 乌当区国民经济和社会发展第十三个五年规划纲要, 2017-03-31.

慧城市基础设施建设。提高"天地双网"运行效率，逐步向中心集镇、重点景区覆盖。依托智慧城市设施建设，以应用和数据积累为导向推动智慧社区、智慧停车、智慧水务等项目建设，积极引导市民群众、企事业法人主动触网，推动形成具有乌当特色的"微商圈"。三是全力推进大数据应用改造提升传统产业。用好用活"千企改造、一企一策"和"双培育"工程政策措施，重点加快建设力源液压国家智能制造试点示范项目，推进"军民融合"，不断促进传统优势产业优化升级。四是大力推进政务数据"聚通用"。分领域制定实施数据共享开放推进方案，加快推进医疗卫生、生态环保、社会治理等领域的数据汇聚、清洗、脱敏、加工、应用等工作，率先在教育、医疗、市场监管、社会治理等领域实现"块数据"开放共享，开放的数据量达到500 TB。

六、大数据驱动乌当区大健康产业、大旅游产业升级的路径分析

中共贵州省第十二次党代会强调，要全力实施"大扶贫、大数据、大生态"三大战略行动，奋力开创百姓富、生态美的多彩贵州新未来。中共贵阳市委常委（扩大）会议指出，要在推进三大战略行动中更好地"作表率、走前列"。以"探路"精神，快一步推进大数据战略行动，打赢"突围战"。将"高一格、快一步、深一层"的要求贯穿到实施"大扶贫、大数据、大生态"三大战略行动的各方面和全过程，在全省深入实施三大战略行动的过程中始终作表率、走前列。抢占大数据发展制高点，拓展大数据发展新空间，做足"大数据+"大文章，打造创新生态体系，不断巩固在大数据领域的优势。乌当区要坚定不移地实施大数据战略行动，推进大数据与各行各业深度融合，以国务院《促进大数据发展行动纲要》和《贵州大数据综合试验区实施方案》为纲领，按照市委提出的"一个核心、三大任务、四个支撑、五大保障""十大工程"和打造"中国数谷"的部署，深入贯彻落实区委十届三次全会提出的"高一格、快一步、深一层推进大生态战略行动共商共建共治共享生态乌当新未来"要求，紧紧围绕大数据"核心、关联、衍生"三大业态，以政府数据"聚通用"为抓手，以大数据应用为重点，不断挖掘大数据"政用、商用、民用"价值，积极推动大数据和实体经济、政府治理、社会管理方面的深度融合，加快大数据政用、商用、民用发展。

（一）做好大数据与大健康大旅游产业融合发展的大文章

大数据要与大健康大旅游产业融合，关键在于产业本身的发展和应用。

一是大健康大旅游产业要有融合创新的意识，结合自身业务特点，主动寻找应用创新机会。

二是要加强行业合作和产业链合作，整合形成行业公共信息大平台，这样才能保证大数据的可靠来源。大健康大旅游产业既要重视收集数据资源，推动信息资源开放、共享，发展用户参与设计、云设计等新兴研发模式，鼓励大企业向中小微企业和创业团队开放平台入口、数据信息、计算能力等资源，提供研发资源，又要打通数据，让数据互联互通起来，大力发展智能装备，建设智能工厂，实现机器、设备、系统、车间、产品之间的互联互通，企业生产与市场之间的实时信息交互等，努力提升制造全过程的网络化、数字化和智能化水平。

三是以大数据为代表的创新意识和大健康大旅游产业长期孕育的工匠精神要结合起来，才能让新旧动能融合发展，从而改造提升大健康大旅游产业，打造乌当经济发展的新引擎。[①]

（二）制订有序推进实施"大数据+大健康、大数据+大旅游"行动计划

互联网、大数据跨界融合创新浪潮正席卷经济社会的各行各业，互联网、大数据与传统行业的横向整合与纵向重塑正持续深化。乌当区需要因地制宜，合理定位，制订和有序推进实施"大数据+大健康、大数据+大旅游"行动计划。行动计划的制订和有序推进将对打造大众创业、万众创新和增加公共产品、公共服务"双引擎"，主动适应和引领经济发展新常态，形成经济发展新动能，实现乌当区经济提质增效升级具有重要意义。因此，乌当区应做好以下工作：

一是制订和有序推进实施"大数据+大健康、大数据+大旅游"行动计划，以此推动大数据的普遍服务，发展面向产业结构调整和科技创新应用的大数据产业链，全力推动产业结构和科技创新在深层次上的融合。

二是部署加快建设大健康产业互联网平台，大旅游产业互联网平台引导

---

① 黄鑫. 大数据如何影响大健康大旅游产业[N]. 经济日报，2017-07-07.

大型企业开展内部"双创",开放供应链资源和市场渠道,促进产业链上下游、大中小微企业融通发展。

三是大力实施智客人才计划,加快"中国数谷·智客小镇"建设,集聚一大批科研机构和创新创业团队,鼓励技术创新、产品创新、商业模式创新,打造智客云集的全省创新创业高地。大力实施智享生活工程,建成智慧医疗云、智慧教育云、智慧生态云、智慧停车云等一批云应用服务平台。

四是全面提升"三园一街一基地"电子商务产业平台发展水平,形成特色鲜明的"微商圈"。

五是努力构建医疗健康大数据"聚通用"块数据中心,基本建成块数据示范区。①

(三)夯实大数据与大健康大旅游产业融合发展的环境支撑

强化平台搭建,为大数据驱动乌当区大健康产业、大旅游产业升级提供必要的环境支撑。优质平台聚集优质资源。要按照着力营造大数据大家抓大众享的浓厚氛围,构建五大支撑体系的要求,做好以下工作:

一是建立和完善政府主导、以企业为主体的大型数据中心,包括公共数据中心和行业数据中心。其中,公共数据中心主要覆盖民生领域,包括食品卫生、医疗健康等;行业数据中心主要服务于各行各业。通过公共数据中心,提高政府对重大事件决策的科学性、系统性和前瞻性,全力推动大数据产业在医疗健康、公共交通、食品卫生、安全保障等民生领域广泛应用,让大数据产业服务于民生。通过行业数据中心,企业利用大数据创新发展,特别是在智能制造、智能金融、智能商务等行业促进传统产业结构的调整优化和转型升级。②

二是不断完善信息产业孵化基地、贵州(乌当)大数据智慧产业基地的配套建设,同时加快推进智慧云锦、智客小镇、大数据创业创新基地等重大项目建设及相关配套设施建设,构建吃、住、行、娱于一体的楼宇经济圈,为乌当区招商引资、招才引智、产业聚集奠定基础。

三是不断完善大数据产业发展运营管理机制,为乌当区大数据企业提供

---

① 未来可期大数据引领作用更凸显[N]. 贵阳日报,2017-05-25(C6).
② 陈德余,汤勇刚. 大数据背景下产业结构转型升级研究.科技管理研究[J]. 2017(1).

优质服务。不断完善智源公司法人治理结构，搭建投融资平台，增强投融资和运营能力，形成自我造血能力，引入社会投资，建立风险投资及担保基金，使智源公司真正发挥技术咨询、指导及资源配置、投融资平台、产业支撑的作用，同时通过"引入+培育"的模式，组建乌当区大数据产业发展第三方专业服务机构，为乌当区大数据产业发展过程中提供顶层设计、项目咨询、技术研发等专业服务。

四是提升主体聚集带动效应。加快推进智慧云锦、大数据创新创业基地等基础平台项目建设，"筑巢引凤"打造产业发展环境，引入国内龙头企业、优强企业带动本土企业发展。

五是加大创新创业扶持力度，全面推进《乌当区推进大众创业、万众创新三年行动计划》落实，鼓励大学生及农民工返乡创新创业，助力"大众创业万众创新"。

六是加快推动云锦洛湾医药食品新型工业园、贵阳（乌当）医疗健康城建设，把"智汇云锦"苗医药博物馆打造成贵州展示大健康、大数据融合发展成果的窗口和平台，最终目标是打造千亿级产业园区和创新驱动示范平台。[1]

七是各部门要主动作为，完善服务，加强引导，在实践中大胆探索拓展，加强统筹规划，提高服务和管理能力。

（四）打牢大数据与大健康大旅游产业发展的信息基础设施

按照贵州省《实施大数据战略行动建设国家大数据综合试验区的意见》中"统筹大数据基础设施集约利用"、"抓好一批信息基础设施重大工程"以及贵阳市"数据资源汇聚工程"的要求，应做好以下工作：

一是进一步完善"天地双网"建设。强化维护及运维，以需求、问题为导向，以寻求如何优化、充分利用为抓手，积极推进"贵州基础设施三年会战""广电云""六项行动"等工程，全面有效地完善乌当区"天地双网"建设。

二是完善数据中心及公共数据库建设。进一步优化分布式云数据中心架构，将全区信息设施的资源池化，将数据中心构建成"一朵云"，为政府、教育、医疗部门提供网络资源服务，实现资源的按需分配和使用，为全区政务、

---

[1] 乌当区工业和信息化局. 乌当区大数据发展及智慧城市创建推进情况汇报[R]. 2017.

公共事业、企业数据交换、共享提供平台支撑。①

（五）围绕大数据产业三大业态，创新发展、重点突破

围绕"核心业态+关联业态+衍生业态"构建大数据全产业链的要求，乌当区将重点实施以大数据为引领差异化发展、特色突显的区域发展战略，形成乌当特有的大数据发展新业态。

1. 核心业态方面

以贵州省发展"大数据核心业态"和贵阳市"数据产业集聚工程"为指导，培育大数据集聚和应用示范优势，应重点做好以下工作：

一是大数据存储。重点是数据中心建设和运营。充分发挥乌当区智慧城市先试先行优势，做好数据中心布局和建设，对电子商务数据、社交数据、人口房屋等基本数据、社会化块数据等企业和社会数据进行专业采集、获取，并将数据资源商品化，形成具体产业形态。

二是大力推进大数据关键技术创新，开展大数据基础研究。以应用为导向，面向大数据安全、智慧农业、智能制造、健康医疗、文化旅游等重点需求，探索建立符合地区特色、数据驱动特点的数据应用系统及模型。

三是结合乌当区大数据产业发展，针对数据安全标准制定、数据存储安全、数据流通安全，加快推进"大数据安全实验室"项目建设。

四是不断加强区级平台公司人才队伍建设，构建乌当区大数据创新创业培育主体，有效推进"大众创业、万众创新"工作。

2. 关联业态方面

一是按照省关联产业发展重点"集成电路，包括芯片和集成电路设计、制造、封装测试三个子业态及支撑配套业态。代表企业有振华、中科汉天下等。下一步发展将重点依托中国电子信息产业集团（CEC），支持振华把已经基本完成设计的自主可控CPU芯片、核心交换芯片拿回贵州建设封装测试生产线，适时建设芯片制造生产线"，乌当区积极支持中电振华等电子信息企业发展，加快推进振华集团大数据研究院、电子元器件生产线智能制造升级、

---

① 乌当区工业和信息化局. 乌当区大数据发展及智慧城市创建推进情况汇报[R]. 2017.

新能源材料智能制造升级示范项目的落地建设,以大数据为驱动,大力推进电子元器件、智能终端、集成电路等制造业发展。

二是按照省市"重点推进农村电子商务、社区电子商务、行业电子商务和跨境电子商务加快发展"要求,依托乌当区"贵州省电子商务进农村综合示范县"建设,围绕"1+3+N"顶层设计电子商务体系,加快推进智慧旅游、智慧农业、电子商务产业园、电子商务物流园、农村电子商务产业园、电子商务产业基地、电子商务示范街等项目建设,结合乌当区行业特色,建设覆盖乌当区内工商企业的微商圈,提供生产、销售、服务能力,积极推进乌当区电子商务产业发展,塑造"午当锄禾"城市品牌形象。

三是加强知识产权保护力度,支持区内企业研发创新、技术创新,同时结合区内产业业态,大力发展服务外包产业。

3. 衍生业态方面

依托乌当区国家智慧城市试点创建成果,积极推进大数据在政务管理、民生服务、产业发展方面的应用。

一是政用方面。结合省、市政府数据"聚通用"的要求,打造贵阳市块数据示范区,围绕政务数据开放共享,加快完善智慧城市综合指挥管理平台、社区网格化管理信息系统、电子政务协同办公系统、乌当区视频报警联网管控信息系统等项目建设,同时积极推进智慧生态、智慧安监、智慧城市综合指挥管理平台(二期)等项目建设,对区级政府相关政务业务进行综合梳理,将各部门、各单位的业务数据整理、编目、清洗、汇总、标准化,逐步实现块数据在产业发展、政府治理、民生服务等各领域的融合应用,形成块数据"聚、通、用"链条,将乌当区打造成为贵阳市块数据城市示范点。

二是民用方面。加快推进智慧医疗、智慧教育、智慧农业、公共文化共享服务平台等项目建设,同时积极谋划智慧交通、智能停车等民生项目建设,充分将大数据产业发展及智慧城市建设成果延伸到背街小巷,提高民生服务水平,全面提升市民幸福感。

三是商用方面。坚持大数据创新应用广泛融入产业提升、城乡建设、社会治理、民生服务各行业领域,实现大数据产业突破、集群突破、技术突破,通过将大数据与大健康、大旅游、电子商务、传统制造业的充分融合,以大数据技术,实施创新工程,促进产业转型升级。利用大数据助推大健康产业发展，结合乌当区"贵州省大健康引领示范区"建设，围绕"医、养、健、管"四大领域，加快构建产业创新生态链，全业态打造生态健康产业体系，推进大数据、云计算、物联网、移动互联网等信息技术在医药医疗、养生养老、康体健身、健康管理等大健康领域的应用，不断培育催生大健康新业态。支持天安之家、威门堂大数据电子商务平台、远程动静态心电监护系统等项目建设，将大数据应用充分融入大健康产业发展，打造大健康和大数据姊妹篇。以"互联网+特色食品"发展模式，引导、支持区内五福坊、贵州龙等特色食品企业开展电子商务。支持中航力源液压"压泵零件制造智能车间""智能制造创客空间"等项目建设，将大数据、互联网、物联网等新一代信息技术与智能平行生产管控、制造执行系统等先进制造业技术手段相结合，打造数据驱动的智能工厂和数字化车间，支撑传统制造业向智能化制造、协同化设计、网络化营销转型，培育一批智能制造创新企业。

（六）加大数据安全保障机制建设，推动产业融合向创新驱动发展

随着云计算、大数据、物联网和移动互联网等技术的快速发展，大数据的应用规模呈现几何指数增长，这给信息安全和隐私保护带来极大挑战，因此在推动大数据广泛应用的同时，我们要做好信息安全和隐私保护，要做好信息安全顶层设计，明确数据安全责任制，建立大数据安全保障机制。另外，从长远来看，政府要积极探索建立数据资产的知识产权保护机制。目前，中国制造正从过去的"速度依赖型"转向"质量驱动型"，从过去的"要素投入型"转向"创新驱动型"。大数据是一个高科技产业链，要逐步整合各领域数据创新，全力推动个性化、精准化、智能化的数据存储、数据处理、数据分析、可视化应用等环节快速发展，全力打造"大规模数据中心"，培育新的经济增长点。通过大数据管理，依托科研中心，加大培养大数据领域专业人才，通过质量创新、科技创新、劳动力技能的提升，全面提高生产要素的使用率和生产效率。①

---

① 陈德余，汤勇刚.大数据背景下产业结构转型升级研究[J].科技管理研究，2017（1）.

（七）大数据与大健康大旅游产业联动融合、做强长板

推动大健康与大数据融合创新，创建具有乌当特色的大健康"聚、通、用"数据中心，并积极发展远程诊疗、远程监护、健康检测、咨询服务、调理康复等应用业态，推进医药研发、检测、制造、流通和生命健康监测可穿戴设备研制等领域大数据应用。积极运用大数据思维和理念，依托目前乌当区正在打造的中国数谷·智客小镇、智汇云锦孵化基地、贵阳（乌当）医疗健康城，吸引一批产学研协同创新项目、机构、团队、人才入驻，构建医药研发中心集聚，产品检测平台和产业孵化、标准化生产基地。[①]

踏上新征程的号角已经吹响，创新乌当的美好前景鼓舞人心。乌当区要从"以共享为目标的创新型中心城市""以生态为特色的世界旅游名城"的战略高度，深化发展认识、适应形势变化、提升发展定位，通过大健康引领大数据驱动大旅游助推，借力大数据将三次产业互联起来，构建大数据引领大健康产业体系，把大健康产业发展领先优势与智慧城市建设先发优势融合起来，打造生态健康示范创新区，推进绿色发展，实现城乡统筹的发展态势和格局，奋力化宏伟蓝图为美好现实！

（执笔人：中共贵阳市委党校　吴桂华　中共乌当区委党校　辛　玲）

[①] 朱颖慧，连玉明. 贵阳蓝皮书：贵阳城市创新发展报告 NO.1 乌当篇[M]. 北京：社会科学文献出版社，2015.

第六章

大旅游助推乌当区产业升级对策分析

一、乌当区大旅游战略定位

当今世界旅游业发展迅猛,20世纪90年代初已进入全球化和大众化旅游时代。①旅游逐渐成为民众的重要生活方式,是现代经济和社会发展良好的重要标志。旅游业已逐渐成为国民经济的重要支柱产业,已超过石油工业和汽车工业成为世界第一大产业。据国家旅游局发布数据显示,2016年,国内旅游、出入境旅游稳步增长,成为惠民生的重要力量。全年国内旅游44.4亿人次,同比增长11%;国内旅游总收入3.9万亿元,同比增长14%。入境旅游人数达到1.38亿人次,同比增长3.8%,其中外国人入境2814.2万人次,同比增长8.3%;国际旅游收入1200亿美元,同比增长5.6%;出境旅游人数1.22亿人次,同比增长4.3%;旅游服务贸易顺差102亿美元,较上年扩大11.5%。

因此,加快发展旅游业,对扩大内需、培育新的消费热点,拉动经济增长、扩大社会就业,调整经济结构、转变发展方式、提高综合国力和国际竞争力,都具有非常重要的意义。贵州应当以所独具的自然生态、民族文化等资源与条件为基础,以环境保护、文化传承为前提,着力于自身的经济基础与经济发展状况,开发和整合旅游资源,选择以大旅游作为贵州省经济发展战略及动力之一,实现生态环境、经济和社会发展"共赢"的绿色生态文明发展道路。党的十八届五中全会中提道:"绿色发展注重的是解决人与自然和谐问题,必须坚持节约资源和保护环境的基本国策,坚持可持续发展,坚定走生产发展、生活富裕、生态良好的文明发展道路,加快建设资源节约型、环境友好型社会,形成人与自然和谐发展现代化建设新格局,推进美丽中国建设,为全球生态安全作出新贡献。"

---

① 舒小林. 大旅游理念下贵州旅游业发展研究[J]. 技术研究与管理技术,2013.

大旅游作为环境友好型产业，资源消耗少，生态负荷轻，既能拉动经济发展，又能减轻环境压力，是促进生态系统恢复重建，促进区域社会、经济、生态环境全面协调，实现可持续发展的新兴产业模式，在地区经济发展中具有重要战略地位。原贵州省委书记陈敏尔在全省旅游工作推进会上明确提出，要坚持把建设生态文明作为实现贵州省经济社会发展历史性跨越的根本途径，而发展旅游业是贵州省建设生态文明、加快实现贵州省经济社会发展历史性跨越的必然选择。贵阳市委、市政府认真贯彻落实省委、省政府做优做强旅游"长板"、实现旅游业"井喷式"增长的决策部署，充分发挥贵阳市生态旅游资源优势，进一步推动旅游业升级跨越发展，努力将贵阳市打造成为以生态和山地为特色的世界旅游名城。

贵阳市乌当区因其优越的区位条件，优异的生态环境，优美的自然风景，丰富的地热资源，独特而浓郁的民族文化和风情，便利的交通，拥有了优越的旅游资源区位优势，成为贵阳市大旅游发展的先驱示范区。"十三五"期间，贵阳市乌当区的发展被定位为：建成重要的文化旅游集散地、文化旅游创新引领区、全国新兴旅游热点城市、国内一流、国际知名的健康养生旅游目的地。

为认真贯彻落实省委、省政府做优做强旅游"长板"、实现旅游业"井喷式"增长的决策部署，充分发挥乌当区生态旅游资源优势，进一步推动旅游业升级跨越发展，按照贵州省政府《关于推进旅游业供给侧结构性改革的实施意见》、贵阳市委市政府《关于推进旅游业供给侧结构性改革的实施意见》及《关于打造世界旅游名城的实施意见》等文件精神，乌当区加快推进全域旅游发展，推动现代山地农业、文化创意、康体养生等现代服务业进一步融合，通过不断延伸产业链条，拓宽产业幅盖，形成产业支撑，发挥乌当区比较优势，实现全区跨越发展。

"十三五"期间，乌当区将加快推进全域旅游战略，认真落实绿色发展理念，以大交通带动大旅游、大生态提升大旅游、大数据助推大旅游，大力发展旅游产业，守住"绿水青山"，做到经济效益、社会效益、生态效益同步提升，使乌当区青山常在、碧水长流，实现百姓富、生态美的有机统一。

二、乌当区大旅游发展目标

乌当区在"十三五"期间，将以"创新、协调、旅游、开放、共享"五大发展理念为引领，按照"中国全域式健康旅游目的地、贵阳全市民周末度假首选区"的总体定位，围绕"温泉养生、山水运动、农庄度假、特色文化"四大类型，整合资源，推进"全景式打造、全产业发展、全社会参与、全方位服务、全区域管理、全季节体验"全域健康旅游体系，提升贵阳市民体验休闲养生、享受健康生活的"周末花园"建设水平，全力将乌当区打造成为面向西南、中南以及泛珠三角的区域性夏季休闲度假区和养生养老目的地。预计到2020年，全区旅游总人数达到1949.33万人次以上，旅游总收入达到175.44亿元，旅游业增加值占全区GDP比重达到12%以上，旅游就业人数占本地就业总数的比重达20%以上，本地农民纯收入20%以上来源于旅游收入，旅游税收占地方财政税收10%左右，为建设全域健康旅游目的地奠定坚实基础。

三、乌当区大旅游产业布局的特征

乌当区的大旅游产业布局是以全域旅游结构来规划并进行发展的，即"一心一廊多点（新添寨服务中心，贵开二级路旅游廊道，北、中、西、东多点协同并进）"的结构布局，形成老公路通道和乌当路网，以新堡为重点区域的大旅游产业布局。其中，在新添寨区域，形成以服务业、美食、温泉、高尔夫球运动为一体的新天都市综合旅游区；在新堡区域拥有香纸沟及大寨两个休闲农业观光园区；在羊昌区域拥有特色农业嘉年华；在黄连（带）拥有森林公园；在偏坡及二坡山打造民族村寨；在泉城五韵及百宜、普渡等散点乡村打造特色的枢纽营地。

（一）打造优质旅游产品，优化旅游产业结构

1. 温泉旅游

乌当区根据城区温泉与乡村温泉互补共荣的发展思路，重点打造乐湾国际旅游综合体，使其发挥高端示范作用，带动乌当区的温泉度假区建设以及休闲度假旅游的发展。打造山林生态温泉，依托北部良好的自然生态环境，建设羊午水库温泉度假村、水田大坝口温泉度假村，让其成为集避暑、度假、会务、休闲、保健、疗养、游览、观光为一体的温泉度假胜地。在民俗文化温泉方面，打造金螺湖温泉养生度假区、枫叶谷欢乐园、香纸沟金孔雀温泉度假区等一批健康温泉养生类旅游产品。乌当区现已成功开发并正式对外营

业的温泉有：贵御温泉、保利·国际温泉、振华万象温泉、泉·天下国际俱乐部、乐湾国际温泉城、香纸沟温泉。待开发的有：水田相思河、铁厂、三江村、大坝口温泉，以及羊昌金螺湖、迎丰水库、新场羊午水库、新天小谷龙等。根据温泉旅游总体规划和正确的产业定位，乌当区凭借丰富的温泉旅游资源和日渐成熟的旅游市场，于2009年参加《当代贵州》杂志社、省风景名胜区协会、省旅游协会联合举办的贵州"十大影响力风景名胜区"和"十大魅力旅游景区"评选，以"贵阳乌当温泉之城旅游景区"的整体形象荣获了"贵州十大魅力旅游景区"称号。

2. 山水运动旅游

乌当区以山水运动升级反哺秀美山水，重点打造盘龙山国家森林公园、相思河秘境养生谷、南明河生态廊道、二坡山山体公园、梅兰山城市山体湿地公园、中天假日方舟生态体育休闲基地、环溪河（松溪河）山体湿地公园、羊昌黄连森林公园、岐山山体公园、百宜高原汽车露营基地、云雾山山地运动公园、秋韵黄连、乌当全域运动绿道等一批健康养生运动类旅游产品。2010年7月盘龙山森林公园正式对外开放。为进一步提升"黔中秘境·生态乌当——一个诗意生活的林中泉城"的形象品牌，乌当区又凭借自身良好的生态优势，在水田镇全新打造并推出了总面积1937公顷，集户外体验、生态休闲、森林漫步为一体的盘龙山森林公园项目，吸引广大市民来此"回归自然、体验生态、走向健康"。盘龙山森林公园坐落在乌当区水田镇南面，是贵阳市二环林带的重要组成部分，以山形走势如盘龙而得名"盘龙山"。山中遍布华山松、马尾松、柳杉等10余种树木，是贵阳市近郊面积最大、生长得最好的核心林区，堪称"绿色大氧吧"。

3. 农业旅游

乌当区具有山地农业与特色村寨相依相生的特点，重点打造羊昌花画小镇、新场高山食药材种植养生园、百宜下坝"五色农业"食养主题系列园区，以及彩韵可龙、田韵罗广、下坝百果园等一批健康农庄度假类旅游产品。2015年，乌当区邀请专家对全区旅游资源进行了全面考察，结合旅游景区和旅游资源特色，突出生态健康旅游、山地运动、乡村运动和休闲娱乐，制订了全域健康旅游规划编制方案，对全区的旅游资源进行整体规划。方案将"泉城五韵"健康乡村旅游扩展为"泉城九韵"，涉及北部多个乡镇。以这"九韵"的九个点为发展方向，围绕大健康旅游这条主线进行规划和建设，着力把乌当区打造成为贵阳市，乃至贵州省大健康旅游的典范。按照整体规划方案，以特色产业为依托、乡村健康旅游为龙头，乌当区不断完善"公司+农户"经营模式，先后引进10余家农业龙头企业，在乡村旅游景区公路沿线布局了金手指葡萄、露地草莓、蓝莓等特色种植基地。偏坡乡把村民的土地流转给公司经营，先后组建了贵阳乌当明友猕猴桃种植专业合作社、贵阳乌当金翠种植专业合作社，按照"专业合作社+基地+农户""大户+散户"的产业发展模式，推动生态观光农业和民俗乡村旅游协同发展。此外，乌当区还借助举办贵阳市第二届农业嘉年华活动的时机，大力推进配套项目建设。

4. 文化旅游

乌当区具有戏楼独秀之东风协天宫、水月招堤来仙阁、祥瑞之塔惜字塔、阆苑名区的木石精雕佛山寺、梵语蝉音方经寺、佛道谐古林寺、万年古人类遗迹猫猫洞、神秘的夜郎文化主题广场、厚重的水东宋氏土司文化、东风头堡文琴坐唱、新场可龙布依红灯戏、东风头堡棋子灯、下坝卡堡苗族花棍舞、岩底苗族长竹舞、新场小尧苗族花鼓舞、百宜朗道布依语歌、偏坡布依婚宴盘古歌、羊昌黄连布依夜宴歌、布依铜鼓舞、板凳舞、竹竿舞、布依长号、布依刺绣、簸箕画、木贴画、根雕盆景、香纸沟的古法造纸、竹编艺术、黄连农民书法等一系列文化瑰宝，犹如一颗颗珍珠散落在乌当大地，异彩纷呈。乌当区以现代活动传承古老文化为主线，重点打造乌当百里情、禅韵普渡、拐吉生态文化村落、成山文化村、马场屯堡文化村、百宜乡愁小镇、百宜红色记忆旅游区、东风风情街等一批特色民俗文化类旅游产品。

（二）完善健全基础设施，提升综合接待能力

1. 服务场所建设

"十三五"期间，力争建设1个二级旅游集散服务中心，1个三级旅游集散服务中心，各旅游集散服务中心建设不少于2个A级以上旅游公厕。在羊昌"花画小镇"、黄连、新堡香纸沟、水田相思河、盘龙山等主要景区景点建设不少于10个生态停车场，不少于20个A级旅游公厕。

2. 交通道路建设

加快头堡至下坝宋家坝、水田镇至蔡家寨、羊昌集镇至黄连、水田竹林至罗庄至新堡长坡至马头村等道路建设和提升，按照"一路一特色"打造旅游景观大道，构建全域旅游交通体系。

（三）强化推广，构建立体宣传体系

1. 打造精品旅游线路

乌当区以大健康、大旅游、大数据为引领，根据全区旅游项目建设实际情况，按照旅游、文化、体育、农业融合发展、统筹策划的思路，结合温泉、生态、乡村、山地等旅游资源，巩固提升"春赏花、夏避暑、秋采摘、冬泡泉"四季精品旅游线路。春日赏花可以去水田赏李子花，下坝赏樱桃花、桃花，百宜赏梨花，新场赏杜鹃花。

乌当区属亚热带季风性湿润气候，夏无酷暑，冬无严寒，盛夏举家出行泉城五韵、花画小镇休闲避暑，游览诗画般的美丽风光，体验农家之乐和乡村旅游。

推荐线路：贵阳—乌当东风镇—乐湾国际旅游综合体（在此可体验高尔夫球娱乐，感受致尚生活）—情韵阿栗（在此可采摘时令水果）—醉韵偏坡（在此可体验民族风情游、品味酒文化、赏荷花等）—美韵渡寨（在此可体验簸箕作画，欣赏如画卷般美丽的自然山水）—水韵马头（在此可采摘时令水果，体验儿童水上游乐等）—香纸沟欢乐园（在此可体验大型水上乐园、儿童游乐园、射击、惊险刺激的滑草、户外吊桥、树屋酒店等）—古韵陇脚（在此可体验神奇的古法造纸、香纸沟自然景色）—福韵王岗（在此可品尝布依庖汤美食）—羊昌花画小镇（在此可欣赏花山秀色、繁花似锦、流水恋花、田园耕读、共叙羊堡旧事）—新添寨（可在高新路美食一条街品尝乌当美食、体验保利国际温泉、贵御温泉、振华万象温泉、乐湾国际温泉城，秋天可去百宜摘黄金梨园、新场采摘红树莓）。

2. 加强宣传推广

加强传统媒体与新媒体的互动，全方位、多角度、多渠道推介乌当区旅游，实现精准化、互动式、多元化、立体化旅游推广。乌当区通过线上线下相结合的方式，加大与相关媒体开展深入合作的力度，积极参加省市组织的

各类旅游推介活动，通过楼宇广告、户外广告等宣传方式，通过强烈的视觉冲击，营造良好的宣传氛围。2016年，乌当区参加了多彩贵州山地旅游推介会、南宁旅游推介等活动，通过乌当官方微博及与贵阳网、今日头条、酷游网、村游网的合作进行宣传推介，组织了旅游商品企业参加"物爽贵阳"特色旅游商品推荐名录评选、年货节等活动，47家宾馆酒店加入了线上销售，占全区宾馆酒店的71.2%，全区旅游景区和部分酒店线上销售额达2 000万元。

（四）提升旅游服务水平，大力发展满意旅游

乌当区在完善旅游产业布局的同时，高度重视提升服务水平，提高旅客满意度。具体措施有：加强旅游安全体系建设，整合市场、交通、交管、消防、安监等部门资源，推动旅游食品卫生、旅游交通、旅游消防安全大检查常态化，确保旅客安全。加强涉旅人才队伍建设，加大对全区机关事业单位旅游人才队伍、旅游经营主体、旅游从业人员的培训力度，提升服务质量。加强旅游市场监管力度，严厉打击擅自抬高门票价格、住宿价格、餐饮价格、旅游商品价格、公交车和出租车价格、制售假冒伪劣旅游商品等侵犯游客权益的行为。加强旅游环境卫生治理，对景区景点建设垃圾集中收运，建设污水处理设施和标准化旅游厕所，大力指导旅游酒店饭店、农家乐做到厨房净、房间净、设施净和服务人员衣着整洁、文明礼貌，所有旅游运营车辆确保安全、卫生，为广大游客提供干净、舒适的旅游服务。

（五）推进产业融合发展，构建全域旅游格局

1. 推动农业与旅游业融合发展

乌当区围绕"园区变景区、田园变公园、产品变商品"的理念，以国家农业科技园区和下坝樱桃、羊昌花卉苗木、新堡生态休闲、偏坡生态休闲观光、新场优质蔬菜等省级高效农业示范园区升级建设为载体，大力发展生态农业、休闲观光农业。全面加强与台湾农业合作，积极嫁接引入台湾"精致农业"发展模式，通过调整种植结构、农业经营模式，推进三次产业相互融合和渗透，形成都市型山地现代农业与康体休闲、旅游度假融合发展格局。大力推进农旅一体化，深度农事体验性旅游活动，培育采摘篱园、乡村特色民宿、农庄度假等旅游业态，推动特色农产品、手工艺品向旅游商品转化，让村民成为旅游发展的参与者、受益者。

2. 推动文化与旅游业融合发展

乌当区深度挖掘水东土司文化，高水平打造《水东风云》大型文艺演出项目。深度挖掘少数民族文化、屯堡文化资源，加强新堡布依族乡、偏坡布依族乡、黄连村等传统村落、民族建筑的保护和利用，加快"羊堡旧事"和新堡民族文化街项目建设。加强来仙阁、协天宫、川主庙、南静寺等宗教场所和历史文化遗迹的保护和开发。加快新堡香纸沟古法造纸、新场苗族花鼓舞、下坝苗族花棍舞、东风文琴戏、偏坡布依服饰、下坝卡堡印苗服饰制作等非物质文化遗产的保护和生产性开发，促进其旅游商品化，打造一批文化旅游精品项目和商品。

3. 推动体育与旅游业融合发展

乌当区加快美丽乡村马拉松道、乌当夏季森林半程马拉松绿道、乌当百里情特色民俗骑行绿道、亚高原山地自行车骑行绿道、乌当峡谷徒步毅行线五条绿道建设，申办或举办各类体育赛事活动。充分发挥香纸沟景区、云雾山、盘龙山、相思河、下坝巴喇谷等山地、河谷资源特色，引入企业开发山地极限运动、漂流、水上运动、骑行探险、徒步等系列高端户外拓展运动。

4. 推动大数据与旅游业融合发展

乌当区围绕"智慧旅游"工程，鼓励旅游企业巩固和完善智慧旅游基础设施建设，通过信息技术改善经营流程，提高管理水平，提升产品和服务竞争力。加快推进乌当旅游 APP 及智慧旅游运行监管及应急指挥平台视频会议系统的搭建和使用。积极发展旅游电子商务，鼓励旅游企业通过多种方式广泛开展线上营销。

5. 推动大健康与旅游业融合发展

乌当区重点发展休闲养生、滋补养生、康体养生、温泉养生四大业态，推动大健康与文化旅游深度融合，加快建设融合生态养生体验、中药民族药保健、避暑度假等服务于一体的健康养生基地。加快推进一批健康养老项目，把医疗、气候、生态、康复、休闲等多种元素融入养老产业，培育发展养老、康复、老年产品等一体化的特色产品。推进健康运动与休闲旅游的融合发展，借助泉城五韵、盘龙山森林公园、香纸沟、情人谷和新堡休闲农业观光园区等景区，大力发展山地越野、山地自行车、户外露营、徒步、攀岩等山地户外康体健身运动，打响"市民周末花园"品牌。

2016年新推出的香纸沟欢乐园、羊昌花画小镇等景点景区吸引了大量游客，温泉度假游也格外火爆。2016年黄金周期间，景区接待游客9.26万人次，实现旅游综合收入1018.79万元；乡村旅游接待游客44.35万人次，实现旅游综合收入4346.6万元。其中，"泉城五韵"接待游客33 426人次，御温泉接待游客16 253人次，花画小镇接待游客20 443人次。2017年春节期间，乌当区推出了系列年味十足的旅游活动和优惠活动，其中首届贵阳春节花市备受游客热捧，以"泉城五韵"为代表的乡村旅游持续火爆。

四、乌当区大旅游产业升级的比较优势

大旅游是为满足游客不断增加、多样化、多层次的旅游需求，旅游产业链不断延伸和扩展而形成的具有高度产业关联性、多重综合效益和功能的旅游业发展模式。大旅游发展模式比传统旅游产业的内涵更为广泛、全面和系统，是旅游产业化发展进入成熟阶段的一种必然模式。乌当区的旅游具有以下优势：

（一）政策优势

党中央国务院近年来对旅游产业发展提出了一系列全新的政策方针，指引和推动了旅游经济转型升级，带动和促进了经济社会全面发展。2014年，国务院出台《关于促进旅游业改革发展的若干意见》，提出要进一步转变发展方式、深化旅游改革；到2020年，旅游业增加值占国内生产总值的比重超过5%，旅游业成为国家战略性支柱产业。2015年8月，国务院办公厅发布了《关于进一步促进旅游投资和消费的若干意见》，从六个方面提出26条具体措施，并指出旅游业是我国经济社会发展的综合性产业，是国民经济和现代服务业的重要组成部分。通过改革创新促进旅游投资和消费，对于推动现代服务业发展，增加就业和居民收入，提升人民生活品质，具有重要意义。2015年10月，贵州省委书记陈敏尔在首届国际山地旅游大会开幕式上提出："贵州将以更加开放的视野、更加务实的举措，念好'山'字经、打好生态牌，持续用力、久久用功，着力把山地旅游打造成为具有全域全景理念的大产业、承载

核心文化价值的主载体、拉动山地经济发展的增长极，努力将贵州建设成为世界知名的山地旅游目的地。"2015年11月，孙志刚同志在贵阳市调研时提出"贵阳打造世界旅游名城"的目标。从国家到地方都对旅游业的发展提出了强有力的指导意见，乌当旅游产业将乘政策的东风进入快速发展的黄金时期。

（二）交通优势

乌当辖区总面积686平方千米，城市规划面积133平方千米，城乡面积之比为4∶1，距贵阳市中心6.5千米，经东北高速绕城环线南行8千米至贵龙洞堡国际机场，距火车客运站12千米。在贵阳市"三环十六射线"城市骨干路网中，贵开路、水东路、北二环、东二环、北京东路延伸段（东北城市干道）、东北绕城高速均直通区内。"十二五"期间，贵阳火车东站建成投用，大大提升了乌当远程旅游的可进入性，新的贵阳环城高速建成通车以及贵遵复线开工建设等重要交通项目，极大地提升了乌当旅游交通的便捷性。四通八达的交通网络，无论是自驾还是使用公共交通，都会给旅游者提供快捷高效的出行方式。乌当作为贵阳市在旅游板块的重要构成，其吸引力将大大提升。乌当区应抓住这一历史机遇，抢占交通利好带来的发展先机。

（三）旅游资源优势

乌当区海拔高度在1100~1400米，属亚热带季风性湿润气候，全年平均气温在14.6℃左右。区内生态环境良好，生态优势明显，自然物种多样。全区森林覆盖率51.13%，全年空气质量优良天数达300天以上，境内山地、丘陵、坝子都有分布。优异的自然生态环境造就了乌当区域内丰富多样的旅游资源。

1. 秀美的自然风光

乌当区内群山起伏、河流蜿蜒、山环水绕、雾气弥漫，有珍贵的地质遗迹，众多的奇峰深峡、绝壁秘洞、飞泉流瀑、清溪碧湖、古树名木、珍禽异兽。河谷、溪水、山腰、村落、梯田、花海构成了自然、和谐、特色鲜明的山水空间环境。还有如链似芽，层层叠叠，高低错落，壮丽雄奇的梯田。辖区境内现有香纸沟、相思河、渔洞峡、情人谷、金螺湖、盘龙山森林公园等多个自然风景区。秀丽的自然风光，成为乌当区不可多得的休闲度假胜地。

2. 多彩的民俗文化

乌当区内有汉、布依、苗等33个民族，少数民族5.34万人，占全区总人口18%。尤其是布依族、苗族悠久的历史以及丰富的文化，长期吸引着八方游客。民间民俗节日丰富多彩，新堡"三月三"布依歌会、东风石头寨苗族跳场、偏坡布依族乡"六月六"民族风情节、阿栗杨梅文化节、新场杜鹃花节、下坝樱桃节、百宜梨花节、中秋品梨节等民族风情节，人们穿着民族服装、欢跳民族舞蹈、高唱民族歌曲，吸引了百万市民和游客参与。多姿多彩、具有广泛群众基础的民族民间民俗文化活动，让珍贵稀有的民族民间文化"活"起来，在保护与传承中，也增强了文化旅游的生命力，显示了休闲度假旅游的魅力。

3. 厚重的历史文化

乌当区历史悠久，春秋时期属柯（音）国，战国时期为楚黔中地，秦属象郡范围，西汉时期属夜郎县，西晋时期属晋乐县，隋朝属柯县，唐宋代属矩州。后又经历宋、元、明、清时期，清康熙二十六年（1687年）改贵州卫、贵州前卫为贵筑县，辖十七里，民国元年（1912年）贵筑县并入贵阳府。乌当区则始于1958年2月，撤贵筑县后成立。乌当悠久历史文化，铸就了缤纷奇异的民族民间文化资源，灿若繁星。乌当区具有戏楼独秀之东风协天宫、水月招堤来仙阁、祥瑞之塔惜字塔、阁苑名区的木石精雕佛山寺、梵语蝉音方经寺、佛道谐古林寺、万年古人类遗迹猫猫洞、神秘的夜郎文化主题广场、厚重的水东宋氏土司文化、东风头堡文琴坐唱、新场可龙布依红灯戏、东风头堡棋子灯、下坝卡堡苗族花棍舞、岩底苗族长竹舞、新场小尧苗族花鼓舞、百宜朗道布依语歌、偏坡布依婚宴盘古歌、羊昌黄连布依夜宴歌、布依铜鼓舞、板凳舞、竹竿舞、布依长号、布依刺绣、簸箕画、木贴画、根雕盆景、香纸沟的古法造纸、竹编艺术、黄连农民书法等文化瑰宝，犹如一颗颗珍珠散落在乌当大地，异彩纷呈。

4. 丰富的地热资源

乌当区地处贵州最大的温泉带，区内热储层厚度稳定，属层空性热储，温泉分布较广，温度高、水质好、储藏量大，温泉水中含有锶、氡、硫等微量元素，素有"林中泉城"的美誉。作为贵阳"温泉之城"核心区，乌当区内温泉地热资源禀赋优异,现已探明32个温泉点,被誉为"喀斯特王国最神秘的温泉群"。目前开发成井的日涌水量平均在1000吨左右。其中,保利温泉、贵御温泉已通过国家4A级旅游景区认证。乌当区已连续多年承办中国贵阳温泉节(季)开幕式。乌当区以"温泉之城"整体形象荣获"贵州十大魅力旅游景区"称号。

(四)大数据发展优势

大数据让旅游更"智慧"。在信息化水平迅速发展的今天,智慧旅游的发展离不开大数据,可以说智慧旅游想要更加"智慧"发展,就必须依靠大数据相关技术和政策,利用大数据提供有利的资源来进一步促进智慧旅游的发展。大数据能提升旅游管理智慧化,提升旅游营销精准化,提升旅游服务人性化。

乌当区以大数据为引领,不断驱动传统优势产业升级发展。在智慧旅游方面,乌当区在区内重要景区景点配置了364个摄像头,基本实现公共区域24小时可视化监控,同时与驴妈妈、淘宝旅游、携程旅游等旅游电子商务平台建立了长期合作关系,47家宾馆酒店加入了线上销售;在智慧农业方面,羊昌·花画小镇智能温室内部景观、信息采集、自动控制系统已完成。①

在绿色旅游方面发展全域旅游绿色生态方面,乌当区着力大数据绿色项目重点林业生态农业文化旅游,坚决清除有污染项目进入,抓好"以旅促绿"启动两个绿色农副产品物流集散中心建设,依托羊昌·花画小镇做好2021年中国花卉博览会申报工作,推进绿色旅游园区景区标准化特色化规模化融合化发展确保绿色生态旅游井喷式增长达80亿元以上。

五、乌当区大旅游产业布局的影响因素及原因分析

(一)业态单一,产品不突出,品牌形象不鲜明

乌当旅游客源市场主要以温泉疗养、民俗体验、休闲度假等为主,主要来源于贵阳市内及周边区县居民。贵阳市内游客平时到乌当区旅游主要以果

---

① 樊荣. 拥抱大数据实现大跨越——乌当区纵深推进大数据产业发展扫描[N]. 贵阳日报数字版,2017(A06).

蔬采摘、温泉疗养、吃农家饭为主，占全区游客接待数的30%，周末、节假日进行果蔬采摘、民俗体验、温泉疗养、吃农家乐等的游客占全区接待数的60%。省外游客占10%，但基本属于一日游范畴，以观光游览自然风光、民俗体验、棋牌（或健身）、采摘果蔬和品尝农家饭菜为主的农家乐、温泉为主要形态。业态较为单一，尚未形成全方位、多元化的集"吃住行游购娱"于一体的周末休闲度假业态。同时，旅游产品不突出，旅游形象不鲜明。例如，乡村旅游产品还是以"点"的形式存在，资源的独特性和体量都不足以产生中远程吸引力的"大温泉、大乡村"。形象传播尚无体系性计划，具有区别性的旅游形象仍然不鲜明。曾经最有影响的香纸沟等品牌未能延续，"秘境"和"林中泉城"的形象策划与实际产品不能互相支撑。

（二）旅游配套服务不完善

旅游公共交通急需完善。区内高速公路、省级公路及乡村公路已形成网络，但还需要根据区内旅游节点进行优化，公共交通运输线路未能覆盖主要景区，没有自备车的本地和外地客人出游非常不便。

信息服务严重滞后。目前所依托的信息化信息服务平台仅有乌当区旅游局网站，但信息发布量少，更新慢，互动功能缺失，登录速度慢。平面信息传播材料散发力度不够，公开出版物少且不符合市场需求。

旅游配套设施和相关服务不发达。饮食、娱乐方面的配套设施不足，美食街规划不够合理，娱乐业严重不足。旅游商品行业规模上，商家实力弱，没有形成有特色的旅游商品体系和浓厚的旅游购物氛围。住宿接待业比较薄弱，旅游饭店数量少，主要集中在新天城区，香纸沟、渔洞峡、情人谷、偏坡等景区虽有一些当地居民开办的家庭旅馆和景区小旅馆，但设施和服务均比较差。

旅游景点经营主体主要是当地农户，经营形式是个体经营，他们的个人素质直接影响到服务的质量及服务水平。部分农家乐设备简陋，消毒、排污设施和环境卫生都有待改善。政府对他们的管理仅停留在统一收费标准，安排适当的技能培训，没有进行科学系统的培训和管理。特别是到旅游高峰期，农家乐的服务质量和服务水平就会大打折扣，势必影响游客二次消费意愿，农家乐的经营理念、服务质量、服务水平都有待进一步提高。

（三）科学规划缺乏

目前，从村寨的旅游发展规划来看，大部分村寨的旅游还有待开发。在已开发的少数村寨旅游规划中，存在不合理、不完善的情况，没有做到长远考虑，如消防安全、排污处理等基础设施设备缺乏规划。而已完成的旅游规划大多过于笼统，在实际执行中，操作性和实用性不强。被列入乡村旅游开发建设名单的村寨，所在各乡镇根据各自的实际条件和当地"土专家"的建议来进行建设，其旅游设施或建筑的设计具有一定的局限性，导致村寨建设同质化严重，"一乡一特，一村一品"的格局难以形成。

（四）生态环境保护不力

随着旅游客源增加、自驾游的增多，旅游收入增长的同时，生态环境破坏的程度也在加剧。一方面，乡村旅游村寨没有污水处理系统。经营户自身也缺乏生态保护意识，将污水、生活用水直接排放，目前看来影响不大，长此以往，将会对村寨的环境造成严重的破坏，也会影响旅游业的长远发展。很多游客来尽情享受乡村的自然山水，天然氧吧时，不注意自己的行为，所到之处，常常垃圾一片，方便了自己，却对环境造成严重的破坏。另一方面，随着旅游业的迅速发展，景区缺乏严格的制度规范和专业管理人才，也严重制约了景区的接待能力和水平。

（五）民族、民俗文化挖掘和保护不力

在旅游开发过程中，忽视对传统的民族、民俗文化的保护。现有的保护措施存在形式化倾向，致使文化逐渐成为符号，文化精髓没有得到真正意义的传承。民居保护性修缮措施的力度不够。例如村民普遍对古民居建筑保护意识不强，对它的不可再生性，以及在社会发展中的地位和作用认识不够，擅自拆除古民居建筑的现象屡见不鲜。民俗文化、非物质文化遗产没有得到很好的保护。例如，民族语言、刺绣、剪纸、布依砍牛经、土法造纸非物质文化遗产都将面临失传的危险。在经济转型和工业化浪潮的挤压下，由于传统的手工艺大都比较费时、费力，再加上欠缺保护意识，而导致许多传统工艺都陷于困境、甚至失传。

民族文化氛围淡薄，民族文化存在被淡化的倾向。在乌当区很多民族村

寨及民族乡中，少数民族群众已很难保持传统的少数民族生活习惯及习俗。例如，只有在重大的民族节日，少数民族群众才会穿戴民族服装及民族饰品；而在日常生活中，大部分少数民族群众的衣着穿戴早已与汉族群众无异。民族语言消逝严重。现在在少数民族群众当中，会民族语言的大多是老年人，年轻人很少，民族语言文化已经走向淡化的边缘。游客在参观游玩少数民族村寨及民族乡过程中，已经很难再感受和体验到独特且浓重的民族风情和民俗文化了。对少数民族、民俗文化保护不力，导致民族文化资源不能很好地与旅游资源融合。

六、乌当区大旅游产业的升级对策探析

（一）明确升级发展的总体思路

乌当区应充分发挥区位交通、生态环境的比较优势，以大健康概念聚合山地风光、民族风情、温泉养生、城郊游憩、农业体验、户外运动、文化休闲等资源要素，大力发展大旅游产业。进一步完善并加快实施大旅游规划，大幅提升全域内部交通网络通畅水平，精心布局重要游览路线，促进全区形成大景区、大旅游格局。力争到2020年，旅游总人数达到1300万人次，旅游总收入达到100亿元。

大力发展"医疗康体、滋补养生、温泉理疗"三大养生旅游产业，巩固壮大"乡村旅游、避暑度假、观光体验"三大休闲旅游产业。以香纸沟创建国家5A级旅游景区为龙头，打造盘龙山—相思河—普渡河国家级旅游度假区。依托乐湾国际、振华万象等温泉旅游项目建设，谋划新建一批4A级以上温泉旅游景区，打造乌当区温泉养生服务集聚区。推动"泉城五韵"乡村旅游提档升级，全力打造面向西南、中南以及泛珠三角的区域性夏季休闲度假区和养生养老目的地，打响"黔中秘境·生态乌当"城市品牌。

加快推进"农旅融合、文旅融合"发展。围绕"园区变景区、田园变公园、产品变商品"的目标，借助"贵州山地旅游平台"发展智慧旅游，坚持"农业围绕旅游调结构、招商围绕旅游上台阶、城乡围绕旅游搞建设、农户围绕旅游上项目"的发展思路，推动旅游业助推相关产业融合发展。以国家农业科技园区和下坝樱桃、羊昌花卉、新堡休闲观光、偏坡生态休闲观光、新

场优质蔬菜、百宜蔬果茶等省级高效农业示范园区升级建设为载体,通过调整种植结构、农业经营模式,推进三次产业相互融合和渗透,形成都市型山地现代农业与康体休闲、旅游度假融合发展格局。结合美丽乡村示范带建设和农村综合环境整治三年行动计划,加强乡村建设规划,深度挖掘本地区历史、文化、民族、民俗等元素,加快形成农家民宿养生、特色农家乐、民俗风情街、民族手工艺等一批农文旅融合的特色旅游新产品、新亮点,创造市场供给,促进农民创业创收。

(二)加大基础设施建设力度

1. 建设内联外畅的交通枢纽地

旅游具有异地性,畅通的交通是旅游活动得以顺利实施的保障。因此,乌当区应在交通建设方面加大力度。一是加快推进"三环八射"骨干路网建设,提升通达乡镇和景区、景点公路等级,完善公共交通体系。二是完善交通管理设施,提高交通科学管理和服务水平,治理交通拥堵问题。三是加强旅游交通及配套服务设施建设,开通新添寨—偏坡、新添寨—下坝—百宜—羊昌—新堡—水田—新添寨、新添寨—羊昌—黄连、新添寨—渡寨—王岗—香纸沟、新添寨—情人谷—阿栗的旅游专线车,根据淡旺季调整车次频度,必要时给予补贴,进一步提升全区旅游的可进入性。四是针对自驾游日益增多的实际情况,在"十三五"期间加强新天旅游服务中心、自驾车营地、景区(点)停车场的建设,进一步完善建设旅游交通标识系统。

2. 完善基础配套设施建设

在景区、景点建设中推行节能环保建筑材料,注重采用新技术、新能源,建环保型垃圾箱、垃圾处理场所、垃圾回收设施等。如:景区灯光、亮化尽量使用新型清洁能源产品;景区生态停车场,地面采用可吸收太阳辐射的透水透气材料,车位两旁种植草坪和树木,既可有效降低车内温度,也可达到"树下有车、车旁有树"的环保效果;景区能源采用地热能源、天然气、沼气等新型清洁能源。

3. 完善科学城镇规划

统筹部门规划和休闲旅游规划。融入旅游功能要素,避免重复投资。同时，注重对地标文化的挖掘，在突出地域特色、体现文化内涵、张扬个性风格上下功夫，与现代化相结合起来，统筹谋划，合理布局，高水平地抓好乌当地标建设。整合资源，促进产业融合，拓展乌当旅游发展空间，主要做好以下四方面工作：

一是以温泉旅游带动城镇旅游。坚持"以泉促景、以景带泉、景泉共建"的发展思路，利用都市近郊温泉这种相对稀缺的资源，把自然景区开发、三产布局、旅游商品项目设置与温泉项目开发有机结合，整体提升乌当温泉旅游的形象与品质，打造温泉经济产业带，以此带动交通、房地产、餐饮、娱乐、会展、养生、体育等相关产业快速发展，巩固贵阳"温泉之城"的核心地位。

二是开发工业旅游市场。按照工业强省战略的要求，依托乌当食品药业工业园和在建的火石坡及西南工业总部基地，通过工业规划布局和包装设计，增强工业的文化艺术特色和审美情趣，使工业设计、生产、经营过程成为旅游风景线。

三是大力发展农业观光旅游和乡村旅游。以农耕文化、生态体验、乡村风情为突破口，优化整合田园山水、农事体验、新农村风貌等优势资源，大力发展"春季赏花、夏季避暑、秋季采摘、冬季庖汤"为特色的乡村旅游；以国家农业科技园区为平台，把农业发展与工业原材料基地建设结合起来，大力推进以"大自然公司棕榈育苗育种研发培训观光基地""威门药业公司石斛中药材育苗育种研发培训观光基地""百宜天麻林下种植研发培训观光基地"等项目为重点的工农业一体化协调发展，着力构建以生态观光旅游、民俗风情旅游、农业体验旅游等为主的乡村现代三产体系。

四是坚持可持续发展原则，把保护城镇生态环境作为设计乌当形象的基本点，最大限度地做到人工环境与自然环境有机结合，强化生态保护，注意河流生态绿化，建成市民休闲场所。维护城镇发展在历史、生态、民俗文化上的连续性。

（三）着力实施城乡景观治理

1. 加大城市景观整治

科学设计打造城市景观路径、景观节点、建筑形态，塑造有浓厚地方特色的山地生态城市。做好道路维护、城乡卫生、建筑立面、道路沿线绿化美化工作，营造舒适的城市环境。通过对城市景观的打造，提高城市质量，提升城市品牌，为发展旅游提供名片。

2. 加强小城镇交通建设

以"5个100"工程的小城镇示范点建设为契机，围绕乌当区"三环八射"骨干路网建设，在乡镇集镇、交通节点、村寨进出口实施美化、亮化、净化工程，提升城镇整体形象。随着区域内"三环八射"骨干路网的不断完善，乌当区产业结构优化调整和现代产业体系重构面临新的机遇。兰海高速贵遵段、贵瓮高速、贵阳—长沙客运专线等过境乌当的快速通道建成通车，乌当区与成渝、长株潭、长三角等重点经济区的联系将更为紧密。沪昆高铁、环城快速铁路、贵开城际快铁、火车东站等重大基础设施的相继开工，乌当区与周边区域中心城市的时空距离将大大缩短。未来将形成半小时通达开阳、遵义，一小时通达重庆、昆明的快速铁路交通网，乌当将成为贵阳市东北部的交通门户与重要节点。其中以贵开快速铁路为例，在乌当境内总长34千米，有火车东站、三江、百宜三个经停站点，将为乌当区商务、休闲旅游、娱乐和购物等提供快速、大容量、公交化通勤服务。

3. 加强城市与乡村的生态联系

要逐步建成由人行步道、自行车道、非机动车途径和停车场、租车店、旅游商店、特色小吃店等设施及城乡之间、城市功能区之间绿化缓冲区组成的绿道。在建设中，将以绿道为藤，以"藤结瓜""瓜连藤"方式，把绿色通道建设和改善环境、促进区域经济发展紧密结合起来，真正把绿色通道建成绿化线、风景线和致富线，开创环境友好型、资源节约型的发展之路。大力推进农旅一体化，深度农事体验性旅游活动，培育采摘篱园、乡村特色民宿、农庄度假等旅游业态，推动特色农产品、手工艺品向旅游商品转化，让村民成为旅游发展的参与者、受益者。

4. 打造文化旅游城市品牌

强化文化要素挖掘开发，推动文化与旅游业融合发展。对区域内独具特色的文化进行保护传承和深度挖掘，提升城市发展内涵。例如：深度挖掘水东土司文化，高水平打造《水东风云》大型文艺演出项目；深度挖掘少数民族文化、屯堡文化资源，加强新堡布依族乡、偏坡布依族乡、黄连村等传统村落、民族建筑的保护和利用，加快"羊堡旧事"和新堡民族文化街项目建设；加强来仙阁、协天宫、川主庙、南静寺等的保护和开发；加快新堡香纸沟古法造纸、新场苗族花鼓舞、下坝苗族花棍舞、东风文琴戏、偏坡布依布依服饰、下坝卡堡印苗服饰制作等非物质文化遗产的保护和生产性开发，促进其旅游商品化，打造一批文化旅游精品项目和商品。

（四）丰富休闲旅游业态

1. 打造高端休闲体育度假区

一是突出主题旅游产业建设。以"青少年游乐"和"养老康体"为两大主题，细分消费市场，引领周末时尚生活，拓展休闲度假业态。利用优美的自然环境和良好的山地条件，重点建设完善乐湾国际体育公园、盘龙山体育公园，积极开展高尔夫、山地越野车、山地自行车、徒步等户外体育活动，并适时举办具有一定影响力的全国性体育赛事。二是招商引资借"外力"，不断壮大和延伸旅游产业链。鼓励引进国内外有实力、善经营的大型企业集团对休闲旅游资源进行整体开发，完善设施、丰富业态、刺激消费、释放潜力。

2. 改造升级现有旅游产业

依托主要交通和风景廊道整合旅游资源，成片建设旅游村镇和无边界景区，形成覆盖房地产、旅游、文化、商贸、休闲、餐饮、娱乐等诸多行业的"林中泉城"休闲旅游产业带，努力提升经营水平并以此为基础制定乡村旅游行业标准。打造温泉旅游品牌，延长温泉旅游产业链条，全面提升旅游产业档次。按照"一村一特色"的思路，依托独具特色的文化生态资源，进一步提升新堡"三月三"布衣风情节、偏坡和黄连"六月六"布依族歌会等民俗文化活动品牌的影响力，推动香纸沟古法造纸、卡堡苗族花棍舞、渡寨簸箕画等民间表演项目和民间艺术传承发展。

3. 抓好休闲观光旅游建设

一是立足本地特色，突出农业旅游精品园区打造。在发展过程中要遵循"政府驱动、部门联动、村民主体、协会管理、公司运作"的管理模式，各尽其责，各获其利。要以政府驱动为主导，由农户"自主经营，各谋发展"逐步向"公司+村集体+农户"以及"股份制合作"等规范化管理模式过渡。可根据各乡镇发展水平和农村产业结构调整的实际情况,让村委和公司参与乡村旅游管理,因地制宜,充分体现"村民事务、村民参与、村民受益"的主旨,尽量通过合理的管理模式实现农村旅游的可持续性发展,更好地促进农民增收。二是制定农家乐行业标准,加强从业人员培训教育,提升农家乐的档次和品味。不断提升旅游业人才队伍的整体素质,加强对住宿企业、温泉企业、乡村旅游、景区从业人员的旅游教育和节能减排培训,特别要高度重视乡村旅游标准化体系的建设和推广,使乡村旅游在标准指导下健康有序发展。

4. 开发文化旅游产品

一是充分发掘乌当区少数民族村寨的文化底蕴,开发传统节日、服饰、饮食等民族文化,将文化元素融入乡村旅游。开发具有浓郁民族特色的手工艺品,增加文艺演出,丰富旅游内涵,增强对游客的吸引力。二是坚持保护为主、合理利用的原则,维护好区域内名胜古迹、古街古巷、特色民居等特色文化建筑,并打造一些具有时代气息、体现地域文化的特色街巷,推动城镇文化旅游。同时,将农耕文化与豫章书院的国学文化相结合,使其对传承文化、弘扬精神文明起到辐射带动作用。三是挖掘红军长征在乌当的足迹,大力发展红色文化,弘扬红军精神,促进红色旅游的发展。大幅提升"黔中秘境"的文化内涵。

(五)完善商业服务

1. 建设优质服务的旅游目的地

以人为本,优化旅游环境,提升旅游服务质量。一是弘扬新风正气,大力倡导游客至上、服务第一的理念。建设乌当区旅游信息平台,在城区重要集散场所、重点旅游镇村和景区提供电子触摸屏服务和旅游咨询服务。同时,以信息化为途径,更加重视提高旅游服务效率,开展旅游在线服务。二是建立乌当区游客投诉处理平台,及时有效处理旅游活动中的投诉,提高游客满意度,进一步提升了乌当文明形象。

2. 大力扶持新型商业业态

通过对商业网点进行优化布局,大力扶持新型商业,促进商贸服务业加快发展。结合旧城改造和新城扩建，合理布局商业网点和综合旅游服务设施，形成以新天卫城、仁恒商业步行街等一批多元化、多层次的销售网络。努力把商业街打造成商业繁荣地、旅游目的地和文化展示地。

3. 大力推进城市综合体建设

按照交通路网规划和工业园区布局的要求，合理规划各物流节点，引进知名商企，整体开发、综合打造商业综合体。重点发展一批面向全省、辐射西南的大型专业批发市场，提升商业人气，壮大本土消费和旅游过境消费，形成区域性现代物流中心，打造"贵阳北部商圈"。

4. 促进服务功能的实现

促进形成"健康旅游业全域优化、生产性服务业专业配套、生活性服务业精细均衡"的现代服务业发展格局，着力完善"吃住行、游娱购、医养健"服务功能。

着力提升完善旅游基础设施和综合服务体系，打造一批避暑休闲型、生态观光型、文化创意型、运动探险型、养生养老型、商务会展型等特色化、多样化、高附加值的旅游精品。大力发展住宿业，重点加快星级酒店、经济型酒店、汽车露营地、汽车旅馆、精品乡村酒店、特色农家客栈等住宿接待设施的建设，引进知名中高端酒店品牌增加特定消费群的消费者黏度。引导鼓励从事医疗保健、养生养老、康体健身服务领域的创业创新创客团队创办各类企业，满足个性化健康新兴消费需求。引进和培育专业旅游服务机构，加强旅游行业监管和标准化建设，加大旅游人才培训力度，实行统一的导游资格和从业管理制度，建立与国际接轨的旅游服务质量管理体系，打造"养生乐园""避暑公园"形象品牌。

着力提升完善区域生产性服务功能，促进制造业向制造服务化转型。依托核心城区和产业园区，发挥大数据信息技术优势，推动生产性服务业向专业化和价值链高端延伸。重点促进医疗保健服务与大数据结合、医药流通与物联网结合，发展产业关联度高的数据中心、呼叫中心、电子商务中心、智慧物流中心，强化围绕医疗保健服务、教育产业的智能硬件、集成电路和终端产品研发、设计与制造。依托"智慧城市"围绕大健康，加快推动现代物流、会展、金融、孵化、信息、研发、设计、商务、节能环保服务等生产性服务业布局优化和集群发展，为相关产业发展提供配套保障。大力发展现代物流业，提高物流专业化、社会化、规模化水平，打造西南重要的现代医药物流枢纽。

着力提升区域生活服务功能，促进社区生活品质高端化。优化提升新天东风传统商圈，加快培育贵阳快铁东站、汽车北站、乌当客运站、公交枢纽及高速匝道等节点枢纽新型商圈，推进"便利消费进社区，便利服务进家庭——双进"工程，打造包括物流配送、便民超市、平价商店、农贸市场、家庭服务中心、加油站、充电桩等在内的一刻钟社区便捷生活服务圈。大力发展物业管理、社区服务、养老便民及餐饮、娱乐、购物等各类生活服务业，引导家庭服务市场多层次、多形式发展，积极引入新兴商业业种、业态，满足城镇居民多元化个性化需求，进一步完善科教、卫生、文体、市政、消防等公共服务业发展，提高基本公共服务保障水平，推动生活性服务业向精细化和高品质转变。

（六）提升软环境建设水平

1. 建设安定有序的文明和谐旅游地

一是通过旅游业带动第三产业快速发展，创造直接就业机会，提供间接就业机会，提高全区城乡就业率。同时，通过媒体广泛宣传、政府倡导、政府官员身体力行，切实加强市民文明素质教育，努力提高市民文明素质和城乡文明程度。二是改善区内社会治安环境，有效促进城乡一体化、农业现代化建设，提高居民生活品质，推动生态文明建设向纵深发展。

2. 加强旅游项目的整体包装和开发

通过旅游推介会、大型经贸会等大型招商活动，引大商、引大资。一是抓好项目规划。旅游项目规划要充分体现乌当特色，正确处理和贵阳市整体与局部的关系，准确把握乌当的区域定位，项目规划既要体现乌当特色，也要顾全大局。进一步发掘与花溪、清镇、开阳、修文等周边区县的差异性，发挥都市"泉城"和乡村旅游集聚区的优势，建设高品位休闲度假旅游区，使乌当区成为贵阳市郊休闲度假产品的重要一极，支撑贵阳市的贵州省旅游中心城市和旅游目的地城市功能。二是抓好项目储备。加强项目的收集整理，加大对基层旅游招商项目编制工作的指导和把关，及时把优质、成熟项目充实到区旅游项目库，不断充实、完善全区旅游项目储备。三是抓好项目投资。逐年增大旅游发展专项资金额度，用好国家、省、市天然林保护、农业综合开发、农村能源、乡村公路、民族发展、危房改造、改水改圈改厕等专项资金，改善旅游公共服务设施建设，利用好微小企业发展等扶持政策，积极鼓励和支持企业、组织和个人以合资、合作、独资、兼并、参股、控股、租赁等多种形式依法投资、开发、经营旅游资源和景区，并依法保护投资商的合法权益，力创全市乃至全省的旅游"拳头"企业。

3. 深挖旅游产业市场

一是立体化宣传阵营，多层次资源配置。充分利用好"一报两台"资源，开设"乌当旅游"专栏，做到"报纸有文字、电视有图像、网络有专题"，多角度、全方位地将乌当旅游推介出去。积极参加国家、省、市组织的大型旅游交易会、推介会，精心组织举办"旅游+文化""旅游+招商"等形式的宣传促销活动，持续深入地宣传推介"黔中秘境·生态乌当"城市品牌。搜集整理一批高素质的文学、美术、摄影作品刊登在重要客源地的主流媒体上，扩大乌当旅游品牌知名度。二是科学营销规划，深度挖掘旅游市场。巩固和加强在黔中城市群的市场地位，建立和完善乌当在全市的营销体系，逐步搭建旅游目的地营销系统。扩大市场份额，通过旅游产品的建设和升级切入市场，丰富产品线，强化乌当的品牌形象，以独特性和互补性强的资源特色为重点，构建核心品牌，展开主题营销，并将之融入核心区旅游产品组合之中，进行整合。

4. 加强组织与制度保障

一是切实转变工作作风，努力建设服务型政府。在全区党员中继续深入开展"两学一做"的教育活动，切实转变机关工作作风，促进社会和谐，努力建设廉洁、高效、务实的服务型政府。同时，政府应做好道路、水、电、气等配套基础设施建设，拉大建设开发框架，做好征地农民补偿，为企业开发做好硬件建设。环保、规划国土、财税金融、行政服务等行政部门要为企业开发做好相关手续的办理服务。二是建立奖惩制度，健全和完善项目责任机制，激发干部职工干事创业热情，做好项目包案责任制，实行专人专项跟踪服务，一包到底的责任制，为企业自主开发经营管理保驾护航。进一步健全完善城管执法机制、网格管理机制、督促检查机制以及应急互管机制，切实强化对城市交通、城市卫生、便民服务、环境治理等问题的整治，提升城市精细化管理水平。三是制定切实可行的各项优惠政策措施。要立即着手，通过深入调研，结合区情，制定出包括税收、资金扶持、担保、贴息等内容的优惠政策措施，做好旅游商品文化和非物质文化遗产的挖掘，鼓励民间参与旅游商品的开发。

总之，乌当区旅游产业发展具有地理位置、气候、资源等多方面的优势，同时在资金投入、开发理念、文化发掘、品牌打造、人才培养、相关行业协调和规范管理等方面还存在一些问题，如能扬长避短，就能加速旅游产业的发展，使之尽快成为地方经济持续发展中的重要产业。

（执笔人：中共乌当区委党校　任利亚）

第七章

乌当区大健康、大数据、大旅游融合发展的优劣势与对策分析

一、乌当区大健康、大数据、大旅游融合发展的区位优势

贵州地处云贵高原，介于东经 103°36′~109°35′、北纬 24°37′~29°13′，东靠湖南，南邻广西，西毗云南，北连四川和重庆，东西长约 595 千米，南北相距约 509 千米。全省辖区面积 176 167 平方千米，占全国总面积的 1.8%。

贵州地貌属于中国西部高原山地，境内地势西高东低，自中部向北、东、南三面倾斜，平均海拔在 1100 米左右。贵州高原山地居多，素有"八山一水一分田"之说。全省地貌可概括分为高原山地、丘陵和盆地三种基本类型，其中 92.5%的面积为山地和丘陵。境内山脉众多，重峦叠峰，绵延纵横，山高谷深。北部有大娄山，自西向东北斜贯北境，川黔要隘娄山关高 1444 米；中南部苗岭横亘，主峰雷公山高 2178 米；东北境有武陵山，由湘蜿蜒入黔，主峰梵净山高 2572 米；西部高耸乌蒙山，属此山脉的赫章县珠市乡韭菜坪海拔 2900.6 米，为贵州境内最高点。而黔东南州的黎平县地坪乡水口河出省界处，海拔为 147.8 米，为境内最低点。贵州岩溶地貌发育非常典型。喀斯特（出露）面积 109 084 平方千米，占全省国土总面积的 61.9%，境内岩溶分布范围广泛，形态类型齐全，地域分异明显，构成一种特殊的岩溶生态系统。

贵州不沿海、不沿边、不沿江，从省会贵阳经陆路交通线到我国最近的海港及边贸城市均有 1000 多公里，这种"三不沿"的区位劣势，使贵州省经济社会发展需要付出比中、东部地区大得多的代价，对贵州省经济社会的发展十分不利。但是，贵州是西南五省区中唯一与其他四省市都相邻的省份，随着南（宁）贵（阳）昆（明）经济区的建立，贵州在经济区中的纽带作用将逐渐突出。此经济区又跨越长江流域经济带与珠江流域经济带，贵州在联结两大经济带中的优越位置不可低估。同时，西南陆、空、水立体交通综合

运输体系的迅速发展，通信网络的健全，极大地缩短了贵州与全国、全球的时空距离，这样贵州的区位将逐渐优化。近年来，贵州大力推进交通建设，为全省后发赶超、跨越发展鼓足了后劲。一条条通衢大道就像畅通起来的"经济血脉"，为西部"十字路口"的地位从"地图"跃入"现实"拿到了最佳"通行证"。

"十二五""十三五"期间，长沙至昆明客运专线及贵阳至广州、成都至贵阳、重庆至贵阳、贵阳至南宁、贵阳至郑州、贵阳至兴义至河口等铁路的建设，将为打造以贵阳为中心、贯穿东西、沟通南北、便捷对接周边各主要城市群的"米"字形快速客运网及大能力区际通道主骨架，形成贵阳至周边省会城市及全国主要经济区 2 至 7 小时交通圈提供坚强支撑。全部建成通车后，贵阳至昆明、重庆 2 小时内到达，至长沙、成都、南宁 3 小时内到达，至武汉、南昌、广州 4 小时内到达，至北京、上海 7 小时内到达。

乌当区东接贵州双龙航空港经济区，西融贵阳主城区，西临贵阳综合保税区，北接开阳南江乡，是贵阳中心城区核心组团之一。新天城区距贵阳龙洞堡国际机场 8 千米，距贵阳火车北站 10 千米，距贵阳火车站 12 千米；贵遵复线、东北绕城高速、贵瓮高速等高速路和沪昆、贵开、白龙快速铁路穿境而过，贵阳火车东站坐落境内。"十二五"期间，相继完成春天大道、臣功路、威门路、顺海中路、高新北路一期、北二环、东二环等重点交通基础设施项目，北京东路延伸段一期、二期等城市干道快速推进，尖小线、贵瓮线、贵遵复线等高速公路和沪昆线、白龙线等快速铁路建设顺利推进，完成航天路、马百线、新香线等道路白改黑工程。目前全区"三环八射线"交通骨架基本形成，人均拥有道路面积 14.5 平方米。

二、乌当区大健康、大数据、大旅游融合发展的资源优势

（一）健康资源丰富

作为贵州发展医药产业较早的区域，乌当区目前发展大健康产业所拥有的优势，主要体现在以下几方面：

1. 生态环境优异

乌当区属亚热带湿润季风气候，冬无严寒，夏无酷暑，雨热同季，四季分明。多年平均气温 14.6 ℃，1 月最低平均气温 4.4 ℃；7 月最高月平均气温

23.4 °C，平均最高气温 28.2 °C；平均气温年较差 19.0 °C，春季平均气温 15.0 °C，夏季平均气温 22.5 °C，秋季平均气温 15.4 °C，冬季气温平均 5.6 °C。年日照时数平均为 1183.2 小时，占可照时数的 27%。最多 1500.7 小时，占可照时数的 34%；最少的仅为 905.4 小时，占可照实数的 20%，是全国少日照区之一。日照最少月为 1 月，最多月为 8 月。全年中月日照时数最少 4.8 小时，最多 272.7 小时，相差 57 倍。

2. 资源类型丰富

2015 年，乌当区森林面积 33 017.37 公顷，全区森林覆盖率 49.38%。地热资源丰富，享有"林中泉城"的美誉，探明了 32 个温泉点。境内水资源丰富，有 12 条河流，12 座水库，库容为近 4500 万立方米，自然水体功能、人工水体功能达标率 100%。乡村旅游资源独特，以"泉城五韵"为代表的乡村旅游精品形象突出，其中，省级非物质文化遗产保护区——古法造纸技术的香纸沟等各类大小景点 10 余处。还有以演绎夜郎文化为主题的振华广场。

3. 健康资源独特

一是医药产业发展迅速。9 家规模以上制药企业中，3 家为全省领军型龙头企业，5 家为全省医药骨干企业。医药流通领域有 5 家线上药品经营企业，其中，康心药业为全省最大的药品批发流通企业。全区持有国家批准文号的药品达 140 个，投入生产 112 个，单品销售上亿元 10 余个，进入国家医保目录 44 个、基药目录 15 个，拥有专利 93 个，有 7 家省、市认定的企业技术中心和 23 条新版 GMP 生产线。医疗服务能力逐步增强，有医疗卫生机构 155 家，床位数 1 409 张，其中，三级医院 1 所、二级 3 所、一级 4 所。二是健康药食材初具规模。建有头花蓼、铁皮石斛等名贵中药材种植基地 2.5 万余亩。三是养生养老产业不断壮大。以 4A 级旅游景区贵御温泉、保利国际温泉、振华万象温泉为标志的温泉疗养蓬勃发展；拥有全省医养结合示范项目——曜阳医养结合养老服务中心等机构 33 家、床位 1252 张，拥有养生保健专业机构 3 家。四是园区建设规模凸显。有 1 个国家级现代高效农业示范园区——贵州贵阳国家农业科技园区（羊昌）。云锦洛湾医药食品新型工业园已投入使用，智汇云锦孵化基地强力推进，神奇智能化生态养老基地全面开工建设，贵阳医疗健康城（乌当）规划建设中。

（二）大数据设施优势

在大数据产业发展方面，乌当区围绕智慧城市试点创建工作，推进大数据产业与区域特色产业融合发展，把大数据广泛融入产业提升、政务服务、城市管理、社会治理等各行业领域。加快"云、管、端"信息基础设施建设，实现中心城区、中心集镇 WiFi 全覆盖，建成具有乌当特色的区域性局域网络，并与区域外网有效链接，实现网络流量"万兆出区、千兆流动、百兆到桌面"。

1. 大数据智慧产业基础优势

一是建成覆盖全区的光纤网和新天主城区无线 WiFi 网，形成了数据源采集、应用和自主可控的"天地双网"。结合市"701"工程的实施，已完成 110 个 Wi-Fi 接入点开通运营，建成三大核心网络机房、四条环网路由、26 条干线光缆约 120 千米、35 个室外光交箱和 10 GB 独立传输的双活备份数据中心，为今后大数据智慧产业发展提供了基础网络环境。二是三大运营商和广电网络基础设施整体提高。目前乌当区电信、移动、联通及广电宽带实现主城区 100%覆盖，行政村通宽带率达 95%以上。三是构建了自主可控的数据中心。依托智慧城市综合指挥管理平台及数据中心建设，通过融资租赁方式，目前已建成存储量为 500 TB（可实现最大存储 5PB），可满足呼叫座席 2 万线，最大承载云桌面用户端 2 万个。实现以分布式云数据中心架构，搭建了覆盖主城区 5 个社区的人口、房屋、法人、公共部件等城市公共数据库，并初步将民政、人社、教育、卫计、市场监管、统计等相关部门数据接入数据库。

2. 大数据发展公共平台优势

一是组建了乌当区智慧城市建设及大数据发展综合运营平台——贵州智源信息产业孵化基地有限公司（以下称"智源公司"）。2012 年以来，由智源公司建设运营的信息产业孵化基地、贵州（乌当）大数据智慧产业基地项目，聚集大数据创业创新企业 130 家，实现产值 2.2 亿元，带动就业 1800 余人，形成专利及软件著作权 20 余项，其中有 7 家企业成功申报"省科技型种子企业"、7 家企业成功申报"省科技型大学生创业企业"。目前基地已形成数据中心、呼叫中心、电子商务运营中心、大数据应用展示中心等公共平台。二是开启电子商务新引擎，推动科技惠民。围绕"1+3+N"顶层设计电子商务体系，建立推进机制，完成规划编制，"三园一街一基地"建设齐头推进，有序推进电子商务进农村省级示范县工作，帮助传统企业发展电子商务，全力扎实推进电子商务工作。目前，国家级农业园区搭建了贵州（乌当）农村电子商务产业园，全区发展电子商务、微商200多家，直接从事电子商务产业服务人员1200多人，已有28家电子商务企业入驻投入运营。完成了"乡筹网"电子商务平台、手机APP端的搭建。完成了高新路电子商务示范街所有商家二维码创建及使用，市民可通过识别二维码实现线上预订及支付。三是智慧城市综合指挥管理平台。依托智慧城市建设，在整合乌当区各大基础数据库基础上，搭建信息资源共享平台，使整个区域具有较为完善的感知、认知、决策和调控等能力，改善城市公共服务水平，已将城管12319、公安110视频信息、电子政务监察、社区网格化管理等六个系统接入并运行，后续全区有关部门系统将陆续汇集数据到平台，同时为今后与省、市数据互联互通预留接口。

3. 大数据智慧应用优势

政用方面。一是智慧社区项目。项目以网格化作为管理手段，实现了"人、地、事、物、情、组织"等全要素信息的精细化管理，整合了五个新型社区信息服务资源，网格化系统已经融合了户籍人口信息、党建信息、城市管理综合部件信息、机关企事业单位信息、流动人口信息。配备166个手持终端，并通过开展网格化信息系统手持终端使用培训，完成7.6万余人的基础信息的采集和对比。二是视频报警联网管控项目。覆盖新天城区及东风镇的监控探头已接入区智慧城市综合指挥管理平台，形成事件实时处理。同时，在羊昌、百宜、振新、创新等乡（镇）、社区安装监控探头，进一步提升了全区的技防监控能力。三是政务协同办公系统项目。按照全省统一部署，利用乌当区自建网络，通过系统改造提升，实现各单位的电子公文收发以及协同办公。目前，全区各部门及乡镇、社区已实现电子政务网全覆盖，为政务数据开放共享奠定坚实基础。四是智慧生态项目。已基本建成集数据实时展示系统、预警分析系统、视频监控系统、大数据分析系统、基础信息配置系统、污染源数据在线传输系统于一体的智慧生态系统，实现23家排污企业的档案信息录入及实时监管，全区安装126个大气检测点位及1个水检测点位。

商用方面。一是电子商务项目。全区电子商务企业工商登记注册数达176家、电子商务平台公司3家、农村电子商务企业3家，物流公司20家（其中，快递业务企业 12 家，服务网点 25 个）。支持贵州龙、老干爹、威门药业等传统企业应用电子商务开拓了市场，"午当锄禾"电子商务平台已完成本地 50 多家（种）农产品、旅游产品等上线面向全国销售。二是智慧旅游项目。贵御温泉、保利国际温泉、香纸沟欢乐园等区内重要景区景点配置了个摄像头，基本实现公共区域 24 小时可视化监控，无线网络全覆盖。同时与驴妈妈、淘宝旅游、携程旅游、美团网、大众点评等旅游电子商务平台建立了长期合作。三是智慧农业项目。羊昌花画小镇智能温室内部景观、内部信息采集系统、自动控制系统已完成，展示展销区内的花卉苗木挂牌、园区植物颁发"身份牌"。农业园区智慧农业生产管控溯源系统、贵州智慧农业云平台已建成，可查看相关指标数据并实现远程监控。通过实施农产品生产、运输和市场营销等领域和环节的科学化和智能化提升，为建立都市型、观光型、生态型、外汇型和品牌型现代农业体系提供有力支撑。四是转型升级项目。依据"互联网+"模式，借助大数据、互联网等现代信息手段推动乌当区制造业转型升级。威门药业依托威门大数据电子商务平台项目，建设电子商务综合大楼，威门大健康 PC 商城及后台综合管理支撑系统，线下 10 家大健康体验店及相关辅助设施的建设，2016 年实现威门大健康电子商务平台线上药品销售产值 3000 万元。天安药业通过天安之家慢病管理云平台，搭建慢病管理体系已融入政府医疗体系中，实现资源、数据共享，为患病人群提供增值服务。五福坊、贵州龙等特色商品企业已携手淘宝网等电子商务平台实现线上销售。四是智慧医疗项目。通过搭建区域医疗云平台，68 个功能模块上线使用，区内 12 家公立医院已全部使用信息化系统，通过系统建设规范了诊疗流程，实现各医院与基层医疗卫生机构的数据共享交换、区域医联体双向转诊和分级诊疗、居民健康档案的共享。同时具备与省、市两级人口健康信息平台的数据共享能力。

（三）旅游资源优势

旅游业是推动经济增长的重要支柱产业，是提升"黔中秘境·生态乌当"的重要载体。多年来，乌当一直本着"黔中秘境，生态乌当——一个诗意生活的林中泉城"的城市品牌定位，大力发展生态旅游产业，以"泉城五韵"为代表的乡村游、"农家乐"和以温泉为代表的休闲度假产业取得长足发展。

坚持一个村寨突出一个主题，主打独特品牌，突出个性优势。按照不同风格的品牌定位，以独具匠心的文化创意，成功打造出"泉城五韵"乡村民俗生态文化旅游精品示范点，建成了独有的布依美酒文化"醉韵"偏坡、农家采摘风情"情韵"阿栗、农民绘画艺术"美韵"渡寨、布依美食荟萃"福韵"王岗、再现古法造纸"古韵"陇脚。主题鲜明、内涵丰富、特色突出的文化韵味，增强了"泉城五韵"的吸引力、影响力，使其一举成为贵阳市乃至贵州省乡村文化旅游的示范品牌、贵阳休闲旅游的新热点。"泉城五韵"被评为贵州省30个最具魅力的村寨，其中"情韵阿栗"还戴上了"全国农业生态旅游示范点"桂冠，乌当作为温泉之城获"贵州十大魅力旅游景区"殊荣。

同时，多姿多彩、具有广泛群众基础的民族民间民俗乡村文化旅游活动得到空前的发展，让珍贵的民族民间文化"活"起来，得到了保护与传承。新堡乡推出了月月有主题，周周有活动，天天有节目的文化旅游产品：正月以迎春为主题，开展"元宵歌会"和猜谜活动；二月以赏花、采花为主题，开展赏花踏青活动；三月以"三月三"和"清明节"为主题，开展赛歌和文明祭祀活动；四月以"四月八"为主题，开展耕田插秧等农事体验活动；五月以"端午节"为主题，开展包粽子、野菜识别采摘活动；六月以"六月六"为主题，开展布依民俗体验和休闲纳凉活动；七月以"七夕"为主题，开展交友和举办暑期夏令营科普活动；八月以"桂花飘香"为主题，开展赏花、品刺梨果、中秋节团圆和迎国庆活动；九月以"重阳节"为主题，开展"吃新"、打糍粑和敬老爱老活动；十月以"牛王节"为主题，开展体验农耕文化活动；冬月以"冬至"为主题，开展布依特色美食品尝活动；腊月以"杀年猪"为主题，开展"吃庖汤"等美食文化活动。

此外，乌当区地处贵州省最大的温泉带，温泉埋藏在距地表1500～2000米，区内热储层厚度稳定，属层空性热储，温泉分布较广，温度高，储藏量大、水质好。目前，该区已探明的地热资源有20多处30多个泉眼，水温可达50～70℃，每口成井的日涌水量在1000吨左右。依托丰富的地热资源，乌当还着力于完善温泉功能，发挥温泉旅游的资源和品牌优势，强化温泉医疗、健身功能和自然环境背景，突出服务理念，注重文化性和休闲性，提升现有温泉品质，打造融时尚、康体、娱乐、生态为一体的国际化旅游温泉。打造贵阳温泉名片，发展温泉旅游经济，抢占温泉旅游的制高点——这一发展思路近年来在乌当区委、区政府决策层中变得越来越清晰。形成了以保利·温泉新城、御温泉、振华万象温泉、温泉花园等项目为代表的温泉文化旅游经营实体，并逐步形成文化产业、房地产业、旅游产业互动的发展格局。随着生态建设、城市建设、地热开发的推进，"黔中秘境·生态乌当——一个充满诗意的林中泉城"，正使乌当区以全新的城市形象崛起。

三、乌当区大健康、大数据、大旅游融合发展的政策优势

（一）国家层面政策优势

2013年以来，国务院先后出台了《关于加快发展养老服务业的若干意见》《关于促进健康服务业发展的若干意见》《关于促进旅游业改革发展的若干意见》等指导性文件，对"互联网+旅游"的发展提出宏观战略、总体目标和行动指南。文件指出，旅游业是现代服务业的重要组成部分，加快旅游业改革发展，是适应人民群众消费升级和产业结构调整的必然要求，对于促进经济平稳增长和生态环境改善意义重大。到2020年，旅游业增加值占国内生产总值的比重超过5%。分析人士指出，这意味着国家为把旅游业打造成战略性支柱产业制定了时间表。通常而言，产业的增加值占GDP的比重在5%以上，可以称为战略性支柱产业。其中要求打造跨界融合的产业集团和产业联盟，完善国内国际区域旅游合作机制，建立互联互通的旅游交通、信息和服务网络，创新文化旅游产品。2015年7月，国务院发布《关于积极推进"互联网+"行动的指导意见》指出，到2018年，互联网与经济社会各领域的融合发展进一步深化，基于互联网的新业态成为新的经济增长动力，要求加快"互联网+旅游"服务，培育形式多样的新型业态。2015年9月，国家旅游局发布《关于实施"旅游+互联网"行动计划的通知》，就旅游业各个领域与互联网的融合提出了发展目标：到2018年，实现深度融合，在线旅游投资占全国旅游直接投资的10%，在线旅游消费支出占国民旅游消费支出的15%。到2020年，实现全面融合，互联网成为我国旅游业创新发展的主要动力和重要支撑，网络化、智能化、协同化国家智慧旅游公平服务平台基本形成；在线旅游投资占全国旅游直接投资的15%，在线旅游消费支出占国民旅游消费支出的20%。2015年全国人大会上，"健康中国"首次写入国务院政府工作报告，提出推进健康中国建设，人均预期寿命提高1岁，支持发展健康服务消费。而健康中国建设规划纲要正在编制，这一顶层设计着眼以治病为中心转向以人民健康为中心，更加注重健康促进、发展健康产业。2016年国务院政府工作报告提

出"落实带薪休假制度,加强旅游交通、景区景点、自驾车营地等设施建设。"可以预见,健康、幸福、和谐是发展的主线,群众的健康基本需求将得到进一步满足,在政策主导下和措施推动下,健康旅游迎来前所未有的机会。2016年,国务院办公厅出台《关于促进医药产业健康发展的指导意见》,国家发展改革委印发《关于促进医药产业健康发展的指导意见重点工作部门分工方案的通知》,促进我国医药产业创新升级,培育经济发展新动力,深化医药卫生体制改革,推进健康中国建设。

(二)贵州省的政策优势

《贵州生态文化旅游创新区产业发展规划(2012—2020)》对产业和项目化、实物化、落地化做了详细的规划,对贵州今后几年旅游井喷式发展规划了全面细致的蓝图。2016年贵州省人民政府办公厅发布了《关于促进医药产业健康发展的实施意见》(黔府办发〔2016〕39号),2017年贵阳市市人民政府办公厅发布了《关于印发贵阳市促进医药产业健康发展实施方案的通知》(筑府办发〔2017〕7号),对贵州医药产业跨越式发展提供了政策支持。贵州省人民政府《关于加快培育和发展战略性新兴产业的若干意见》《贵州省大数据产业发展规划纲要》等文件的部署和制定,旨在为贵州省大数据产业发展提供指导,规划期为2014年至2020年。文件提出,贵州发展大数据产业有三大发展机遇和四大优势。三大发展机遇是:国家和贵州省全力支持为大数据产业发展提供政策保障、贵州省重视电子信息产业为大数据产业发展提供产业基础、经济社会加速转型升级为大数据产业发展提供市场需求。四大优势是:生态优势,气候环境优良,地质结构稳定;能源优势,水煤资源丰富,电力价格低廉;区位优势,地理位置特殊,交通日趋便利;战略优势,西部重要增长极,内陆开放新高地。

(三)贵阳市的政策优势

2017年贵阳市发布《关于印发贵阳市促进医药产业健康发展实施方案的通知》(筑府办发〔2017〕7号),市委、市政府大力支持乌当区发展大健康医药产业。市政府专门出台了《关于支持乌当区建设贵州省大健康医药产业引领示范区若干政策的意见》(筑府发〔2015〕32号),从"多规合一"、基础设施建设、示范区域建设、建设用地保障、金融支撑等方面全面支持乌当区建设贵州省大健康医药产业引领示范区,助力乌当起好步,加快发展。

乌当区作为贵阳市发展大健康医药产业的主战场,同时也是贵阳市承办"第二届贵州省大健康医药产业发展大会"的重点观摩点,省市主要领导多次到乌当调研大健康医药产业发展情况,指导帮助发展大健康医药产业。乌当区迎来了大健康医药产业向体系化建设、集群化发展的千载难逢的机遇。目前,乌当区正全力将"示范区"打造成全省产业孵化、产业转型、产业升级模式创新示范中心和政策服务体系、机制、体制创新的试验平台,聚力展现"低碳、生态、绿色、循环、科学"的大健康医药产业发展途径。

四、乌当区大健康、大数据、大旅游融合发展的经验优势

近年来,乌当区大力推进"大数据+大健康+大旅游"融合发展,紧紧围绕"核心业态+关联业态+衍生业态",构建"1+N"大数据产业体系,积极推进"大健康、大数据、大旅游融合发展基地"建设,将大数据应用充分融入大旅游、大健康产业发展,推动大健康与大数据、大旅游产业深度融合,在全省发挥了突出的引领示范作用。乌当区大健康、大数据、大旅游融合发展有以下几方面的经验优势:

1. 基础夯实,产业发展动力更足

从众致合一心电远程监护云平台,到乌镇互联网医院贵阳微医,再到康心药业……这些大健康大数据项目的入驻及快速发展,得益于乌当区坚实的产业基础条件。

大健康与大数据的融合发展,产业基础是关键。而乌当区的产业优势,为大健康与大数据的融合发展,提供了一片成长的沃土。

从"医、养、健、管"为核心的产业体系,到"全区域规划、全业态发展、全产业布局、全方位着力"的发展思路,乌当区大健康产业规模、集聚度在贵州全省领先,医药产业发展势头强劲,目前共有规上制药企业12家;医疗服务逐步增强,全区现有医疗卫生机构155家,床位数1409张,贵州医科大学附属乌当医院、贵州福万康康复医院、贵阳市公共卫生救治中心正落地建设,西南心血管病医院、贵州妇女儿童国际医院、中广核肿瘤质子医院、新民骨科中医院、广州白云精康医院等项目正加快推进。

与此同时,近年来乌当区大数据基础设施建设快速推进,投资构建完善

了覆盖全区自主可控的"天地双网"信息基础设施,通过对区属原有远教网络升级改造,初步建成覆盖全区的光纤网和新天主城区无线 WiFi 网,形成数据源采集、应用和自主可控的"天地双网",为大数据发展提供良好的基础支撑,并已成为招商引资的有效手段,同时也构建了自主可控的数据中心。

坚实的基础,为乌当区大数据和大健康产业的快速发展注入了强劲动力,推动了大数据与大健康医药产业融合创新,衍生出了多种健康服务和健康管理新业态。

2. 创新融合,应用业态更加丰富

位于乌当区的智汇云锦孵化基地,如今已成为大健康和大数据产业融合发展的示范基地。在 2017 数博会期间签约的"北京维卓远程医疗"项目,正是落户于智汇云锦孵化基地,而这个项目也是大健康和大数据融合的典范之一。

据了解,北京维卓致远医疗科技发展责任有限公司致力于医学 3D 精准可视化技术与 3D 医学场景远程共享技术,该公司通过深度挖掘医学影像数据,利用人工智能算法实现超精准度的三维化,再利用云处理技术传输至云端,医生戴上混合现实眼镜后,在眼前便可以立体、三维、任意角度和大小、多人观看的方式浏览患者"复制品",用于医患沟通、术前手术方案规划、术中辅助指导、医学教育和培训等领域,实现上级医师足不出户便参与任意地点手术的远程医疗。

而同样于 2017 年入驻智汇云锦孵化基地的贵州微医互联网医院,提供在线医疗服务和远程会诊服务的在线诊疗平台,为老百姓提供精准预约、在线复诊、远程会诊、电子处方、延伸医嘱、送药上门等服务,而其核心业务是医患间的在线诊疗与医医间的远程会诊。

"北京维卓远程医疗"和"微医"是正在智汇云锦孵化基地培育的大数据大健康项目的一个缩影。

未来,乌当区将结合"智汇云锦""智客小镇"等医药研发检测服务平台建设,积极发展远程诊疗、远程监护、健康检测等医疗健康大数据应用业态,以及医药研发、检测、制造、流通和生命健康监测可穿戴设备研制等全产业链大数据融合应用,努力构建医疗健康大数据"聚通用"块数据中心,打造在省内具有引领地位的大健康与大数据融合创新发展产业基地、人才基地。

3. 释放红利,产业融合更加惠民

大数据与大健康融合发展的最重要意义就是,直接让老百姓受益。在乌当区,越来越多的市民在享受着大数据与大健康融合发展带来的便捷生活、健康生活。

诊疗数据的汇聚、运用融合,电子化的办公,分级转诊,电子处方,电子病历,健康信息"一卡通"……这些都是乌当区"大数据医疗"的有益实践,大数据与大健康的融合正在为乌当区老百姓的健康生活带来新变化,如今,"看病越来越方便"已成为乌当区老百姓的普遍共识。

2016年,乌当区建成贵州省第一家县级区域卫生信息平台,完成了健康档案调阅系统、双向转诊系统、居民公众健康门户、综合卫生管理系统、智能化区域卫生监管平台和基本药物监测监管信息等六大功能模块,完成了基层卫生机构、公立医院、民营医院的数据汇聚、互通、运用融合。同时,乌当区还与北京理工大学合作,全方位、多角度对数据进行区域性分析与研究,构建线上专家虚拟工作团队。

乌当区依托智慧医疗健康云平台发行"居民健康卡",集健康管理、医保结算、金融支付等为一体。通过这张卡,可以实现区内基层卫生机构与上级医疗机构互联互通相结合,让居民足不出户就可以预约挂号,在医院健康卡自助终端实现自助挂号、费用结算、检查结果打印、自助查询等级服务,减少了排队等候时间,极大地降低了就诊费用,缩短就诊时间,使群众就诊更加方便快捷。

大数据与大健康的融合发展,释放出更多的惠民红利,让乌当广大群众拥有更多获得感。

作为"黔中综合健康养生圈"和"贵阳新医药产业圈"双重产业圈层核心增长极,乌当区正跨入以大健康产业为引领全面转型发展的新时代。未来,乌当区将从以下方面着手,继续推进大健康产业全面发展。一是着力于增量扩大规模,大力发展中医药、民族药、新型疫苗和诊断试剂,加快化学药、生物药的研发、培育和推广,实施大品种药培育战略。二是积极发展医疗器械、保健穿戴设备、养生康复器械、智慧移动医疗设备等高端产品,做大做强先进医疗设备、高质药用耗材等先进制造业,并且积极发展医药物流业。三是加快引进新医药制造标志性领军企业,大力支持存量药企技改扩能、创新发展，积极培育科技创新型小微企业，形成产业集群、壮大产业规模。加快推进洛湾云锦工业园区、智汇云锦大健康产业孵化基地建设，创建贵州省大健康医药产业标志性园区和创新驱动示范平台，推进医药产业由支柱产业向主导产业跨越。力争到2020年，引进医药优强企业10家以上，现代制药业实现产值400亿元以上，占贵州省医药制造产业总产值的比重达到40%以上。

着力于纵横拓展，加快推进"医疗健康城"项目落地建设，打造集医疗服务、预防保健、养生康复、医疗旅游、教育研发和商务配套为一体，面向国际国内市场，专业化、国际化和多元化的健康产业服务平台。加快推进与中国医学科学院的合作进程，推进贵州西南心血管病专科医院等项目建设，努力形成高端诊疗集聚优势。加大力度引进国内外优质资源，规划建设高端医学疗养综合体，面向高端消费人群提供DNA检测、分子级PET/CT诊断、私密健康咨询、个性化医疗、抗衰老、医学美容、保健等定制服务，引领高档医疗个性化服务新潮流。积极引进、培育优质特色医疗服务机构，与公立医疗机构实现优势互补、错位经营、融合发展，建设完善结构合理、布局均衡、特色鲜明、能力适应的医疗体系，着力在中医调理、健康咨询、专科康复等领域打造具有技术特色优势的医疗服务品牌。

下面，以养生保健、运动休闲、健康管理三个产业为例分析乌当区大健康、大数据、大旅游融合发展的经验优势。

（1）养生保健产业。

着力于整合提升，推动大健康与文化旅游深度融合，着力培育温泉养生、休闲养生、康体养生、滋补养生四大业态，融合观光体验、休闲度假、文化创意、中药养生等元素，打造一批健康养生产品、建设一批健康养生基地。深度挖掘中医药和民族医药温泉健康养生文化，重点推进温泉热浴按摩、中医针灸、热泉蒸箱浴、中草药浴等特色医疗温泉养生保健服务发展。加快推进一批健康养老项目，把医疗、气候、生态、康复、休闲等多种元素融入养老产业，培育发展养老、康复、老年产品等一体化的特色产品，推进乌当养老产业示范园区建设。支持社会力量创办养老机构，建设全省示范性智能化生态养老综合体。依托"黔中综合健康养生圈"核心区域平台，以人体健康维护和促进为重点，打造集健康养生保健、休闲旅游度假、生态文化创意为一体的"国内知名的健康养生胜地"。

（2）运动休闲产业。

着力于设施配套，推进健康运动与休闲旅游的融合发展，借助泉城五韵、盘龙山森林公园、相思河、香纸沟、情人谷、新堡休闲农业观光园区、百宜果蔬茶高效示范园区等景区，大力发展徒步、漂流、林地探险、露营、溯溪、骑马、攀岩、山地越野、山地摩托、山地自行车等山地户外康体健身运动，加快推进竹林运动休闲综合体、安多云雾山户外运动公园、百宜汽车露营基地等项目的规划建设。建设新天健康步道，完善城镇运动场地与设施，引导市民积极参与大众健康运动，带动全民健康事业发展。积极发展健身运动器械、户外用品、运动服饰和体质检测设备等产品，支持各类机构提供健康运动场馆服务、培训服务及管理咨询服务等，提升市民"周末花园"品牌。依托乐湾国际、保利·公园2010、中天假日方舟等旅游综合体，加强与专业机构的交流合作，积极引进国际精品赛事，推广亚高原高端户外休闲运动。

（3）健康管理产业。

着力于体系构建，充分发挥大数据对健康管理产业的支撑和促进作用，加强公共卫生、医疗卫生、健康管理等信息化建设，搭建健康信息服务基础平台。依托大数据智慧产业基地等平台建设，加快大数据、云计算、物联网、移动互联等信息技术在医药医疗、健康管理、养生养老等健康服务领域的创新应用，加快医疗健康大数据开发，不断培育健康管理新业态。大力发展多样化健康管理服务，鼓励和支持社会资本发展健康体检、专业护理、康复、心理健康等专业健康服务机构，积极引进国内外知名的专业性健康体检机构和品牌，健康管理团队（协会）和品牌，大力推广个人健康管理行动，提升专业化服务能力和健康体检市场发展水平。加快发展以商业保险机制为支撑、以健康风险管理为核心的健康管理新形式，开展健康筛选咨询、未病管理与治疗等形式多样的健康管理服务，推动健康管理服务业向专业化和价值链高端延伸。

五、乌当区大健康、大数据、大旅游融合发展的劣势分析

大健康产业规模总体偏小。虽然从健康产业的产值上面看，乌当区2016年大健康产业产值占全市33%，占全省的20%以上，但是作为全区的支柱产业，产值仅为90.18亿元，总量依然偏小，主要原因是乌当区没有大的龙头企

业，现有的企业辐射带动作用不强，而且健康产业产品单一，缺乏竞争力。

在康养旅游方面，随着大众旅游新时代的到来，纯粹的观光旅游已不足以契合游客的旅游需求，日益从"身体旅行"向"身心放松"的健康养生模式转型。作为特色的旅游方式，康养旅游是旅游与健康养生融合发展的新业态，成为很多具有"先天优势"和寻求转型区域的选择之一。乌当区与周边区域山水相似、资源相近，旅游同质化竞争比较激烈，发展"康养旅游"差异发展的效果不佳，没有自身的旅游品牌和优势，形成了同质化竞争、恶性竞争。

乌当区新的发展阶段也面临着"六期叠合、三化并存"诸多压力，大健康新兴业态处于起步期，生态环境约束加大，要素资源约束趋紧，民生需求不断增加，社会治理压力加大。总之，欠发达、欠开发的基本区情没有变，既"赶"又"转"的双重任务没有变，发展势头处于贵阳市第二梯队的局面没有变，经济体量在贵阳市占比处于第三梯队的位次没有变。

六、乌当区大数据驱动大健康产业融合发展对策探析

在当今时代，医药健康产业俨然成为我国国民经济的重要组成部分，从行业类别上看，医药健康产业属于传统劳动密集型产业与高新技术相结合的朝阳行业，具有巨大的发展潜力。医药健康产业的健康发展对保障我国国民健康、维护社会秩序稳定以及促进国民经济健康稳步发展有着重要的支撑作用。大数据是一个呼啸而来的时代潮流，围绕加快发展大健康产业，乌当区将按照"全域规划、全业态布局、全产业链发力"的思路，构建医药医疗和健康养生两大产业集群，重点培育发展医药医疗、保健品、健康服务、医药物流、休闲康体养生、滋补健康养生、温泉理疗养生七大产业链条，力争到2020年实现千亿元产业发展目标。在这个历史变革的新时期，发展医药健康产业是一个重大的机遇，我们应以更积极的姿态顺应新的形势，抢占新的机遇，谋划新的发展，赢得新的未来。

（一）构建高效运行机制

大数据时代下的医药健康产业建设，是一项动态有序的系统性工程，要预先建立高效运行机制，从而促进医药健康产业数据平台建设过程中各个环

节平正有序的运行，进一步实现资源整合。开展"数据开放"试点工程，加强数据风险管控，提高综合管理能力，让"大数据"真正地流动起来。参考国际上的成功经验，我们不难发现，数据开放的进程，基本上都是选择先建立政府数据开放门户网站，进而再开放平台的模式。因此，统筹建设以政府为主导的数据交换共享平台，为医药健康产业的相关企事业科研单位提供数据下载、系统分析、应用等多项服务，重点是要以政府主导下的数据开放、共享，从而来带动整个市场大数据资源的充分开发。

（二）搭建平台，实现资源共享

大健康产业是有着巨大市场需求潜力的新兴产业，是我国经济产业中的一大"朝阳产业"，涉及医药产品、保健用品、营养食品、医疗器械、保健器具、休闲健身、健康管理、健康咨询等多个与人类健康紧密相关的生产和服务领域。发展大健康产业，需要摒弃传统医药产业观念，构建大健康概念，抓好"治未病"。充分利用大数据平台，建立患者、医院、健康管理三方的纽带和桥梁。要全力建设医药健康产业大数据库，探索将大数据应用于医药健康产业的有效手段，推进大数据与信息化和工业化深度融合，推动大数据在研发设计、生产制造、经营管理、市场营销、售后服务等产业链各环节的应用，积极推动医药健康产业的网络化和智能化。乌当区有医疗卫生机构155家，床位数1409张，其中，三级医院1所、二级3所、一级4所。优质医疗资源较为缺乏，远远不能满足人民群众日益增长的就医需求。可以运用互联网的快捷方便的优点，建立互联网远程视频会诊，患者只需要将体检报告和病情描述通过互联网终端传递给专家，专家即可根据患者的体检报告和病情描述做出诊断，对症下药。

（三）构建"互联网+"和大健康产业的联动协调机制

"互联网+"和大健康产业同为最近发起的战略性新兴产业，两者相遇必然会带来一次产业革命。大健康产业要充分利用"互联网+"的平台优势，开展健康管理咨询。医院要开通O2O平台展示，开发大健康管理软件，提高大健康产业的智能化和信息化。反过来，大健康产业的快速发展可以促进"互联网+"的进一步发展，形象地讲就是"互联网+"促进大健康产业，大健康产业反哺"互联网+"。

（四）互联网的评价影响作用促进大健康产业提升服务质量

通过大数据、云计算、移动互联网等的平台优势，客户和顾客可以在互联网上对药品性能和不良反应、保健品质量和口感、医院的医疗技术和服务质量进行评价，通过对这些评价进行大数据挖掘和分析，及时反馈给制药方、保健品生产商、医院等机构，它们获得这些信息后可以根据用户和顾客的评价及时整改，改进生产技术和提高服务质量，最大限度地满足用户和顾客的需求，甚至可以做到根据用户和顾客的现实需求生产个性化产品和提供精准的医疗服务。

七、乌当大健康引领大数据驱动推进大旅游产业融合发展对策探析

（一）政府引导，市场介入

在发展康养产业与养生旅游时，政府的扶持力度，在很大程度上决定了社会资本投入的积极性。政府的直接投入毕竟有限，引入社会资本是必需的。因此，政府需要加强引导，提供政策扶持，充分发挥市场配置资源的主导力量，以少量的资本投入撬动民间大资本对康养产业与养生旅游的投入。特别需要在土地、税收等方面给予足够的优惠，以保证康养产业、养生旅游持续发展。

（二）出台相关政策，培养复合型旅游人才

康养旅游信息化建设是一项巨大的社会工程，需要耗费大量的人力和物力。政府不仅要出台相关的政策措施为信息化建设提供良好的环境，且要为信息化建设提供大量的资金。在信息化的推进过程中，技术只是支撑，信息化最终的实现还要依赖专业的懂康养旅游的信息化技术人才。没有既懂信息化技术，又懂健康旅游的人才，健康旅游信息化是无法实现的。必须加强旅游教育体系和产业体系的对接和沟通，培养能够适应旅游市场需求的复合型高端人才。同时，要引进当前比较紧缺的高层次复合型旅游人才，为其出台相关的政策并提供良好的发展环境，同时提供制度激励，以便增强行业的吸引力。

（三）区域资源整合，建立分时度假模式

由于贵阳特殊的气候环境，乌当区的康养产业、养生旅游发展必须要通过与国内其他地区的区域资源整合，才能得以顺利实现。根据乌当的气候条件，人们愿意在夏秋两季选择在此地旅游度假，而冬春两季由于温度和阳光不足，不利于人们在此地休闲居住。由于乌当与四川、重庆、湖南紧邻，与海南、广东、广西相距也不远，特别是随着贵广、沪昆高铁的开通运营，乌当完全可以与阳光温暖的广东、海南、成都、重庆等地区构建开放型区域合作新体制，将区域资源整合，建立分时康养度假模式。这就需要打破行政上条块分割，实现区域资源的共享，合作发展。

（四）以康养产业为主，融合养生旅游

乌当区的资源优势在于全域生态环境优质，乌当区的旅游资源主要集中于森林养生旅游和乡村养生旅游，这部分资源为发展康养产业提供了良好的生态环境条件。对于这部分优质的旅游资源，可以结合政府作用，发挥旅游部门的统筹协调职能，推进其与住建、农业等部门合建资源整合机制。跟踪"互联网+"的发展形势，实施旅游创新工程，以创新的理念引领旅游产业的融合发展，大力支持创新型旅游企业的发展，开发面向高端受众的养生旅游。

八、乌当区大健康引领大旅游助推大数据产业融合发展对策探析

在大旅游产业发展方面，乌当区将着力发展"医疗康体、滋补养生、温泉理疗"三大养生旅游产业，巩固壮大"乡村旅游、避暑度假、观光体验"三大休闲旅游产业，围绕加快香纸沟、相思河两个省级风景区建设，打造新堡、水田、下坝"两日生态休闲度假旅游圈"。加快推进"农旅融合、文旅融合"发展，以国家农业科技园区和下坝樱桃、羊昌花卉苗木、新场优质蔬菜等省级高效农业示范园区升级建设为载体，发展生态农业、休闲观光农业，形成都市型山地现代农业与康体休闲、旅游度假融合发展格局。

（一）夯实健康旅游大数据应用基础

（1）加快建设统一权威、互联互通的人口健康信息平台和旅游信息平台。

实施信息化工程，按照安全为先、保护隐私的原则，充分依托乌当区电子政务外网和统一数据共享交换平台，拓展完善现有设施资源，建成互通共享的信息平台，强化公共卫生、计划生育、医疗服务、医疗保障、药品供应、综合管理和旅游方面的应用信息系统数据采集、集成共享和业务协同。消除数据壁垒，打通部门、区域、行业之间的数据共享通道，探索社会化数据信息互通机制，推动实现健康医疗旅游数据在平台集聚、业务事项在平台办理、政府决策依托平台支撑。

（2）推动健康旅游大数据资源共享开放。鼓励各类健康旅游机构推进大数据采集、存储，加强应用支撑和运维技术保障，打通数据资源共享通道。加快建设和完善以居民电子健康档案、电子病历、电子处方等为核心的基础数据库和旅游数据库。建立跨部门密切配合、统一归口的数据共享机制。探索推进可穿戴设备、智能健康电子产品、健康医疗移动应用等产生的数据资源规范接入人口健康信息平台和旅游数据平台，稳步推动大数据开放。

（二）全面深化健康旅游大数据应用

（1）推进健康旅游行业治理大数据应用。综合运用健康医疗大数据资源和信息技术手段，健全医院评价体系，推动深化公立医院改革，完善现代医院管理制度，优化医疗卫生资源布局。加强医疗机构监管，健全对医疗、药品、耗材等收入构成及变化趋势的监测机制，协同医疗服务价格、医保支付、药品招标采购、药品使用等业务信息，助推医疗、医保、医药联动改革。

（2）推进健康医疗临床和科研大数据应用。依托现有资源建设心脑血管、肿瘤、老年病和儿科等临床医学数据示范中心，集成基因组学、蛋白质组学等国家医学大数据资源，构建临床决策支持系统。推进基因芯片与测序技术在遗传性疾病诊断、癌症早期诊断和疾病预防检测方面的应用，加强人口基因信息安全管理，推动精准医疗技术发展。围绕重大疾病临床用药研制、药物产业化共性关键技术等需求，建立药物副作用预测、创新药物研发数据融合共享机制。充分利用优势资源，优化生物医学大数据布局，推动智慧医疗发展。

（3）推进公共卫生大数据应用。加强公共卫生业务信息系统建设，完善免疫规划、网络直报、网络化急救、职业病防控、口岸公共卫生风险预警决策等信息系统以及移动应急业务平台应用功能，推进医疗机构、公共卫生机构和口岸检验检疫机构的信息共享和业务协同，全面提升公共卫生监测评估和决策管理能力。整合社会网络公共信息资源,完善疾病敏感信息预警机制,及时掌握和动态分析全人群疾病发生趋势及全球传染病疫情信息等国际公共卫生风险,提高突发公共卫生事件预警与应急响应能力。整合环境卫生、饮用水、健康危害因素、口岸医学媒介生物和核生化等多方监测数据,有效评价影响健康的社会因素。开展重点传染病、职业病、口岸输入性传染病和医学媒介生物监测,整合传染病、职业病多源监测数据,建立实验室病原检测结果快速识别网络体系,有效预防控制重大疾病。推动疾病危险因素监测评估和妇幼保健、老年保健、国际旅行卫生健康保健等智能应用,普及健康生活方式。

（4）培育健康旅游大数据应用新业态。加强健康旅游海量数据存储清洗、分析挖掘、安全隐私保护等关键技术攻关。积极鼓励社会力量创新发展健康医疗业务,促进健康医疗业务与大数据技术深度融合,加快构建健康医疗大数据产业链,不断推进健康医疗与养生、养老、家政等服务业协同发展。发展居家健康信息服务,规范网上药店和医药物流第三方配送等服务,推动中医药养生、健康养老、健康管理、健康咨询、健康文化、体育健身、健康医疗旅游、健康环境、健康饮食等产业发展。

（5）研制推广数字化健康医疗智能设备。支持研发与健康医疗相关的人工智能技术、生物三维（3D）打印技术、医用机器人、大型医疗设备、健康和康复辅助器械、可穿戴设备以及相关微型传感器件。

（三）规范和推动"互联网+健康医疗"服务

（1）发展智慧健康医疗便民惠民服务。发挥优质医疗资源的引领作用,鼓励社会力量参与,整合线上线下资源,规范医疗物联网和健康医疗应用程序（APP）管理,大力推进互联网健康咨询、网上预约分诊、移动支付和检查检验结果查询、随访跟踪等应用,优化形成规范、共享、互信的诊疗流程。以家庭医生签约服务为基础,推进居民健康卡、社会保障卡等应用集成,激活居民电子健康档案应用,推动覆盖全生命周期的预防、治疗、康复和健康管理的一体化电子健康服务。

（2）全面建立远程医疗应用体系。建设健康医疗服务集成平台,提供远程会诊、远程影像、远程病理、远程心电诊断服务,健全检查检验结果互认共享机制。推进大医院与基层医疗卫生机构、全科医生与专科医生的数据资源共享和业务协同,健全基于互联网、大数据技术的分级诊疗信息系统,延伸放大医疗卫生机构服务能力，有针对性地促进"重心下移、资源下沉"。

（3）推动新技术在健康医疗教育培训方面的应用。组织优质师资和技术力量推进网络医学教育资源开放共享和在线互动、远程培训、远程手术示教、学习成效评估等应用。实行医务人员终身教育，提升基层医疗卫生服务能力。

（四）加强健康医疗大数据保障体系建设

（1）加强法规和标准体系建设。制定完善健康医疗大数据应用发展的法律法规，强化居民健康信息服务规范管理，明确信息使用权限，切实保护相关各方合法权益。完善数据开放共享支撑服务体系，建立"分级授权、分类应用、权责一致"的管理制度。规范健康医疗大数据应用领域的准入标准，建立大数据应用诚信机制和退出机制，严格规范大数据开发、挖掘、应用行为。建立统一的疾病诊断编码、临床医学术语、检查检验规范、药品应用编码、信息数据接口和传输协议等相关标准，促进健康医疗大数据产品、服务流程标准化。

（2）推进网络可信体系建设。强化健康医疗数字身份管理，建设统一标识的医疗卫生人员和医疗卫生机构可信医学数字身份、电子实名认证、数据访问控制信息系统，积极推进电子签名应用，逐步建立服务管理留痕可溯、诊疗数据安全运行、多方协作参与的健康医疗管理新模式。

（3）加强健康医疗数据安全保障。开展大数据平台及服务商的可靠性、可控性和安全性评测以及相关应用的安全性评测和风险评估，建立安全防护、系统互联共享、公民隐私保护等软件评价和安全审查制度。加强大数据安全监测和预警，建立安全信息通报和应急处置联动机制，建立健全"互联网+健康医疗"服务安全工作机制，完善风险隐患化解和应对工作措施，加强对涉及公共安全、患者隐私、商业秘密等重要信息的保护，加强医学院、科研机构等方面的安全防范。

（4）加强健康医疗信息化复合型人才队伍建设。培养一批有影响力的专门人才、学科带头人和行业领军人物。创新专业人才继续教育形式，完善多层次、多类型人才培养培训体系，推动政府、高等院校、科研院所、医疗机构、企业共同培养人才，促进健康医疗大数据人才队伍建设。

（执笔人：中共乌当区委党校　金俊彦）

参考文献

[1] 中共中央宣传部. 习近平总书记系列重要讲话读本（2016年版）[M]. 北京：学习出版社，人民出版社，2016.

[2] 赵长茂. 宏观经济管理通论[M]. 北京：中共中央出版社，2003.

[3] 唐晓华. 产业经济学教程[M]. 北京：经济管理出版社，2007.

[4] 刘秉镰. 区域产业经济概论[M]. 北京：经济科学出版社，2010.

[5] 庞瑞芝，周密，丁磊，等. 区域创新网络与产业发展研究[M]. 北京：经济科学出版社，2013.

[6] 袁庆明. 新制度经济学[M]. 北京：中国发展出版社，2012.

[7] 党倩娜. 全球大数据产业技术创新态势及相关政策研究[M]. 上海：科学普及出版社，2015.

[8] 赵国栋. 大数据时代的历史机遇[M]. 北京：清华大学出版社，2013.

[9] 工业和信息化部电信研究院. 大数据白皮书（2016）[M]. 北京：工业和信息化部电信研究院，2014.

[10] 中国计算机学会大数据专家委员会. 2015中国大数据技术与产业发展报告[M]. 北京：机械工业出版社，2016.

[11] 中国计算机学会大数据专家委员会，中关村大数据产业联盟. 中国大数据技术与产业发展报告（2014）[M]. 北京：机械工业出版社，2015.

[12] 吴桂华. 商业企业管理教程[M]. 贵阳：贵州人民出版社出版，2003

[13] 迪莉娅. 我国大数据产业发展研究[J]. 科技进步与对策，2014（4）.

[14] 夏飞龙. 产业升级研究综述及展望[J]. 科技和产业，2016（3）.

[15] 刘志彪. 产业升级的发展效应及其动因分析[J]. 南京师大学报（社会科学版），2002（2）.

[16] 梁树广. 产业结构升级影响因素作用机理研究[J]. 商业研究，2014（7）.

[17] 韩红丽，刘晓君. 产业升级再解构：由三个角度观照[J]. 改革，2011（1）.

[18] 冯飞. 以精准的产业政策推进供给侧结构性改革[J]. 求是，2016（10）.

[19] 沈坤荣，徐礼伯. 中国产业结构升级：进展、阻力与对策[J]. 学海，2014（1）.

[20] 宫洁丽, 王志红, 翟俊霞等. 国内外健康产业发展现状及趋势[J]. 河北医药, 2011（14）.

[21] 张艳, 王卫红. 美、日等国健康产业的发展经验及其对我国的启示[J]. 现代商业, 2012（13）.

[22] 张焰强. 我国健康产业发展现状及对策建议[J]. 对外经贸, 2015（7）.

[23] 徐金海, 王俊. "互联网+"时代的旅游产业融合研究[J]. 财经问题研究, 2016（3）.

[24] 李国杰, 程学旗. 大数据研究：未来科技及经济社会发展的重大战略领域——大数据的研究现状与科学思考[J]. 中国科学院院刊, 2012（6）.

[25] 迪莉娅. 我国大数据产业发展研究[J]. 科技进步与对策, 2014（4）.

[26] 汪晓文, 曲思宇, 张云晟. 中、日、美大数据产业的竞争优势比较与启示[J]. 图书与情报, 2016（3）.

[27] 张勇进, 王璟璇. 主要发达国家大数据政策比较研究[J]. 中国行政管理, 2014（12）.

[28] 肖建勇, 郑向敏. 旅游产业融合：动因、机理与效应[J]. 商业研究, 2012（1）.

[29] 张凌云. 旅游产业融合的基础和前提[J]. 旅游学刊, 2011, 26（4）.

[30] 马波. 大融合方有大旅游[J]. 旅游学刊, 2011, 26（5）.

[31] 邵刚, 徐爱军, 肖月, 赵琨, 单婷婷. 国外健康产业发展的研究进展[J]. 中国医药导报, 2015（17）.

[32] 张功让, 陈敏姝. 产业融合理论研究综述[J]. 经济研究, 2011（1）.

[33] 陈立枢. 中国大数据产业发展态势及政策体系构建[J]. 改革与战略, 2015,（6）.

[34] 张勇进, 王璟璇. 主要发达国家大数据政策比较研究[J]. 中国行政管理, 2014（12）.

[35] 焦旭祥. 从文献研究看健康产业的概念与分类[J]. 浙江经济, 2013（16）.

[36] 浙江省发改委课题组. 国内外健康产业发展之经验借鉴[J]. 浙江经济, 2013（16）.

[37] 王波, 甄峰, 沈丽珍, 钱前. 健康产业发展与健康城规划探析——以秦皇岛市南戴河国际健康城为例[J]. 规划师, 2012（7）.

[38] 丘彩霞，徐静，郭汉章，罗雪琼，周毅．网络环境下我国健康产业现状及其发展模式[J]．现代医院，2012（11）．

[39] 刘俊清．中国旅游产业融合的实现机制与路径探析[J]．经济论坛，2012（11）．

[40] 石培华．旅游业与其他产业融合发展的路径与重点[J]．旅游学刊，2011（5）．

[41] 何建民．我国旅游产业融合发展的形式、动因、路径、障碍及机制[J]．旅游学刊，2011（4）．

[42] 张广宇．旅游与文化的融合：济南旅游业发展的路径选择[J]．中共济南市委党校学报，2010（4）．

[43] 麻学锋，张世兵，龙茂兴．旅游产业融合路径分析[J]．经济地理，2010（4）．

[44] 施利萍，张应辉，罗阿玲，段建伟．大数据产业及其发展机遇[J]．软件导刊，2015（7）．

[45] 周玲强，黄祖辉．我国乡村旅游可持续发展问题与对策研究[J]．经济地理，2004（4）：572-575．

[46] 王显成．我国乡村旅游中民宿发展状况与对策研究[J]．山东师范学院学报，2009，24（6）：69-72．

[47] 俞利芳．湖州乡村旅游发展的转型和升级研究——基于休闲度假的民宿旅游[J]．科技和产业，2010，10（11）：30-32．

[48] 朱磊，张洪，巩胜霞．安徽省智慧旅游发展探析[J]．安庆师范学院学报社会科学版，2014（6）：22-26．

[49] 杨雅麟．基于互联网思维的智慧旅游发展策略[J]．社科论坛，2015（1）：113-114．

[50] 张宝华．从雾灵山的区域森林结构谈健康旅游区域[J]．河北林业科技，2004（4）：27．

[51] 张建忠，杨新军．旅游度假区康体休闲与康复养生项目的开发模式——以安宁市温泉旅游度假区为例[J]．泰安师专学报，1998，11（2）：62-66．

[52] 王艳，高元衡．健康旅游概念、类型与发展展望[J]．桂林旅游高等专科学校学报，2007，18（6）：803-806．

[53] 王燕．国内外养生旅游基础理论的比较[J]．技术经济与管理研究，2008

（3）：109.

[54] 李文杰. 大数据对企业决策影响的研究[D]. 太原：山西医科大学，2014.

[55] 陈晓涛. 产业演进论[D]. 成都：四川大学，2007.

[56] 石也连. 我国健康产业发展对策研究[D]. 合肥：合肥工业大学，2016.

[57] 陆蓓. 中国旅游产业融合研究[D]. 杭州：浙江大学，2011.

[58] 朱晨霞. 浙江永嘉县乡村旅游中民宿发展的对策研究[D]. 吉林：吉林大学，2014.

[59] 普片. 藏区民宿品牌体验对顾客行为意向的影响研究[D]. 杭州：浙江大学，2015.

[60] 李海燕. 大数据背景下的企业流程再造研究[D]. 淮南：安徽理工大学，2014.

[61] 黄鑫. 多"大"才算大数据[N]. 经济日报，2017-07-04.

[62] 黄鑫. 大数据如何影响传统产业[N]. 经济日报，2017-07-07.

[63] 王轶辰. 大数据怎么赚钱[N]. 经济日报，2017-07-06.

[64] 李伟. 发挥信息化在转型中的关键作用[N]. 经济日报，2016-05-12.

[65] 刘力锐. 数据推动政府治理变革[N]. 学习时报，2015-09-14.

[66] 涂子沛. 把握万物互联时代的中国机遇[N]. 经济日报，2015-05-21.

[67] 陈静，崔国强. 大数据拥有大智慧新技术催生新生态[N]. 经济日报，2016-11-18（5）.

[68] 陈清. 以大数据助力供给侧结构性改革[N]. 光明日报，2016-12-24（7）.

[69] 未来可期大数据引领作用更凸显[N]. 贵阳日报，2017-05-25（6）.

[70] 刘兵，李铁，王爽. 著名经济学家林毅夫：支持产业转型升级需明确分类[N]. 大众日报，2016-12-24.

[71] 张萌萌. 产业中国城市高端会议探讨产业升级新路径[N]. 廊坊日报，2013-05-19（1）.

[72] 李克强. 推动提速降费促进融通发展壮大数字经济加快新旧动能转换和经济结构转型升级[N]. 人民日报，2017-08-01.

[73] 陈建. 迎接第四次工业革命的春天[N]. 经济日报，2016-01-22.

[74] 黄汉权. 打造"三心四链" 助力产业迈向中高端[N]. 经济日报，2016-11-24.

[75] 樊荣. 生态乌当（十二次党代会成就）[N]. 贵阳日报，2017-04-16.

[76] 李灵敬. 乌当：走出产业升级新路径助推经济发展上台阶[N]. 贵阳日报，2015-09-18.

[77] 邬贺铨. 信息化时代产业变革的趋势[N]. 学习时报，2015-08-06.

[78] 李伟. 发挥信息化在转型中的关键作用[N]. 经济日报，2016-05-12.

[79] 张新红. 数字经济：中国转型增长新变量[N]. 经济日报，2016-11-24.

[80] 雷琛烨，江伟. 满足游客需求是智慧旅游城市建设的根本[N]. 中国旅游报，2011-05-18（1）.

[81] 乌当区人民政府. 乌当区国民经济和社会发展第十三个五年规划纲要[R]. 2017-03-31.

[82] 2017年乌当区人民政府工作报告[R]. http://www.gygov.gov.cn 中国贵阳·政务站.

[83] 2016—2021年大数据行业市场竞争力调查及投资前景预测报告[EB/OL]. http://www.chinabgao.com，2016-01.

[84] 2016—2021年中国大健康行业市场前景预测及投融资战略咨询报告[EB/OL]. http://www.chinairn.com/report/20160614/153459186.html，2016-06.

[85] 2012—2016年中国文化旅游业投资分析及前景预测报告[EB/OL]. http://www.chinabgao.com，2016-04.

[86] 慧数. 深度解析我国大数据产业发展现状和特点[EB/OL]. [2017-02-12]. http://www.jiemian.com/article/1056071.html.

[87] 普华永道发布"中国大健康行业2016并购回顾及2017展望"[EB/OL]. http://mt.sohu.com/20170327/n485065003.shtml.

[88] 中国电子技术标准化研究院. 大数据标准化白皮书[EB/OL]. http://wenku.baidu.com/view/cb2aab8e48d7c1c709a145a3.html，2016-03.

后　记

　　凝聚着乌当党校教师们研究心血的《大健康引领　大数据驱动　大旅游助推——开辟乌当融合发展、产业升级新路径》一书就要出版了。本书致力于研究大健康引领乌当区融合发展、产业升级的方式方法及路径；大数据产业驱动乌当区融合发展、产业升级的方式方法及路径；大旅游助推乌当区融合发展、产业升级的方式方法及路径；大健康、大数据、大旅游产业融合发展的方式方法及路径，以期能对乌当区大健康、大数据、大旅游融合发展、产业升级提供政策参谋。

　　本书在筹备、策划、调研、撰写的过程中得到了众多领导、专家、老师的鼎力支持和帮助。在此，我们要衷心地感谢乌当区委、区政府；感谢乌当区委党校；感谢贵阳货车帮科技有限公司提供的大量调研素材和宝贵建议；感谢西南交通大学出版社给予的帮助。此外，为研究和撰写本书的实证理论和研究报告，我们参考了大量的研究文献和资料，虽然我们在撰写过程中尽可能地将所引学术研究文献注释出来，但仍可能有部分研究文献未能列出，谨向学术界的各位专家、学者，特别是对本书所引研究文献和资料的专家、学者表达真诚的谢意！

　　虽然我们已经尽最大努力认真细致地进行研究、撰写和统稿，但由于知识、学术水平和时间的限制，本书难免有不足之处，我们真诚希望领导、专家、学者以及广大读者不吝赐教并给予批评指正。

郝　建
2017 年 10 月于贵阳